KB081740

출렁이는 시간[들]

제4물결 페미니즘과 한국의 동시대 페미니즘

출렁이는 시간[들]

제4물결 페미니즘과 한국의 동시대 페미니즘

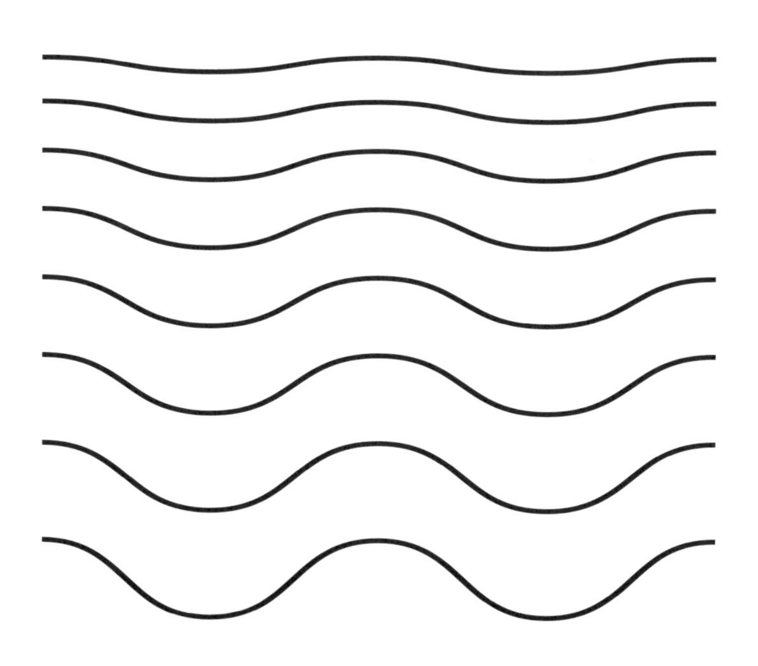

김은주 / 이소윤/ 김상애 / 김미현 / 김보영 / 허주영 / 강은교

에디투스

차례

0

기획의 글: 여성으로 존재하기를 사랑하기 위해

김은주

2016년 '강남역 사건' 이후로 햇수로는 6년의 세월이 흘렀다. 강산도 변한다는 10년의 절반인, 5년이라는 시간에서 일 년 더한 시간은 대한민국을 꽤 많이 변화시켰다. 그리고, 한국 사회의 달라짐만큼이나, 페미니스트로 자신을 호명하는 사람들 역시 각기 다른 속도로 지금과는 다른 세계로 이동하고 있다.

이 책의 처음 출발은, 기획의 다른 한 편인, 프루던스 챔벌린 Prudence Chamberlain의 『제4물결 페미니즘: 정동적 시간성』의 번역에서 시작되었다. 이 책에서는, 북미 주요 도시와 유럽, 오스트레일리아 등 세계 60개 도시로 확산된 2011년 슬럿 워크Slut Walk로부터 비롯한 온라인 페미니즘을 제4물결로 짚었지만, 한국 역시도 이와 무관하지 않다.

주지하다시피, 한국의 온라인 페미니즘은 2015년에 '#나는페미니스트입니다' 해시태그 운동과 함께 일어났고, 일 년 뒤, 2016년 강남역 살인 사건을 기점으로 '페미니즘 뉴웨이브' '영영페미니스트의 출현'으로 본격화되었다. 함께 책을 번역한 저자들은 온라인 페미니즘을 중심으로 하는 제4물결이 세계적인 페미니즘 운동이며, 한국 역시 이 흐름에 있다는 사실을 다시금 확인했고, 책을 쓰기로 결정했다. 한국의 제4물결 페미니즘, 동시대 contemporary 페미니즘 운동을 어디서, 어떻게, 어디로라는 질문을 통과해 엮어 보기로 한 것이다.

한국의 온라인 페미니즘을 제4물결 페미니즘이라고 칭하는 것에 대해, 누군가는 페미니즘 운동을 물결로 묶는 것이 상투적이며 다양성을 포괄하지 못한다고 비판하기도 한다. 하지만, 이 책의 저자들은 디지털 기술과 함께하는 페미니즘 행동주의가 페미니즘의 지나간 다른 물결들을 다시 소환하고 지금의 목소리가 과거와 만나며 생명을 불어넣는다는 점을 강조하면서 어찌 보면 불협화음처럼 들리기도 하는 동시대의 시끌벅적한 움직임과 활력을 담아내려 하고 있다. 저자들은 인터넷 기술에 힘입어 관계를 변화, 조직하는 힘을 실감하고 그 관계의 공간에서 다시금 활력을 느끼는 '정동affect'을 체험하는 온라인 페미니즘을 목도하고, 정치적으로 변모한 경험을 신뢰하기 때문이다. 물론, 책의 저자들의 경험만이 그리고 온라인 페미니즘만이 제4물결 페미니즘을 대표하거나 재현하는 것은 당연히 아니다. 근 몇 년간 동시대의 시공간은 다양하고 복잡하며, 각기 다른 지형들이 솟구쳐 오르고 발산하는 양상으로 변이 중이기도 하다. 어찌 보면 이 야심찬 글쓰기는 미러링을 넘어서 집단적, 공격적 발화로, 급진적으로 말하고자 하는 동시대 페미니즘의 화법과 함께하면서 더 많은 동시대 페미니스트들의 목소리들을 불러내려는, 글로 엮어 내는 연구 활동이다.

—

이 책은 일곱 개의 글로 이루어졌다.

첫 번째 글에서 김은주는 2016년 강남역 사건을 기점으로, 바야흐로 페미니즘은 한국 사회의 낡은 구조를 해체하고 재편하는 중이라고 진단한다. 이러한 디지털 시대의 페미니즘 운동은 온라인에서 시작해 오프라인으로 확장하여 현실 변화를 추동하는 온라인 행동주의를 수행한다. 온라인 페미니즘은 온라인 연결 행동이라는 방식을 통해 대중운동을 일으키는 페미니즘 운동이다. 온라인 페미니즘은 비단 한국만의 상황이 아니라 세계적인 상황이다. 소셜 미디어는 페미니즘 운동의 소통 방식을 바꾸며, 페미니즘 운동을 글로컬 운동으로 확장한다. 소셜 미디어를 통해서, 페미니즘 운동은 의제 설정 목적을 뚜렷하게 부각하는 해시태그로 빠르게 집합하고 정서적으로 연결하여 문제를 사회적인 것으로 끌어올린다. 이런 발화는 기존 언론의 영향력을 뛰어넘는 대안 언론으로도 기능하며, "급진적 말하기"이자 일종의 "진리 말하기"인 "파레시아parrhesia"를 행한다는 것이다. 김은주는 글 말미에서, 온라인 페미니즘을 소셜 미디어의 측면에서 분석하여 통치성에 저항하는 새로운 주체화로서 정치성을 설명하고, 새로운 물결인 제4물결 페미니즘이자 동시대의 페미니즘으로 제시한다.

이소윤의 두 번째 글은 소위 '페미니즘 리부트' 시대를 통과하면서 분노와 함께 살아남고 분노와 함께 죽을 뻔했던 몇 가지 순간에 대한 기록이다. 이소윤은 이 글에서 분노의 역사를 세 시기로 구분하는데, 첫 번째 이야기는 스스로 원하거나 선택하지 않은 이름으로 불린다는 것에 대한, 어떤 모욕감에 대한 분노가 어떻게 해서 자신을 강하게 만들었는가에 관한 기록이다. 다음으로 두 번째 이야기는, 자기 자신을 포함한 동시대 페미니스트들을 향한 기대와 희망이 좌절된 순간에 주목한다. 두 번째 이야기에서는 분노하는 힘이 스스로에게 자기 책망이나 죄책감의 형태로 돌아왔던 기억을 되짚는다. 마지막으로 세 번째 이야기에서는 분노를 넘어서기 위해 '애도'가 필요한 이유와 그럼에도 불구하고 슬픔은 구원이 될 수 없는 이유에 관한 경험을 나눈다. 그 무엇도 구원할 수 없는 괴로움이 존재하더라도, 그것을 견디며 그것과 더불어 생존해 내는 방법 또한 존재한다는 사실을 잊지 말자고 이야기한다.

김상애는 세 번째 글에서, 페미니즘의 물결로 표명되는 동시대가 그간의 페미니즘 계보와 맞닿으면서 역사적 현재를 갱신하는 것으로 이루어지는 것처럼, 페미니스트 주체화 역시 "지나온 과거와 새롭게 만나고, 다가올 미래에 열려 있는 다시간적인 과정"으로 이해해야 한다고 말한다. 이 글은 페미니스트로서 산다는 것의 불확실성에서 시작하여, 페미니스트 주체화에 대한 자신의 경험 서사를 풀어낸다. 이 경험 서사는 제4물결 페미니즘의 흐름 속에서 페미니스트로 자신을 확신하게 된 과정뿐 아니라, 페미니즘과 전혀 상관없어 보이는 훨씬 더 이전 소녀 시절의 경험을 포함한다. 이 과거의 경험들과 현재라는 시간에서 다시 만나면서, 김상애는 페미니스트 주체화를 '페미니스트-되기'로 의미화한다. 페미니스트-되기는 페미니스트 주체화가 언제나 과정이라는 것을, 그리고 여기에는 '돌아가고 싶지 않은' 과거와 불확실한 미래가 반드시 포함된다는 것을 의미한다. 글의 말미에서 김상애는 불확실성을 껴안으면서 페미니스트로 살아가기를 지속하기 위한, '사랑'이라는 방법론적 태도를 강조한다.

네 번째 글에서 김미현은 2018년에 일어난 총여학생회 폐지 과정을 분석한다. 3개 대학에서 일어난 총여학생회 폐지는 페미니즘 대중화 이후 대학이라는 공간에서 이를 둘러싼 갈등과 경합의 과정을 드러낸다는 것이다. 특히 김미현이 주목하는 것은 이 과정에서 소셜 미디어(애브리타임)를 비롯한 디지털 공간에서 페지의 정당성을 부여하는 지배담론이 부상하는 과정과 '학생 총투표'라는 제도 속에서 오늘날의 정치 행위가 어떻게 이해되고 있는지이다. 이 글은 우리에게 디지털 공간을 통해 부상한 페미니즘에 대한 반격backlash의 역학을 이해해 보기를 촉구하고 있다.

다섯 번째 글의 저자인 김보영은 아픈 가족을 돌보았던 경험을 바탕으로 돌보는 사람이 돌봄 과정에서 겪는 구체적인 어려움에 대해 썼다. 한국 사회가 '돌봄 위기' 상황이라는 진단과 함께 돌봄의 중요성이 그 어느 때보다 강조되는 요즘이지만, 돌보는 사람들이 겪는 어려움에 대한 이야기는 여전히 부족하기만 하다. 돌봄의 위기는 돌보는 사람들의 위기이기도 하다. 아픈 사람을 돌보는 일은 오랫동안 가족이, 특히 여성이 당연히 수행해야 하는 일로 여겨져 왔다. 그리하여 돌봄 과정에서의 고통과 어려움은 사사로운 것이며, 홀로 삼켜야 하는 일이 되었다. 이 글은 아픈 가족을 돌보는 과정에서 마주해야 했던 구체적인 난관이 돌봄 제공자를 위한 사회적 지원의 부족이나 의료 제도의 문제와 닿아 있음을 주장하는 한편, 제도의 보완만으로 손쉽게 해결될 수 없는 돌봄에 관한 윤리적 고민을 나누고자 시도한다.

여섯 번째 글에서 허주영은 온라인에서 정체화한 페미니스트들이 기존의 주류 매체가 재현해 온 상투적 여성 이미지에 대한 문제점을 제기하고 새로운 여성 서사가 필요하다는 목소리를 냈다는 점에 주목한다. 기존의 여성 서사와 동시대 온라인 페미니스트들이 여성 서사가 무엇인지 묻고 답하는 과정들이 여성이라는 기표와 그것이 가리키는 기의의 관계를 지속적으로 재의미화하고, 고정성을 탈각시키는 시도라는 것이다. 허주영은 한국 문학/비평의 장에서 아저씨 독자가 미래의 문학에 종언을 고하자, 페미니스트들은 과거의 문학에 종언을 고했음을 짚는 동시에, 이 종언들이 오히려 체제를 유지하게 하는 역설을 초래함을 조명한다. 결국, 놓아주고 애도해야 할 것은 여성 서사가 분석되어 온 부정의 방식이며, 운동의 한계는 남성 의미 경제 체계 밖의 비평/연구의 기획을 상상하는 시도와 긍정적인 윤리적인 전회에 대한 고민의 부재이다. 이 글은 제4물결 온라인 페미니즘에서의 여성 서사 운동이 무엇을 향하는지 다시 질문하는 자리를 마련한다. 더불어 최근 "페미니즘 문학"에 대한 비평의 성과와 한계를 비판적 시각에서 분석하고, 온라인의 수용자들이 생성하는 정동이 재현에 미치는 영향과 그 부딪침의 지점들을 살펴보는 것에 목적을 둔다.

끝으로 일곱 번째 글에서 강은교는 동시대 한국 페미니즘 대중화의 흐름 속에서 이루어진 SF와 페미니즘의 조우에 주목한다. 동시대 한국의 SF 작가들이 페미니즘의 정치적, 이론적 논의와 문화적 풍조를 공유하고 있다고 본다면, 젠더와 섹슈얼리티에 대해 사유하는 SF 텍스트를 페미니즘 논의의 반영일 뿐만 아니라 페미니즘 논의에의 기여로서 적극적으로 독해할 필요가 있기 때문이다. 이를 위해 강은교는 두 편의 SF 중편소설 김보영의 「얼마나 닮았는가」(2017)와 듀나의 「두 번째 유모」(2017)를 독해한다. SF가 그리는 세계는 그 배경이 연대기상으로 미래이든, 과거이든, 현재이든지 간에 단 한 번도 도래하지 않았다는 점에서 언제나 잠재적인 위상을 가지며, 미래를 향해 있다. 이러한 SF의 잠재성/미래성은 차별이 온존하던 과거를 의식하면서 차별이 사라진 더 나은 미래를 열망하는 페미니즘의 동시대적 시간성과 교차하면서 페미니즘 대안 세계를 생성한다. 강은교가 주목하는 것은 특히 SF의 잠재적인 대안 세계가 현재 현실을 새로운 시각으로 바라보고 미래의 결정에 비판적으로 개입할 동기를 부여한다는 점에서 정치적인 힘을 갖는다는 점이다. 이와 같은 SF의 장르적 특성이 작가들, 독자들 모두에게 젠더 권력관계를 변화시키고자 하는 페미니즘의 주요한 자원이자 방법으로 인식됨에 따라 "한국 페미니즘 SF"의 저변이 확장되고 있다.

첫 번째 글이 한국의 온라인 페미니즘을 제4물결 페미니즘 관점에서 살피고 디지털 기술과 상호작용하는 새로운 페미니즘 주체화의 양식으로 분석하고 있다면, 두 번째 글과 세 번째 글은 페미니스트로서 각성하고 지금에 이르는 시간의 결을 살피며 페미니스트 되기를 엮어 낸다. 네 번째 글과 다섯 번째 글은 소위 여성의 공간과 일로 호명되는 위치에서 겪어낸 경험을 분석하면서 남겨진 흔적을 통해 지금 여기의 글쓰기를 실행한다. 여섯 번째와 일곱 번째 글은 지금과 다른 세계에 대한 갈망이기도 한, '여성의 글쓰기'의 가능성을 탐색한다. 결국 이와 같은 글들이 잡아내는 시간들의 선은 그저 흘러가는 시간이거나 각기 다른 시간들만이 아니라, 서로 공명하는 시간들의 계열 엮임이다. 독자들의 읽기를 만나, 동시대적 공명이 더해 가기를 바라 본다.

—

랭보는 "사랑은 재발명되어야 한다"라고 말했다.[1] 이 말은 어떤 평론가가 재인용한 한 남성 철학자(알랭 바디우)의 말처럼 "우리 시대의 사랑은 부르주아적 논리와 관습에 오염되어 단지 이익의 거래가 되었을 뿐"이라는 사실을 말하는가? 아니면, 평론가의 말처럼, 제 무덤을 파고 산 채로 기어 들어가 굶어 죽는 사람을 구원하고자 하는, 동정하는 그 마음에서 발원한 사랑의 발명을 촉구하는가?

나는 통속화된 사랑에 대한 개탄과 부르주아적 위선에 다름 아닌 결혼 제도에 대한 분석도, 그로 인해 "무정한 신 아래에서 인간이 인간을 사랑하기 시작한 어떤 순간들의 원형"이나 "다른 사람 곁에 있겠다는 약속"인 사랑의 발명, 이 모두에 동의하지 않는다.[2] 사랑의 발명과 재발명을 논한 그 누구도, "안전한 자리를 바랄 수밖에 없는", 그 외에 선택의 여지가 없는, 여자들의 처지와 상황에는 아무런 관심이 없다. 사랑에 대해 사유하기 위해서는, "마음이니 아름다움이니 하는 것은 내팽개치고", "그 자리에 남는 것은 차가운 멸시뿐"일지라도, 그래서 "그게 오늘날의 결혼의 양식"일 뿐이라는 환멸을 드러낼지라도, "안전한 자리를 바랄 수밖에 없는", 여자들의 목소리를 들어야 한다.

이 여자들의 목소리에서 나는, 사랑을 재발명한다면, 아니 발

1 아르튀르 랭보, 시 「착란 1: 어리석은 처녀」 중 한 구절(『지옥에서 보낸 한철』, 김현 옮김, 민음사, 2016).

2 신형철, 「신형철의 격주 시화: 랭보에게서 이영광에게」, 『한겨레신문』(2016. 8. 12.)

명해야 한다면, 누군가를 사랑하는 원형prototype이 아니라, '여성이 자신을 사랑하기', '여성으로 존재하기'를 '사랑'하면서 여성으로 존재하는 기쁨을 느끼는 '사랑의 발명'에 대해 생각한다. 일찍이 프로이트는 여성의 나르시시즘을 허영으로 비난한 바 있다. 프로이트의 오이디푸스적 체계에서 여성은 페니스의 부재라는 존재 조건으로 인해 자기 확신을 가질 수 없으며, 여성의 나르시시즘이 허영인 이유 역시, 그에 따른 당연한 귀결이자 여성 존재의 미성숙함의 징표이기도 했다. 이러한 프로이트 해석에서, '여성' 기표가 지시하는 부정성과 타자성이, 여성으로 존재하기를 그 자체로서 불완전, 불편함, 어떤 혐오감으로 이해하고 있음을 알 수 있다. 다 열거하지 않아도 모두 아는, 이 시대의 '○○녀', '○○충'의 호칭은 여성으로 존재한다는 일이 얼마나 고되고 고역스러우며, 어느 순간 견딜 수 없는 방향으로 몰아세우는지를 보여 준다. 그런 의미에서 나는 사랑의 발명이 필요하다면, 그 무엇보다도 여성이 '여성으로 존재하기'를 긍정하는 사랑의 발명이어야 한다고 생각한다.

거대한 여성 혐오는 뿌리 깊고 오래되었으며, 우리 역시 그 '여성' 혐오에 침윤되어 있기에, 여성이 자신을 사랑하기에는 너무나 많은 힘이 필요하다(누군가는 내게 지구를 멈출 정도의 힘이 필요하다고 농담반 진담반으로 말한 바 있다). 여성으로 존재하기를 사랑하기 위해서, 결국 필요한 것은 시선과 인정으로 존재하는 그 '여성'이 아니라, 단순히 피억압자나 타자의 위치에서 벗어나기가 아니라, 이리가레가 말한 '대문자 타자의 타자'인 여성으로서, 여성이 자신으로 존재하기를 발명하는 사랑이며 그로부터 시작될 것이다. 그것은 여성으로 존재하기의 원형을 찾기 위한 거슬러 올라감 역시 아니다. 우리가 염증이 났던 것은 언제나 우리의 세계이고, 그 세계 안에서 우리는 우리 자신을 사랑할 힘이 부족했다. 결국 '여성으로 존재하기를 사랑하기'의 발명은 세계를 만들어 내는 작업일 수밖에 없다.

결국 이 책은 여성으로 존재하기를 사랑하기, 그에 관한 분기와 발산의 글쓰기이다. 여기서 '여성'이란 기표는 수렴하는 한 점이 아니라, 다양한 의미들을 생산하며 여성으로 존재하기를 사랑하게 하는 동력이 된다. 우리는 여성으로만 존재하는 것은 아니나, 여성으로서, 존재한다. 이 여성에 대해서 속삭이는 다양한 목소리들이 있고, 이 여성은 복수의 여성들로 다양한 현장과 상황에서 살아간다. 아주 각기 다른 목소리들 몸짓들에도 불구하고, 페미니스트는 결국 여성으로 존재하기를 긍정하고 사랑하는 자, 다시 말해 여성의 목소리를 내고 새로운 존재 방식을 그려 내는 자라고, 나는 생각한다. 글머리에서 밝힌 '여성으로 존재하기를 사랑하기'가 그려 내는 다채로운 무늬와 결은 이 책의 다른 글들에서 더 자세히 살필 수 있을 것이다.

2021년 봄에, 김은주 씀.

1

제4물결로서 온라인 - 페미니즘 : 동시대 페미니즘의 정치와 기술*

김은주

김은주

이화여자대학교 철학과에서 들뢰즈와 브라이도티에 관한 연구로 박사학위를 받았으며, 현재 서울시립대학교 도시인문학연구소에서 연구 교수로 일하고 있다. 지은 책으로 여성 철학자들의 삶과 사유를 다룬 『생각하는 여자는 괴물과 함께 잠을 잔다』(2017)와 『여성 – 되기: 들뢰즈의 행동학과 페미니즘』(2019) 등이 있고, 옮긴 책으로는 『변신: 되기의 유물론을 향해(2020)』 등이 있다.

* 이 글은 한국여성철학회 논문집 『한국여성철학』 (제1권2019. 5.)에 게재된 논문을 수정한 글이다.

1. 들어가며

2016년 '강남역 사건'을 기점으로, 바야흐로 페미니즘은 한국 사회의 낡은 구조를 해체하고 재편하는 중이다.[1] 2018년 1월, 서지현 검사의 미투를 시작으로 문화예술계의 잇따른 고발은 미투 운동으로 확산되고, 김지은 씨가 업무상 위력에 의한 성폭행으로 안희정 전 지사를 고발하면서 미투는 페미니즘 운동을 공론화하는 중요한 분기점을 마련한다. 미투 운동은 오랫동안 묵인되어 온 성폭력과 성희롱의 현실을 드러내는 십대 학생들의 스쿨 미투로 확산 중이다.

2018년 5월에는 이른바 '홍대 몰카 사건'과 편파 수사를 기점으로 불법 촬영과 디지털 카르텔을 규탄하는 혜화역 시위가 최대 6만 명의 여성을 결집시켰다. 시위 참가자의 대부분이 인터넷 카페, SNS 등을 통해서 자발적으로 참여한 혜화역 시위는 한국에서 여성들이 참여한 시위 중 역대 최대 규모였다. 또한, 여성의 외모 규범에 저항하는 탈코르셋 운동도 전개되고 있다. 혜화역 시위와 탈코르셋 운동은 온라인을 중심으로 활동한 페미니즘 운동이 오프라인과 거리에서까지 대중적 파급력을 지닌다는 사실을 드러냈다는 점에서 의미를 지닌다.[2]

---

1 2016년 5월 17일, 서울 강남역 인근 건물에서 한 여성이 '여성이라는 이유'로 살해당한다. 그날 이후, 강남역 10번 출구에 포스트잇이 붙기 시작하고 한국 사회에 페미니즘 대중운동이 본격화된다.

2 2018년은 5월 홍대 불법 촬영을 계기로 성 편파 수사를 규탄하며 '여성을 대상으로 한 불법 촬영 등 디지털 성범죄를 제대로 처벌해야 한다'는 요구 아래 혜화역 시위가 열리고 1–6만 명이 결집한다. 6차까지 진행된(201년 4월 현재까지) '불법 촬영 편파 수사 규탄 6차 시위'는 온라인을 중심으로 활동했던 페미니즘 운동이 오프라인인 거리에서의 대중운동으로 이어지는 움직임을 보여 준다.

그렇다면, 이러한 여성들의 결집은 어디서부터 시작된 것인가. 그것은 바로 인터넷, 특히 디지털 모바일 기술과 결합된 온라인 페미니즘에서 비롯된다. 디지털 시대의 페미니즘 운동은 온라인에서 시작해 오프라인으로 확장하여 현실 변화를 추동하는 온라인 행동주의를 수행한다.[3] 온라인 행동주의로서 페미니즘 대중운동은 온라인 페미니즘으로 불린다. 이러한 온라인 페미니즘은 기존과 다른 방식으로 정치적 행위를 하며, 온라인 연결 행동이라는 방식으로 이루어지는 밀레니엄 시대의 운동 방식과 맥을 같이한다. 21세기에 등장한 운동 방식은 온라인에서 의제화가 시작되고 자발적인 조직화가 일어난다. 이러한 운동은 소셜 네트워크 서비스social network service/SNS 사용에 익숙한 새로운 세대를 운동의 동력으로 삼으면서 기존과 다른 방식으로 주체화를 이룬다. 여기서 주목해야 할 점은 소셜 미디어의 기술이 글로컬glocal 운동을 이끄는 네트워크를 생산할 뿐 아니라, 비인간 행위자와 인간 행위자가 함께 네트워크를 구성하면서 통치성gouvernmentalitè에 대항하는 새로운 주체화를 일으킨다는 점이다. 소셜 미디어를 운동의 플랫폼으로 삼는다는 점에서, 온라인 페미니즘은 밀레니엄 대중운동에 대한 분석을 공유한다. 또한, 온라인을 통해 대중운동을 일으키는 페미니즘 운동은 비단 한국만의 상황이 아니라 세계적인 상황이라는 점에서, 페미니즘의 물결 서사에서 새로운 물결인 제4물결 페미니즘으로 제시되기도 한다.

이 글은 바로 페미니즘 대중운동의 새로운 판을 만들어 낸 온

---

3 김리나는 온라인 액티비즘으로 표현하고 있다. 이 글에서는 온라인 행동주의로 표현한다. 김리나, 「메갈리안들의 '여성' 범주 기획과 연대」, 『한국여성학』, 한국여성학회, 2017, 110쪽

라인 페미니즘을 고찰하고, 그 정치성을 짚어볼 것이다. 이러한 온라인 페미니즘을 "다양한 목적이 존재하고 불협화음의 목소리를 내는 인터넷 행동주의"이자 동시대Contemporary 페미니즘인 제4물결 페미니즘으로서 이해해 보고자 한다.[4]

2. 온라인 페미니즘과 소셜 네트워크 서비스(SNS): #해시태그의 방식

1) 온라인 페미니즘의 시작

코흐랜Kira Cochrane에 따르면, 2011년부터 온라인을 중심으로 하는 페미니즘 운동이 생겨났다.[5] 슬럿 워크Slut Walk는 초기 온라인 페미니즘의 파급력을 보여 준 대표적 사례이다. 2011년 1월 캐나다 토론토의 요크 대학에서 열린 안전포럼에서 경찰관 마이클 생귀네티가 "여자들이 성폭행 피해자가 되지 않으려면 '슬럿slut'처럼 옷을 입고 다니지 말아야 한다"라고 발언한다. 성폭행의 책임을 여성에게 전가하는 발언은 엄청난 비판을 불러일으키고, 그해 4월 3일 토론토에서 3,000명이 모여 성폭행 피해자의 옷차림을 문제 삼는 사회를 향해 시위를 벌인다. 슬럿 워크는 온라인을 중

4 E. Munro, "Feminism: A Fourth Wave?", *political / insight*, sage journals, 2013, p. 22.

5 온라인 페미니즘의 본격적 출현은 소셜 네트워크 서비스의 대규모 모바일 환경과 연결되는 2011년 정도부터 발흥된 것으로 추정한다. P. Chamberlain, *The Feminist Fourth Wave: Affective Temporality*, palgrave macmilan, 2017, p. 3.

심으로 전 세계로 확산되는데, 7월 초까지 보스턴, 시애틀 등 북미 주요 도시와 런던, 시드니 등 세계 60여 개 도시로 시위가 이어지며, '슬럿처럼 입을 권리'를 포함한 '자기결정권'을 강조하는 세계적 규모의 페미니즘 운동으로 발전한다.[6]

한국의 경우에 슬럿 워크는 온라인상에서 논의가 활발하다가, 2011년 6월 '고려대 의대생 성추행 사건'을 기점으로 고려대학교 앞에서 '슬럿 워크 1인 시위'가 벌어진다. 이 시위는 트위터를 중심으로 조직되어 온라인에서 많은 호응과 참여를 이끌어 내면서, '잡년행진', '잡년행동'으로 이어진다.[7] 이후, 한국의 온라인 페미니즘 운동의 본격화는 2015년 '#나는페미니스트입니다' 해시태그를 통해 소셜 네트워크 서비스에서 페미니즘 이슈 공론화를 거쳐 이루어진다. 특히, 강남역을 기점으로 온라인을 통한 페미니즘 운동은 '페미니즘 리부트', '페미니즘 뉴웨이브', '영영 페미니스트의 출현'으로 칭해질 만큼 폭발적인 대중운동으로 성장한다.[8]

대중 확산적인 페미니즘 운동을 가능하게 한 주요한 요인은 인터넷 환경과 디지털 모바일의 기술 변화로 본격화된 소셜 네트워크 서비스, 소셜 미디어social media이다. 트위터, 페이스북, 인스타그램 등과 같은 소셜 미디어는 기존의 일방향적이고 하나의 중

---

6 Chamberlain, 같은 책, pp. 114 – 115.

7 권김현영 외, 『대한민국 넷페미사』, 나무연필, 2017, 119쪽.

8 온라인상 페미니즘 운동은 1999년 군가산점 위헌 판결 이후 활발해졌는데, 웹진 제작, 인터넷 여성 커뮤니티 활동, 여성주의 인터넷 언론 창간을 중심으로 페미니즘 운동이 이루어져 왔다. 조혜영, 「상호매개적 페미니즘」, 『문학동네』 통권 88호, 문학동네, 2016.

심으로 수렴하는 소통 양식에서 벗어나, 개인person의 상호 소통과 연결을 거쳐 네트워크를 이루며 분산하고 확산한다. 소셜 미디어로 인해 개인들은 각자의 메시지를 공적으로 발화하고, 팔로우, 구독 등의 기능을 이용하여 비슷한 관심을 모아 타임라인을 구성하면서 넓고도 느슨하게 연결한다. 소셜 미디어는 개인화된personal 매체이지만 사회적 연결망으로 작동한다. 이는 소셜 미디어가 사회적 실천에 참여하는 비용과 장벽을 낮추면서 참여의 용이성을 보장하고, 사용자들에게 참여 행위의 효과를 즉각적이고 직접적으로 경험하게 하기 때문이다.

소셜 미디어는 페미니즘 운동의 의사소통 방식을 변화시키고, 온라인에서뿐 아니라 오프라인에 이르기까지 글로컬 운동으로 이끈다.[9] 다중의 연결과 만남을 매개한다는 점에서, 소셜 미디어는 먼 거리를 가로질러 빠르게 대화를 이끌고, 지역적으로 활성화하는 동시에 세계 전역으로 확장하여 동시다발적 대중의 조직화를 가능하게 만든다.[10] 소셜 미디어가 페미니즘 운동의 주요한 플랫폼platform으로 작동하는 것이다.

---

9 소셜 미디어를 통한 페미니즘 운동의 확산은 온라인상에서 여성 이용자의 수가 증가하고 있는 데서 우선적으로 기인한다. 특히 이러한 온라인 행동주의를 이끄는 SNS의 파워유저 나이는 18-29세 여성이다. 무엇보다도 트위터는 여성들이 사회적 지위가 낮은 지리적 공간에서 증가하고 있다(터키 SNS 사용자 72퍼센트가 여성). Chamberlain, *The Feminist Fourth Wave: Affective Temporality*, p. 3.

10 Chamberlain, 같은 책, p. 17.

2) 해시태그를 통한 의제화와 공론화

모바일과 결합된 소셜 미디어의 일상화와 대중화로 인해, 페미니즘 운동은 기존과 비교할 수 없는 속도로 즉각적이고 신속한 공론의 장을 형성하면서 정치적 맥락을 만들어 낸다.[11] 이러한 소셜 미디어를 통한 온라인 페미니즘 운동은 주류 언론에서 다루지 않는 이슈를 재해석하고 재의미화하고 비판하면서 의제화agenda 하는 방식으로 이루어진다.[12] 소셜 미디어를 통해 의제화된 페미니즘 이슈는 가부장제적 남성 문화를 전제하는 언론의 프레임을 전복하고 사건을 재해석하고 재의미화한다.[13] 이는 디지털 모바일과 결합한 소셜 네트워크 서비스가 새로운 미디어의 역할을 충분히 담당하면서, 주류 언론의 해석을 거부하고 새로운 의제화를 제기하는 매커니즘을 구현하기 때문이다. 또한, 소셜 미디어를 통해서 개개인에게 벌어진 사건은 텍스트, 메시지, 사진과 영상 그리고 실시간 방송을 통해 기록, 전달하면서, 생생하게 현장성을 공유하여 폭넓은 지지를 얻고 연대의 네트워크를 만든다.

소셜 미디어 중 특히 트위터는 의제화에 상당히 큰 효과를 발

11 Chamberlain, 같은 책, p. 9.

12 김수아는 소셜 미디어가 의제화하기에 적당한 이유를 다음과 같이 설명한다. "미디어 플랫폼이 가진 스프레더블 미디어(Spreadable media)의 성격 때문"이라는 것인데, "스프레더블 미디어(Jenkins, Ford, and Green, 2013)는 특정 텍스트가 다른 텍스트보다 더 쉽게 유통되는 것을 가능하게 하는 기술적 차원, 그리고 유통에 관련된 경제적 구조, 콘텐츠 공유를 하려는 공동체 내 동기를 불러일으킬 수 있는 특정한 텍스트 속성, 정보교환을 통해 상호 연결되는 소셜 네트워크를 통한 텍스트의 확산성을 의미하는 개념이다." 김수아, 「연결행동(Connective Action)? 아이돌 팬덤의 트위터 해시태그 운동의 명암」, 『문화와 사회』, 한국문화사회학회, 2017, 302쪽

13 Chamberlain, *The Feminist Fourth Wave: Affective Temporality*, p. 3.

휘하며, 여성들의 발언의 영향력을 높이는 데 중요한 역할을 담당한다. 트위터의 중요한 방법은 하이퍼링크hyperlink와 해시태크hashtag 기술이다. 하이퍼링크는 다양한 형태의 글과 이미지, 동영상을 첨부하여 트위터의 140자 분량 제한에 얽매이지 않고 풍부한 자료와 맥락을 전달하는 동시에 여러 미디어를 연결한다. 그러나 제일 중요한 역할은 바로 트위터에서 사용하는 해시태그이다. 해시태그는 단어나 여백 없이 구절 앞에 해시 기호 #을 붙이는 형태의 표시 방법으로 일종의 메타데이터metadata 태그이다. 트위터만이 아니라 마이크로블로깅microblogging이나, 인스타그램Instagram등의 소셜 네트워크 서비스에서도 사용되며, 동일한 태그가 붙여진 메시지들은 함께 묶여 검색된다.

온라인 페미니즘은 이러한 해시태그의 방식을 통해 사회적 사안을 둘러싼 대화를 촉진하고 연대감을 조성하여 정치적 영향력을 발휘한다. 해시태그를 이용한 온라인 페미니즘의 의제화의 대표적 사례는 전 세계적으로 여성들의 참여를 불러일으킨 #MeToo 운동, 2016년 후반부터 한국 문화계 전반의 성폭력을 알린 '#○○계_성폭력' 운동, 영미권의 경우에는 소비자운동과 결합된 '#YesAllWomen' 운동이다. 페미니스트들은 소셜 미디어의 해시태그를 이용하여, 광고, 언론, 예능 프로그램 등에서 만들어진 억압적 담론을 재기술하고 재가치화한다.

그렇다면 왜 온라인 페미니즘은 해시태그를 사용하는 것일까? 우선, 해시태그는 어떤 주제어나 키워드를 묶이게 만드는 의도 개입의 행위라는 점에서 정치적 의제화를 수행하기에 적절하다. 즉, "일부러 # 기호를 사용하는 것은 의제 설정의 목적이 있으며, 이에 따라 대화 혹은 의제 설정의 기능을 하게 한다."[14] 게다가, 해시태그는 짧은 글을 전달하고 빠른 속도로 많은 데이터 정보를 전달하는 소셜 미디어의 특성상, 이용자들이 크게 공감할 만한 문구나 정서를 통해 주목받기에 적당하며, 태깅을 통해 대중들의 생각들을 '맥락화'하여 전시하고 논쟁에 불을 붙이기에 용이하다.[15]

무엇보다도 해시태그로 묶인 주제나 사안에 대한 글쓰기는 개인의 정체성을 직접적으로 노출하지 않는다는 점에서 참여자에게 안정감과 안정성을 담보한다. 해시태그에 동참하고 참여하는 부담이 적고, 여성 개인에게 벌어진 성차별의 일상과 사회의 문제점에 대해 비판할 수 있다.[16] 이렇게 해시태그로 묶인 이야기에 참여하거나 읽으면서, 여성들은 남성 지배적 사회에서 살아가는 경험을 나누고, 해시태그로 묶인 이야기를 공유하면서 침묵에서 벗어나, 자신의 삶을 다시 서술하는 기회를 얻는다. 해시태그는 지금 당면한 문제를 드러내고 이에 관해 생생하게 증언하게 만들며, 광범위한 영역에서 사람들의 의사소통을 고무하고, 그에 관한 의견을 신속하게 연결시키면서 정치적 잠재력을 키우는 역량이 된다.[17] 소셜 미디어의 해시태그는 담론적인 힘을 가진 개인들

---

14 김수아, 「연결행동(Connective Action)? 아이돌 팬덤의 트위터 해시태그 운동의 명암」, 306쪽.

15 김효인, 「SNS 해시태그를 통해 본 여성들의 저항 실천: '#○○_내_성폭력' 분석을 중심으로」, 『미디어, 젠더 & 문화』, 한국여성커뮤니케이션학회, 2017. 특히 해시태그가 용이하게 사용되는 트위터의 경우, 트위터는 단순히 트위터 내에서 작성된 트윗의 집합소 역할을 넘어, 여타의 네트워크와 콘텐츠들이 집대성되는 메타네트워크로 기능한다.

16 디지털 매체는 익명성과 다중의 정체성을 허용한다. 이로 인해 피해자가 결과나 보복으로부터 상대적으로 안전하고 자유로운 환경에서 자신의 경험을 말하고 나눌 수 있다.

의 이야기를 만들어 내고 연결해 내어, 내러티브로 발화하게 하는 것이다. 즉, 해시태그를 붙이는 행위는 단지 메시지들을 묶는 기능적인 측면을 넘어, 빠르게 집합하고 정서적으로 연결하여 사회적 문제로 끌어올린다. 이러한 점에서, 해시태그로 형성되는 발화는 새로운 의제화 설정뿐 아니라, 대안 언론으로 기능한다.

또한, 해시태그의 인기 급상승trending을 통해 분산된 대화는 사회적 텍스트로 엮이고 네트워크로 묶이면서 "해시태그 공중public"을 형성한다.[18] 이러한 공중은 트위터 페이스북 등의 SNS와 온라인 커뮤니티들(예를 들어 여초카페)을 통해 사안과 관련된 정보가 확산되고, 공론장을 형성하고 실시간 정보 공유와 더 많은 공중들에게 전파, 확산되는 과정을 거치면서 생산되는 것이다. 이에 따라, 해시태그 공중이 주로 활동하는 소셜 미디어 공간은 특히 새로운 유형의 대중이 출현하는 의사소통 공간이자 "개별적 공공성personal public"의 네트워크 공간으로 작동한다.[19] 특히 주목해야 할 점은 해시태그를 통해서 생산된 공중인 개별적 공공성의 네트워

17 김효인, 「SNS 해시태그를 통해 본 여성들의 저항 실천: '#○○_내_성폭력' 분석을 중심으로」, 60–62쪽.

18 김수아는 슈미트(Schmidt, 2013)을 인용하며 사적 공공성을 설명하고, 부룬스와 버지스를 통해 해시태그 공중을 설명한다. 김수아, 「연결행동(Connective Action)? 아이돌 팬덤의 트위터 해시태그 운동의 명암」, 305–306 쪽; J. Schmidt, "Twitter and the Rise of Personal Publics."(2013) In Katrin Weller, A. Bruns and J. Burgess et al(eds.), *Twitter and Society*; Peter Lang, 2015, pp. 3–14; A. Bruns and J. Burgess, "# Ausvotes: How Twitter covered the 2010 Australian Federal Election." *Communication*, Politics & Culture, 2011, 44(2): 37.

19 이러한 해시태그 공중을 어떻게 이해할 것인가에 대해서는 이후 연구에서 진행하는 것으로 하겠다. 공중과 군중을 구분한 르봉과 타르드의 연구와 정동과의 관계를 제기하는 다음의 논의들이 있다. 이토 마모루, 『정동의 힘』, 김미정 옮김, 갈무리, 2016; 권명아, 『여자떼 공포, 젠더 어펙트』, 갈무리, 2019; 손희정, 『페미니즘 리부트』(e-book), 나무연필, 2017.

크가 새로운 담론의 장을 창출한다는 것이다.[20] 해시태그를 통해 묶인 이야기는 성차별sexism을 규범의 일부로 용인하는 사회적 담론을 비판하는 페미니즘 담론을 형성한다. 즉, 해시태그를 통해서 온라인 페미니즘은 정치적 사건이나 미디어가 내포하는 관점을 비판하고, 부정의한 체계에 대해 의견을 나누면서, 이에 저항하는 대안적인 시각과 문화를 만든다. 이 점에서, 해시태그는 어떤 의제를 모아 발화하는 기능을 넘어서 정치성을 표현하면서, 페미니즘 운동을 정치적으로 성장시키는 동력이 된다.[21]

3. 온라인 페미니즘의 정치성과 주체화: 행위자 네트워크와 통치성

1) 온라인 페미니즘의 정치성

앞서 살펴보았듯, 온라인 공간에서 소셜 미디어는 페미니즘 이슈를 공론화하는 데 주요한 역할을 한다. 온라인 페미니즘은 온라인상을 중심으로 페미니즘 운동을 조직하고 작동시킬 뿐 아니라, 오프라인으로 확장하여 행위한다. 온라인에 기반한 페미니즘의 대중화는 페미니즘 담론의 축을 학계와 운동 단체에서 익명의 대중들과 함께 하는 장으로 이동시킨다. 이제는 페미니즘의

20 김수아, 「연결행동(Connective Action)? 아이돌 팬덤의 트위터 해시태그 운동의 명암」, 306쪽.

21 김수아, 같은 글, 306쪽.

지향이나 운동 방향을 둘러싼 논쟁들이 소셜 미디어라는 온라인 공간에서 전개되고 있다.

이러한 온라인 페미니즘은 모바일과 결합된 소셜 미디어 기술로 인해 기존과는 다른 방식으로 정치성을 표출한다. 온라인 페미니즘은 미시 정치의 영역이라 칭해지는 일상의 정치에 기반한다. 일상에서 쉽게 접하는 광고, 영화, 텔레비전, 문학, 문화, 수사적 발언이 표현하고 전제하는 성차별주의에 도전한다. 페이스북에 학대받는 여성 이미지가 서비스 조건을 위반하지 않았다는 이유로 게시되자, 여성 혐오 발언 문제를 제기하는 온라인 캠페인이 일어나 게시물이 내려지기도 했다. 한국에서는 페이스북 계정에 올린 '불꽃페미액션 상의 탈의 퍼포먼스' 사진이 일방적으로 지워지고, 1개월 계정 정지 처분까지 내려지면서 이에 항의하는 온라인 캠페인과 시위를 통해, 사진이 복원되고 페이스북에서 사과를 받기도 했다. 페이스북에 배포된 탄원서에 좋아요를 눌러 이슈화된 운동인 '슬랙티비즘Slacktivism'도 좋은 예이다.[22] 온라인 탄원은 마우스의 클릭 몇 번으로 가능하지만 대규모로 조직하는 데 큰 기여를 한다. 온라인 탄원의 손쉬움을 비꼬기도 하지만, 페미니즘 운동의 경우 온라인 공간의 안전성과 안정성 그리고 접근의 편리성으로 인해 온라인 캠페인 참여가 일어나고 인터넷 행동주의를 이끌어 대중운동의 새로운 동력을 마련한다. 영국의 경우, 온라인 캠페인을 거쳐 'The F Word'와 'The Women's Room'

22 Munro, "Feminism A Fourth Wave?", pp. 23 – 25. 슬랙티비즘은 '게으른 사람'을 뜻하는 슬래커(Slacker)와 행동주의(Activism)의 합성어로, 소심하고 게으른 저항을 말한다. 시민 참여나 집단행동을 촉진하기 위한 수단으로 소셜 미디어를 활용하는 사람들이 증가하면서 등장한 말이다.

과 같은 웹사이트, 'The Everyday Sexism Project'와 'no More Page 3' 같은 사이트들이 만들어진다. 또한 매일 접속 가능하고 실생활과 분리 불가능한 온라인 사용으로 인해, 여성들은 자신의 일상적 경험과 정서를 중심으로 게시하고 공유할 뿐 아니라, 온라인 공간을 사용하여 그 발화들을 모아 하나의 아카이빙을 이룬다. 이렇게 아카이빙한 사이트의 예가 '매일의 성차별Everyday Sexism'이다.[23] 이 사이트는 처음에 여성의 성희롱 경험을 문서화하는 트위터 계정에서 생겨나, 이후 아카이빙된 자료를 책으로 출판하고 웹사이트로 개설하면서 국제적인 활동을 벌이고 있다.

또한, 일상성에 기반한 온라인 페미니즘은 발화 통로에 접근하기 어려웠던 다양한 소수자들의 참여를 증대한다. 온라인과 결합한 일상성은 기존의 공론장에서는 자원이 부족해서 접근하기 어려웠던 사람들에게도 의견을 펼칠 기회를 주고 새로운 공론장을 연다. 낙태법 헌법 불일치를 이끈 투쟁에 적극적으로 결합한 성과인 '재생산포럼'과 '장애여성공감'의 활동은 온라인 공간이 다양한 사람들에게 공론의 장에 참여할 기회를 열어 준 것을 보여준 사례이다. 자기 삶에서 일어나는 전 방위적인 지점에서 문제를 지적할 수 있게 되면서 다양한 여성들이 참여하는 페미니즘 소규모 모임들이 생겨난다. 한국의 경우, 여성주의 정보 집합체 '페미위키', 게임하는 여자들 '페미머즈', 페미니즘 공부하는 엄마 모임 '부너미', 성전을 허물고 다시 일으키는 '믿는 페미', 대전 지역을 중심으로 활동하는 페미니즘 언론 '보슈'도 생겨났다.[24] 온

23 https://everydaysexism.com/

라인에서 출발하여 일상성을 통해 여러 공간과 자신의 현장에서 페미니즘 운동을 다채롭게 확장하는 것이다.

온라인 페미니즘의 정치성은 소셜 미디어의 특성을 반영하는 신조어와 축약어 사용, 경험을 중심으로 삼는 언어로 집합적 발화를 한다는 것이다. 온라인 공론의 장에서 글쓰기는 실시간의 타임라인과 맥락적 상황에서 자리 잡는다. 이로 인해 언어의 사용은 논증에 호소하기보다는 주로 경험을 통해 감정을 공유하는 발화와 유머나 미러링을 통한 주의 끌기에 초점을 맞추며, 이는 때때로 공격적 발화로 이어지기도 한다. 온라인 페미니즘의 언어 사용은 온라인 정체성과 오프라인 정체성을 일치시킬 필요가 없는 상황에 익숙한 세대의 참여로 사회의 젠더 규범을 따르지 않는 발화와 한국 사회의 페미니즘 운동에 기폭제가 된 미러링을 가능하게 했다. 이와 같은 언어 사용은 온라인 페미니즘의 정치성과 불가분하며, 맥락을 공유할 수 없을 경우에는 폭력적으로 작동할 수도 있다. 무엇보다도 온라인 페미니즘의 언어 사용은 한 개인의 발화가 아니라 해시태그를 통한 집단적 발화들로 존재하며, 리트윗, 리그램, 좋아요, 공유와 같은 소셜 미디어의 기술을 통과하고 피드백 루프feedback loop[25]로 작동하면서 "이미 '결정되어

---

24 김보영, 김보화 편저, 『스스로 해일이 된 여자들』, 서해문집, 2018.

25 피드백은 되먹임으로 번역될 수 있으며, 어떤 일로 인해 일어난 결과가 다시 원인에 영향을 미치는 자동제어 원리이다. 피드백 루프는 결과를 자동적으로 재투입시키는 궤환 회로를 의미한다. 그러나 피드백 루프의 되먹임은 결과가 다시 그 결과를 산출한 원인에 영향을 미친다는 의미로의 재귀적인 되먹임이나, 수렴적일 수 없으며, 증폭적이고 발산적인 확산으로 나타난다. 캐서린 헤일즈는 이러한 피드백 루프의 원리로 상호 매개성을 제시한다. 캐서린 헤일즈, 『나의 어머니는 컴퓨터였다』, 이경란·송은주 옮김, 아카넷, 2016.

있는' 말하기에 편입되기를 강제"하지 않고, "침묵을 깨고, 자기 이야기를 함으로써 다음 발화의 자리를 만드는" 네트워크 발화체가 된다.[26]

온라인 페미니즘의 또 다른 정치적 특징은 온라인 기술에 힘입은 정동적 순간affective moment을 생산하고 체험하게 한다는 것이다. 정동affect은 신체가 결합하여 변이할 때 발생하는 순간의 활력, 다른 존재들과의 마주침encounter으로 일어나는 신체적 변화 또는 활력적vital 능력을 의미한다. 정동은 어떤 이행으로 나타나는데, 정동적 영향을 주고받는 것 '사이between'에서 출현하며, 역동적인 관계 속에서만 발생한다. 정동은 '관계의 공간the space of relation'에서만 출현하는 사건이다.[27] 이러한 정동에 관해, 사라 아메드Sara Ahmed는 페미니즘을 "느낌과 정념, 그리고 감정들로 가득 차 있는" 정치학으로 보고, 페미니즘 자체가 언제나 이미 젠더화, 섹슈얼적, 인종적, 계급적 권력과 정동 관계에 대해 탐구하는 것으로

---

26 우지안, 「미투, 살아남은 자리에서 말하기」, 『문화과학』, 문화과학사, 2018, 40쪽.

27 정동은 심리학적 것이 아니며, 주체의 감정으로 질화되거나 한 존재의 삶을 지속시키는 서사들에 포획되지 않는, 무의식적인, 결코 의식적이지 않은 자율적(autonomous)인 것이다. 비인격적인(impersonal)적 차원에서 일어나며, 심장박동이나 피부 경련 등과 같이 자율적인 신체적 반응으로 이해되기도 한다. 들뢰즈에 따르면, 정동의 특징은 신체가 변화하는 즉각성을 드러내는 지표로서, 정동을 통해서 신체의 새로운 조성을 알 수 있다. 마수미는 정동적 사건에서 즉시성(immediacy)으로 서로 연결된 집합체로 변형될 가능성을 찾는다. 아메드는 정동이 특정한 신체, 대상, 형상에 내재하거나 고착되기보다 신체들, 대상들, 형상들 사이를 이동 순환 매개하면서 그 관계를 조직하는 힘이나 운동으로 나타난다고 설명한다. 정동은 개인적 경험을 조직할 뿐 아니라, 사회 문화적 관계들을 만들어 낸다. 아메드는 감정이 문화적인 속성을 가지며, 사회에 유통되면서 어떤 가치를 창출하는 효과를 만든다고 설명하고, 이를 정동적 경제(affective economy)로 부른다. 정동은 감정, 대상, 이와 연관된 주체, 흐름, 효과, 유통 등 에너지의 전이 유통 생산의 효과 과정 전체를 일컫는다. 질 들뢰즈·펠릭스 가타리, 『천개의 고원』, 김재인 옮김, 새물결, 2001; 브라이언 마수미, 『정동정치』, 조성훈 옮김, 갈무리, 2018; S. Ahmed, *The Cultural Politics of Emotion*, Routledge, 2004.

설명한다.[28] 정동의 관점에서 아메드는 페미니스트의 감정 자체가 여성 주체의 정치화politicization에 매우 중요한 역할을 한다고 설명한다. 즉, 일상적 삶에서 여성은 자신이 경험하는 감정적 여행emotional journey을 통해 주체와 집합 사이의 관계를 형성하고 재활성화하며, 이러한 감정을 개인의 즉시적인 반응에 그치는 것이 아니라 사회적 감정들과 매개하면서 정치화하는 과정을 겪는다.

크베트코비치Ann Cvetkovich는 '정동을 동기 부여의 체계와 새로운 집단을 형성하기 위한 토대'이며, 페미니즘의 행동주의가 사적인 것과 공적인 것의 관계를 탐구하는 정동에 묶여 있다고 설명한다.[29] 이에 따르면, 페미니즘의 정치는 정동적 삶affective life 안에서 생성된다. 여성의 고통은 '자동적으로' '즉각적으로' 정치의 토대가 될 수 없기에, 세계에 대한 '비평적 관점'에서 고통과 분노와 같은 불편하고 불화하는 감정을 제거하지 않으면서 그러한 감정이 태어나는 세계 자체를 '읽는' 것이 필요하다.

이러한 정동이 특히 디지털 혁명에 따른 정보 전달의 속도와 연결되면서, 페미니즘의 범위를 전 지구적으로 확장시키고 변화의 순간을 순식간에 전달하면서 더욱 중요해진다. 온라인의 속도는 현재 이 순간의 활동들을 공유하게 하여 대중의 감정을 추동

28 아메드(2004)는 이분법이 페미니티(feminity)와 인종적 타자들을 감정과 신체의 계열들로 묶는다고 비판하며, 세계의 진실이 감정들 그리고 감정이 주체를 어떻게 변화시키고, 서로 점착(stick)하는지에 달려 있다고 분석한다. 정동과 대상에 대해서 분석하며, 정동적 연합이 행복하게 '정렬되는' 정향과 '소외되는' 정향에 대해 논의한다. 아메드가 주목하는 것은 정동적 소외이다. 이는 어떤 정동적 공동체의 바깥으로 내몰려 이미 좋은 것으로 치부된 대상들과의 근접성에서 즐거움을 경험하지 못할 때 발생한다. 이러한 순간 이방인 혹은 정동 소외자(affect aliens)가 생겨나는 것이다.

29 A. Cvetkovich, *An Archive of Feelings: Trauma, Sexuality, and Lesbian Public Cultures*. Londone: University Press, 2003, p. 12.

하고 이동하고 순환하면서, 빠른 결집과 행동을 이끌어 낸다. 느낌feeling이 광범위한 집단에 전달되면서 행동을 촉구하는 정동적인 수렴convergence으로 관계를 맺게 하는 것이다.[30] 이는 페미니즘 운동의 급증을 촉발하고 유지하는 데 핵심적 역할을 하며, 특정한 역사적 순간을 나누면서 이와 관련된 주제들을 모은다. 정동은 확산의 속도감과 결합하여 온라인 조직을 만들어 내며, 그것이 다시 오프라인 참여에 영향을 주면서, 온/오프를 넘나드는 연결망을 만든다. 온라인의 속도를 통해, 정동은 온라인 페미니즘 정치성을 강화하며, 새로운 주체화를 이끈다. 정동적 순간은 자발적 참여를 이끌어 대중의 생성하는 정치적 주체화를 실행하는 것이다.

이러한 온라인 페미니즘 운동의 주체화 방식은 새로운 밀레니엄에 본격화된 신사회운동의 분석을 일정 공유한다. 이에 대해, 카스텔Castells은 "네트워크된 사회운동networked social movement"으로 선도적 리더 없이 온라인상에 존재하는 개인person 간의 연결로 결집을 이루는 사이버 행동주의와 온라인과 오프라인의 상호작용으로 결합하는 사회적 현상으로 설명하고, 베네트와 시거버그Bennett & Segerberg는 "연결 행동connective action"으로 개념화한다.[31] 주로 온라인을 기반으로 하여 오프라인으로 확장하는 연결 행동은 개인들

30 Chamberlain, *The Feminist Fourth Wave: Affective Temporality*, pp. 107 – 108.

31 Bennett & Segerberg, *The logic of connective action*, Cambridge university press, 2013; 마누엘 카스텔, 『분노와 희망의 네트워크』, 김양욱 옮김, 한울아카데미, 2015. 연결 행동은 개인화된 소셜 미디어를 사용하여 일어나는 사회 행동으로, 스스로 조직된다. 특정한 정체성을 가지기에 특정 운동에 참여하는 것이 아니라, 개인화된 관계를 통해 연결된다는 점에서 집합적, 이데올로기적 의미를 가지지 않는다.

이 자유롭고 자발적으로 관계를 만들고 참여한다. 리더나 멤버십이 존재하지 않으며 조직 세력이 명확하지 않고 다양한 참여자들이 합류하는 방식으로 운동은 작동한다. 수평적 참여와 조직 구성이 그 특징이며 과거 사회운동과 달리 하나의 리더를 중심으로 하는 운동의 리더십을 희석시켜서 자발적으로 결사하고 시위를 주도하는 양상으로 나타난다.[32] 한국에서 온라인 페미니즘 운동 역시 이러한 경향이 두드러졌는데, 김리나에 따르면, "메갈리아들의 오랜 규칙으로 메갈리아/워마드와 '나' 사이의 거리두기 전략이자, 그 자체가 커뮤니티 구성원으로서 소속감을 부여하는 역설적 기제로 작동"하기도 한다.[33]

2) 행위자 네트워크의 주체화와 통치성

그렇다면, 신사회운동과 온라인 페미니즘 운동은 어떠한 차이를 보이는가? 2016년 촛불 시위(광장) 역시 온/오프를 넘나드는 대중 정치운동을 통해 이끌어졌다는 점에서 특히 카스텔의 분석을 관통하는 신사회운동의 논의를 공유한다. 하지만, 한국 촛불 시위에 등장한 페미존femmizone의 출현은 온라인 페미니즘 운동과 신사회운동의 차이를 드러낸다.

---

32 신사회운동은 '아랍의 봄' 이후로 소셜 미디어의 영향이라는 측면에서 논의되었다. 미국의 '점령하라', 홍콩의 '우산혁명' 등도 신사회운동의 대표적인 예이다.

33 김리나, 「메갈리안들의 '여성' 범주 기획과 연대」, 128쪽

페미존 참가들은 스스로를 페미니스트로 선언하며 성별 이원 가부장 체제의 가해자로서 소수자 혐오의 담론을 적극적으로 수용하고 재생산했던 광장 내부에 전선을 그었다. 광장 안의 소수자 혐오는 시민 개개인의 얼굴로 드러났으나 그것을 가능하게 했던 것은 '정상'과 '보편'의 범주를 한정하고 오직 그들만을 온전한 시민으로 인정하는 근대국가의 메커니즘이다.[34]

촛불 광장 이후에 더 급속화된 페미니즘 운동, 특히 미투 운동은 그간 만들어진 성폭력 관련 법 제도와 절차가 위력 관계에서 일어나는 성폭력과 이를 은폐하는 문화적 구조를 다루는 데에는 한계가 있음을 보여 주었다.[35] 온라인 페미니즘은 신사회운동의 방식을 공유하지만, 기존의 국가권력뿐 아니라, 이에 맞서 온 대항권력이라 칭해지는 운동 단체의 남성 중심적 문화와도 선을 긋는다. 이러한 틀과 문화는 페미니즘 의제를 늘 부차적인 것으로 취급하고, 조직 내에 성폭력 문제를 은폐하고 침묵하게 했다.

하지만, 소셜 미디어는 남성 중심의 의미화 체계와 가부장제의 가치로 침묵당하지 않고 여성들의 경험과 감정, 분노를 드러낼 수 있는 공론의 장으로서 네트워크를 구성한다. 온라인 공간은 여성들로 하여금 부차적인 논의나 전통적인 의미의 여성적 역할로부터 벗어나게 할 뿐 아니라, 성차별과 여성 혐오에 반대하

34 이지원, 「페미니즘의 정치의 장, 페미존Femi-Zone을 복기할 때」, 『여/성이론』, 도서출판 여이연, 2017, 162쪽.

35 이미경, 「#미투MeToo운동을 통해 본 법과 현실의 괴리」, 『경제와 사회』, 비판사회학회, 2018.

는 페미니즘의 아젠다를 직접적으로 제시할 수 있는 환경을 제공한다. 그런 점에서 온라인 페미니즘에서 소셜 미디어 기술은 대중을 동원하는 매개체나 도구에 불과한 것이 아니라, 대중 형성의 행위 능력을 발휘하는 행위자agency로 이해할 수 있다.

온라인 페미니즘 정치적 행위자는 소셜 미디어의 기술과 불가분하다. 라투르의 행위자 네트워크 이론actor-network theory은 기술 자체를 사회 내 행위자로 규정하는 맥락에서 설명한다. 라투르에 따르면, 인간과 마찬가지로 기술도 사회의 변화들을 일궈 내는 비인간 행위자들non-human actants이다.[36] 기술은 확장과 변화의 유동성을 특징으로 관계를 생성해 내며, 기술의 효과, 용도, 의미는 결정되어 있지 않다. 온라인 페미니즘의 주체화는 인간 행위자와 비인간 행위자인 기술과 연합association한 행위자 네트워크에 따른 것이다. 온라인 페미니즘의 주체화는 "네트워크로 연결되어 있는 숱한 행위자들의 상호작용에서 비롯된 관계적 효과"로 생산되어 익명들의 네트워크 발화체로 형성된다.[37] 이러한 행위자 네트워크는 "역동적이고 소멸되기 쉬우며" 안정적이지는 않다. 또한, "이종적 네트워크에는 상이한 인간만이 아니라 상이한 비인간들이 함께 공존"하면서, "자신의 특성을 재정의"하는 과정을 동반한다.[38] 행위자 네트워크로서 온라인 페미니즘의 주체화는 변이하면서 생성하고, 어떤 전략을 통해 네트워크를 준안정화하는 권

36 B. Latour, *Reassembling the social: An introduction to actor-network-theory*. Oxford: Oxford University Press, 2005.

37 브루노 라투르 외, 『인간 사물 동맹』, 홍성욱 옮김, 이음, 2015, 23쪽.

38 같은 책, 24-25쪽.

력을 갖기도 한다.

더욱이 행위자 네트워크로서 온라인 페미니즘의 주체화는 억압과 금지로 지배하는 사법 권력만이 아닌 통치성에 대항하며 작동하고 있다. 푸코에 따르면, 권력은 특정한 국가에서 시민의 복종을 보증하는 기구로서의 정권이나, 사회체 전체에 연속적으로 확산되고 스며드는 일반적 지배체제의 권력을 의미하지 않는다. 푸코는 '전술', '전략', '힘의 관계'에 입각한 관계론적 차원에서 권력을 분석하면서, 주체를 권력 이전에 존재하는 원초적 존재자로 상정하지 않고 예속화 메커니즘의 효과로서 설명한다. 이에 따르면, 권력은 단일한 중심에서 파생되고 조직되는 것이 아니라 다양한 장치들을 통해 서로 교차하고 준거할 뿐 아니라, 접근하거나 대립한다. 이 점에서 권력은 다양한 힘들의 관계이다. 권력은 제로섬 게임을 따르는 억압이나 지배가 아니라, 사물들의 관계에 따라 끊임없이 발생하는 구체적인 동작들이며 도처에 존재한다. 권력의 주어는 관계를 이루는 사건들의 계열들과 집합들 속에서 생겨나며, 그 안정적인 위치는 후험적으로 취득된다. 즉, 권력은 활동의 영역에서 내재적인 조직을 구성하는 힘의 관계들이며 관계들의 다양성이다.[39]

행위자 네트워크로서 페미니즘 주체화는 바로 국가의 "권력은 어떻게 작동하는가?"라 물으며, 근대국가의 통치성이 제시하는 정상적 인간에 문제를 제기한다. 근대국가는 권력 기제의 새로운 분포와 조직화를 통해 근대적 주체를 '개인'으로서 개별화하

39 김은주, 「'긍정적 힘 기르기'와 여성주의 리더십: 로지 브라이도티의 긍정의 윤리학」, 『한국여성학』, 한국여성학회, 2018, 7-8쪽; 미셸 푸코, 『성의 역사 1』, 이규현 옮김, 나남, 2005, 112-113쪽.

는 동시에 '인구'로서 전체화하는 정교하고 통합적인 관계망으로써 형성된다. 통치는 영토가 아니라 사물과 인간으로 구성된 복합체에 관여한다.[40] 통치의 핵심은 사물의 배치에 관여한다. 특히, 통치는 인구를 주요 표적으로 삼아, 문제적 현상을 확률적 사건의 연쇄 안에 기입하고 그 비용을 계산하며, 허용과 금지의 이항적 구분이 아닌 최적의 평균이라는 허용 범위 내에서 실재의 흐름을 배분한다.[41] 통치는 종으로서의 인간(인구)에 나타나는 출생, 사망, 출산, 질병 등의 집단적 효과를 재구성하고, "거대한 생체 안에서 일어날 수 있는 우연한 사건"과 "그 개연성을 통제하고 그 효과들을 보상하려" 한다. 이는 "전체적인 균형에 의해 항상성, 그 내적 위험에 대한 전체의 안정을 수립"하는 바로 나아간다. 이러한 통치성에서, 비정상과 정상을 분할하는 것은 주체와 분리된 외부적 힘으로서의 권력이 아니라 주체화 과정에 결부되거나 개입된 삼투적인 힘으로서의 권력이다. 권력은 종으로서의 인간의 생물학적 과정들의 균형과 평균을 유지하기 위해 "특정의 현상이나 개별적인 개인을 수정하는 것이 아니라 그 일반적이고 전체적인 현상의 결정 수준"에서 개입하고 조절한다.[42] 전체화의 모델에 따라 육체는 전체의 생물학적 과정으로 대체되는 종으로서의

40 미셸 푸코 외, 『푸코 효과』, 심성보 외 옮김, 난장, 2014, 142쪽, "통치가 담당해야 할 사물은 인간이지만, 그 인간은 자원 식량뿐만 아니라 국경 안에서 특질 기후 가뭄 비옥함을 지닌 영토와 같은 사물과 관계 맺고 연결되고 연루되어 있는 인간이다."

41 M. Foucault, *Security, territory, population: Lectures at the Collège de France(edited by Michel Senellart)*, translated by Graham Burchell, Plagrave Macmillan, 2007, p. 5.

42 미셸 푸코, 『사회를 보호해야 한다』, 김상운 옮김, 난장, 2005, 288－89쪽. 예를 들어, 출산율, 사망률, 평균수명, 질병에 걸릴 확률 등의 인구 현상에 개입하고 이에 대한 앎의 규격과 "앎의 규격화와 함께 공중보건을 주 임무로 하는 의학"을 만들어 냈다.

인간을 재현하는 것이다. 통치 권력이 정상화하는 권력의 형태로 등장하며, 주체화로 작동된다는 점에서, 푸코는 '종속의 형식에 맞선 투쟁'을 제기한다.[43]

미투 시위에서 등장한 "여성에게 국가는 없다!"라는 구호에서 보이듯, 온라인 페미니즘은 단지 소수의 일탈적인 남성들의 행동을 교정하거나 처벌하는 운동이 아니라, 오히려 "우리란 무엇인가를 거부하는 일"이며, 우리의 형식을 새롭게 만들어 내는 운동에 더 가깝다.[44] 온라인 페미니즘은 국가가 평균으로 제시하는 정상 시민 모델과 그 조건이 내포하는 성차별적이며 가부장제적인 전제들을 문제시하면서 정상과 평균을 규정하는 권력 장치를 재배치하고 새롭게 주체화하려는 운동이다. 비인간 행위자와 결합하여 작동하는 온라인 페미니즘은 온/오프를 오가면 권력 구성 관계의 변화를 도모하고, 다양한 지배와 억압이 가부장제와 얽혀 작동하는 현실을 변화시키는 여성 주체화를 추동한다.[45]

특히 온라인 페미니즘이 기술과 결합해 집단으로 발화하는 발화 네트워크는 급진적 말하기이자 일종의 진리 말하기인 파르헤지아parrhesia를 행한다.[46] 파르헤지아, 두려움 없이 말하기는 주체화

43 홍은영, 「푸코와 자기 배려의 윤리학」, 『철학연구』, 고려대학교 철학연구소, 2012, 303쪽.

44 미셸 푸코, 『미셸 푸코의 권력 이론』, 정일준 옮김, 새물결, 1995, 97쪽.

45 김은주, 「'긍정적 힘 기르기'와 여성주의 리더십: 로지 브라이도티의 긍정의 윤리학」, 9쪽.

46 Parrhesia는 어원적으로 pan(모두)와 rhesia(말하기)의 합성어이다. "파르헤지아는 어원적인 뜻으로 '모든 것을 말하는 것'을 의미하는데, 일반적으로 솔직함, 마음을 열기, 언어의 개방, 말의 자유 등을 의미한다. 라틴 사람들은 '파르헤지아'를 libertas로 번역한다. 말해야 할 바를 말하게 하는 자유로움을 의미한다. 왜냐하면 그것은 필요하고 유용하며 참되기 때문이다." 미쉘 푸코, 『주체의 해석학』, 심세광 옮김, 동문선, 2007, 394쪽.

의 실천이다. 온라인 페미니즘의 발화 네트워크는 홀로 말하기의 두려움과 그저 단순히 솔직히 말하기를 넘어, 해시태그의 발화들로 "말하는 자와 듣는 자, 그리고 말하는 자와 그가 말하는 것 사이의 관계를 지칭하는 이중 실천"을 행하면서, "진실한 발언의 주체로 스스로를 구성"한다. 파르헤지아적 발화로 출현해 참과 거짓을 구분하는 방식과 연결된 자기와 타자를 통치하는 방식의 담론을 변형하고, 기존의 담론의 배치를 바꾸면서 새로운 담론을 형성한다.[47] "앎의 순환 장치를 통해 기술 권력 장치가 진리와 주체를 연결"하고, 주체화를 실행하는 것이다.[48] 이 점에서, 일상의 정치를 수행하고 발화 네트워크로 기능하면서 정동적 순간으로 변이와 확장을 거듭하는 온라인 페미니즘의 주체화는 "자기동일성에 닫혀 있는 필연적 경계들과 주체성의 한계에 질문을 던짐으로써 이들 경계들을 위반할 가능성을 확립하고 주관적 경험의 새로운 유형을 참조할 잠재성을 열어 놓으면서" 새로운 주체화의 양식들을 모색하고 형성하려는 시도인 것이다.[49]

통치성에 저항하여 주체화의 배치를 바꾸어 내는 온라인 페미니즘은 금지하는 권력의 지배에서 단순히 벗어나거나 이미 주어진 시민으로서의 권리를 찾으려는 시도만으로 그칠 경우 또 다른

47 김태원, 「후기 푸꼬를 어떻게 읽을 것인가」, 『안과 밖』, 영미문화연구회, 2006, 203쪽.

48 미셸 푸코, 『주체의 해석학』, 심세광 옮김, 47쪽.

49 홍은영, 「푸코와 자기 배려의 윤리학」, 300쪽. 이 점에서 새로운 주체화는 "일반적으로 위반을 시도하는 '한계 경험(limit experience)이며, 재형성의 과정을 거듭한다. 들뢰즈는 이러한 푸코의 주체화를 "가변적"이고 "환원 불가능한 주체화 양식들을 구성하는 상이한 리듬"을 통해 자기와의 관계로서의 주체성이 형성된다고 주장한다. 또한, 들뢰즈는 주체가 "각각의 경우마다 창조"된다고 강조한다. 질 들뢰즈, 『푸코』, 허경 옮김, 동문선, 2003, 162쪽 참조.

'남성 시민 주체'로서 인정받거나, 아니면 이들 시민의 파트너로서만 존재하게 한다는 점을 자각한다. 따라서, 수세기 동안 여성에게 부과된 이러한 시민에 대한 지식 담론을 변형해, 새로운 담론 권력을 작동하게 하면서, 존재 조건을 재구성하려는 것이다. 이는 권력 담론 체계 속에서 규범화normalization의 동력에 의해 진행되는 근대적 주체화 과정에 저항하고 새로운 실천의 가능성을 탐색하며 대항 권력을 활성하고 새로운 주체성을 마련하는 것이다.[50]

그러나 이러한 온라인 페미니즘이 어떠한 한계를 갖는다고 지적하기도 한다. 무엇보다도 인터넷 활동에 페미니즘이 몰리는 현상 자체가 여성이 민주주의 국가 정치를 대표하는 역할을 할 수 없기 때문이라는 분석도 존재한다. 사이버 블링cyber bullying과 트롤링trolling이 여성의 온라인 참여를 오용하기도 하며, 온라인 행동주의가 소셜 미디어의 기술을 통한 백래쉬backlash를 맞기도 한다.[51]

4. 제4물결로서 온라인 페미니즘: 새로운 물결 서사와 동시대 페미니즘

온라인 페미니즘을 제4물결로 이해할 수 있을까? 온라인 페미니즘을 새로운 물결로 칭하는 논의는 서구의 경우, 학계에서보

---

50 김태원, 「후기 푸꼬를 어떻게 읽을 것인가」, 190쪽.

51 김수아, 「연결행동(Connective Action)? 아이돌 팬덤의 트위터 해시태그 운동의 명암」은 온라인 페미니즘이 팬덤과 결합했을 때 일종의 사이버 블링으로 오용될 수 있는 사례를 보여 준다.; Munro, "Feminism A Fourth Wave?" 참조.

다 활동가들과 언론의 표제로 먼저 제기되었다.[52] 세 번째 물결이 네 번째 물결로 전환한다는 분석의 주요한 요인은 대중운동에 끼친 인터넷과 온라인의 영향력이다. 온라인을 통해 페미니즘과 관련한 토론이 활발하게 생겨나고, 온라인 공간의 연결성와 개방성이 온라인 행동주의와 전 지구적 페미니즘 운동을 만들어 낸 것은 분명하다.[53] 미투 운동이 보여 주듯, 상대적으로 성평등의 의식이 낮거나 젠더 정책이 미비한 국가들은 물론 스웨덴이나 프랑스처럼 페미니즘의 역사가 오래되고 젠더 폭력 관련 정책이 마련된 국가에서도 역시 미투 선언은 많은 여성들의 참여와 호응 속에서 변화의 움직임을 만들어 냈다.[54] 이는 미국뿐 아니라 영국, 스웨덴, 일본, 한국, 프랑스, 중국, 인도, 러시아, 그리고 사하라 남부 지역의 아프리카 국가들에서 다양한 형태로 이어지면서 국가 경계를 넘어서는 초국적 페미니즘transnational feminism의 사례이기도 하다. 또한, 현실에서는 자원이 부족한 소수자들과 소녀들이 디지

---

52 Chamberlain, *The Feminist Fourth Wave: Affective Temporality*, p. 3. 챔벌린에 따르면, '물결'은 1900년대 초 참정권 운동 이후로 최소한 세 번은 일어난 행동주의(activism)의 급증(surges)을 경계 세우기에 사용되었다. 물결은 페미니즘 운동사에 대한 내러티브이다. 사실상 물결은 넓은 바다 사이에서 일어나는 현상이고, 많은 다른 요인들에 의해 영향을 받고, 고무받는다. 그런 점에서 물결은 페미니즘 행동주의의 총합이 아니라, 특히 대중운동이 순식간에 커지고 격렬해지는 순간들을 표현하기도 한다. Chamberlain, *The Feminist Fourth Wave: Affective Temporality*, p. 7. 또한 제4물결의 담론을 열었다고 평가받는 제릴리(Zerilli)에 따르면, 물결론은 페미니즘 정치와 관련한 제도 변혁과 여성 주체화에 대한 질문을 통해 그 변화를 이해해야 한다. L. M.G. Zerilli, *Feminism and Abyss of Freedom*, university of Chicago press. 2005, 조주현 역시 제릴리에 기반해 제4물결 페미니즘을 언급하고 있다. 조주현, 「'사회적인 것'의 위기와 페미니스트 정체성의 정치—린다 제릴리의 대안」, 『사회와 이론』, 이론사회학회, 2010.

53 『가디언』지의 저널리스트인 키라 코크란(Kira Cochrance)은 다음과 같은 책을 출판했다. K. Cochrane, *All the Rebel Women: The rise of the fourth wave of feminism*, Guardian Books, 2013.

54 송지원, 「스웨덴의 미투 운동」, 『국제노동브리프』, 한국노동연구원, 2018, 75-81쪽.

털 공간에서 페미니즘을 배우고 실천하면서 저항의 역량을 마련하기도 한다.[55]

제4물결로 칭하기에 앞서, 페미니즘을 물결로 서사wave narrative하는 것에 대해 비판도 존재한다. 물결 서사는 여성운동의 복잡성을 간과하기 쉬울 뿐 아니라, 페미니즘의 다양성과 주변부margin을 지워 내기 쉽다는 것이다. 핼버스탬Jack Halberstam은 물결 서사가 상투적 역사에 맞추어져 있고, 규범에 대항하는 다양성을 논의할 때에는 유용하지 않다고 지적한다.[56] 하지만 그럼에도, 여전히 물결 서사의 호소력은 여전히 유의미할 뿐 아니라, 개리슨Ednie Kaeh Garrison에 따르면, 물결은 세대가 아니라 어떠한 역사적 맥락에 따른 차이로 이해되어야 하며, 페미니즘은 특정한 시대들specific eras에 적응하면서 응답하는 정치들responsive politics이다.[57] 이 점에서, 챔벌린Prudence Chamberlain은 각기 다른 시간성들이 어떻게 특유의 정동을 창출했는지를 이해하는 것이 중요하다고 강조한다.[58]

온라인 페미니즘을 제4물결로 이해하기에 적절한 틀은 동시대성/동시대contamporary라는 개념이다.[59] 우선, 기술과 결합한 페미

---

55 강예원, 『디지털 시대 페미니즘 대중화와 십대 페미니스트 '되기(becoming)'에 관한 연구』, 이화여대 여성학과 석사학위 논문 (2019)

56 잭 핼버스탬, 『가가 페미니즘』, 이화여대 여성학과 퀴어 LGBT 번역 모임, 이매진, 2014.

57 E. K. Garrison, "U.S. Feminism-Grrrl Style Youth (Sub)Cultures and the Technologies of Third Wave.", *Feminist Studies* 26, 2000, pp. 144－145.

58 P. Chamberlain, "Affective temporality: towards a fourth wave", *Gender and Education*, Routeledge, 2016, p. 459.

59 동시대성은 '함께'라는 co와 시간의 temporary의 합성어이다. 15세기 초기에는 contemporanie로 쓰였고, 라틴어 contemporaneus를 어원으로 한다.

니즘 운동의 특징은 동시대성을 통해 잘 드러난다. 온라인 페미니즘은 기술과 연합하는 페미니즘 행동주의를 통해 다양한 지리와 시간대에도 불구하고 참여의 생생함을 동시대적으로 경험하는 페미니즘이다. 두 번째, 동시대성은 온라인 페미니즘의 담론과 운동 내에서 이미 지나갔다고 여겨진 각기 다른 물결들의 출현과 조우를 뜻한다. 온라인 페미니즘은 초기 페미니즘 논제와 초기 물결들에 대해 다시 관심을 두게 하고, 그 논의를 지금의 상황과 결합하여 생명을 불어넣으면서, 서로 다른 물결 시기의 논의들을 동시적으로 출현하게 한다.[60] 이 점에서 동시대의 페미니즘으로서 온라인 페미니즘은 제4물결을 선형적인 물결 서사가 아니라, 각기 다른 물결들이 공명하는 시간성의 계보를 그리는 것이다.

동시대성은 아감벤Giorgio Agamben의 '동시대contemporary'에 대한 설명을 통해 좀 더 분명해진다. 아감벤에 따르면, 동시대는 다음과 같은 것이다. 진정으로 동시대인은 진정으로 그들의 시대에 속하지만, 완벽하게 그 시대에 일치하지도 않는다는 점에서 그 시대에 요구에 맞추지 못하는 사람이다. 따라서 동시대인은 이러한 의미에서 시대에 뒤져 있다. 그러나 정확하게 이 조건 때문에, 단절을 통해 발생하는 시대착오anachronistic를 거쳐, 동시대인은 다른 사람들보다 자신의 시대를 더 잘 인식하고 파악한다.[61] 그리고 이러한 동시대의 구성은 정동을 통해 이루어진다. 동시대성을 페미

60 Munro, "Feminism A Fourth Wave?", p. 22.

61 G. Agamben, *What is Apparatus?And Other Essays*, Stanford University Press, 2009, p. 40. 이 점에서 아감벤의 동시대성은 니체의 반시대성의 맥락에서 읽을 수 있다.

니즘의 정동 정치와 연결한 그레그Melissa Gregg와 세이그워스Gregory J. Seigworth는 정동을 통해 과거가 명령하고 미래의 갈망을 지향하는 그러한 시간적 긴장인 '사이in-between-ness'에 페미니즘이 사로잡히게 된다고 설명한다. 과거와 현재가 공명하는 병렬들juxtapositions이 존재하는 사이에서 상호 접촉하여 정동을 일으키며, 과거를 현재로 데리고 온다.[62] 한국의 온라인 페미니즘 운동에 대해 손희정은 소셜 미디어를 통과하면서 "강남역의 페미사이드가 잠재적인 과거를 공유하고 언어화하며 이를 서사로 엮어 냄으로써 여성 젠더의 역사인 집단 기억을 재구성"했다고 설명한다. "이성의 언어로 설명되지 않는, 기억 속에 잠재되어 있던 공포가 사건의 정보다발 속에서 생성되고 모방되며 전염"되었고 "이는 순수한 과거로서의 빅데이터를 집적해 놓은 사이버스페이스와 순식간에 접속해 빠르게 확신시킬 수 있는 SNS라는 미디어 덕분에 가능해졌다"는 것이다. '강남역의 그 사건'에 관한 묘사가 "많은 여성들의 순수 기억과 공통감각에 접속"되었고, 이에 "여성들은 즉각적으로 감응하고 반응했다"[63] 동시대성은 과거에 맞닿는 현재를 통해 진보를 측정하는 동시에 과거의 운동을 현시점의 운동의 풍부한 페미니즘적 자원으로 작동시키면서 행동주의의 계보를 만들어 내고 페미니즘의 다음 세대를 향한다.

온라인 페미니즘의 동시대성은 오랫동안 누적되어 온 여성 혐오의 경험과 체화된 기억이 온라인 페미니즘이 발흥하기 전부터

62 M. Gregg and J. Seigworthy Gregory, Eds., *The Affect Theory Reader*, Duke Press, 2010, p. 2.

63 손희정, 『페미니즘 리부트』, 131-132쪽, 손희정은 이토 마모루(伊藤守)의 『정동의 힘』을 인용하여 미디어와 상호 공진이라는 관계로 강남역 이후의 페미니즘 운동을 분석하고 있다.

싸워 왔던 페미니즘 운동의 사건들과 엮이면서 정동을 추동하며 대중운동으로 발현하는 것이다. 낙태죄 헌법 불합치를 이끌어 낸 수많은 시위들과 더불어, 젠더사이드로 사라진 1990년 백마띠를 부르는 살아남은 백마띠 여성들의 발화들, 1992년 3월 일본의 위안부 피해 사실을 최초로 고발한 김복동 할머니를 세계적 인권운동가로 호명하기, 그리고 호주제를 철폐한 승리의 사건을 소환하고 지금의 운동과 맞붙이면서, 온라인 페미니즘은 디지털 이전의 인터넷 통신 시절의 1990년대 중반부터 2000년대 내내 지속되어 온 여성들의 커뮤니티와 SNS를 통한 발화들을 페미니즘의 계보들로 엮어 내어 페미니즘의 목소리를 공론장에 기입하고 담론을 생산하는 새로운 주체성으로 등장한다.[64]

페미니즘의 네 번째 물결인 온라인 페미니즘은 역사성을 인식하고, 미래를 바라보고 현재의 요구에 응답하면서 형성되는 동시대의 페미니즘이다. 동시대 페미니즘은 기존의 페미니즘의 운동과 단절적이거나 온라인에 참여하는 한 세대의 페미니즘이 아니라, 다양한 물결 서사들과 공명하면서 선형적이지 않는 서사들을 구축하는 페미니즘 대중운동이다. 동시대의 페미니즘인 온라인 페미니즘은 하나의 조화로운 목소리로 울리지 않고, 불화하는 목소리들로 실현된다. 동시대성이라는 축면에서 페미니즘은 하나의 일치된 정체성을 공유하지 않고서도 정치적인 아젠다를 통해 함께 움직일 수 있다. 동질성에서 형성된 집단이 아니라, 공유하는 느낌으로 생성하는 대중에 따른 동시대의 페미니즘은 정동의

---

64 https://tumblbug.com/1990

중심으로 모이고, 정동을 통해 적응하고 진화할 수 있는 페미니즘을 창출한다. 정동은 실제로 공유되는 느낌을 통해 정치적 주제들을 함께 붙이는 접착제로 작용한다. 정동은 느낌을 일으키면서 정치적 행동으로 이어지는 집단을 형성하고, 응집력 있는 일련의 관계와 연결을 형성할 수 있다. 이 점에서, 동시대 페미니즘이자 제4물결인 온라인 페미니즘은 하나의 호명이 아닌, 이질성과 복수성을 동력으로 삼아 작동하는 페미니즘 대중운동으로 이해되어야 한다.

5. 나가며

제4물결로서 온라인 페미니즘은 이제 본격적으로 진행 중이다. 한국에서만의 움직임이 아니라, 전 세계적 차원에서 페미니즘 운동은 계속되고 있다. 그리고 고양된 페미니즘 대중운동의 효과는 2019년 4월 11일 낙태죄 헌법 불합치 판결과 같이 법적인 변화를 이끌어 내면서 제도화된 정치에 참여하고 대표하는 방식을 추동하며, 시민권을 새롭게 정의하는 방법을 모색하게 한다.

온라인 페미니즘으로 제시되는 페미니즘의 네 번째 물결은 한국 여성의 지위뿐 아니라 세계 여성의 지위와 관련한 정치적 변화를 이끈다. 무엇보다도 네 번째 물결은 서구 중심의 페미니즘 운동 서사에서 벗어나, 비서구의 페미니즘 운동을 세계 페미니즘 운동의 물결 서사에 기입한다. 또한, 네 번째 물결은 새로운 세대의 페미니스트 그룹을 만들어 내며, 페미니즘 운동과 다양한 소수자들의 논의가 맞물리게 하고 교차하게 한다. 위에서 다루지 않았으나, 네 번째 물결과 관련된 오늘날 페미니즘에 대한 핵심 쟁점은 교차성intersectionality 개념이다.[65] 교차성은 다양한 차이의 억압 축이 교차하고 정체성의 구성이 복잡하며 특권적 단일 축으로 다양한 차이의 경험을 설명할 수 없음을 제시한다.

사실상, 페미니즘 운동은 시간이 지날수록 더 많은 교차성을 발견하게 된다. 사회가 계급, 성별, 인종에 대한 불평등에 대해 더 많이 인식하면 할수록, 페미니즘 역시도 이와 관련된 차별과 종속에 대해 인식하고 응답해야 한다. 또한 온라인 기술이 점점 더 주류 운동의 주변부에 있는 사라들이 목소리를 낼 기회를 주고 있다.[66] 무엇보다도, 온라인 페미니즘의 주체화가 정상화하는 권력이라는 통치성에 저항하고 있다는 점에서, 사회를 관통하는 권력 장치에 문제를 제기하는 사회적 타자들과 더불어 교차성의 문제를 제기하고, 새로운 주체화의 형식을 작동시켜야 할 것이다.

---

65 Munro, "Feminism: A Fourth Wave?" 참조.

66 독일에서 아시아 여성 비하 및 인종차별 논란을 일으킨 광고에 항의하기 위해 2018년 3월 말 시작된 해시태그 운동인 '#Ich_wurde_geHORNBACHt', 흑인 인권운동에서 진행된 #BlackLivesMatter, #GirlsLikeUs, #OscarsSoWhite와 같은 해시태그, 트랜스젠더 혐오를 멈추어 달라는 해시태그 #stop_the_transgender_hate와 비정규직 김용균 씨의 죽음을 추모하는 #내가김용균이다 해시태그와 같이 소셜 미디어 기술은 페미니즘 운동만이 아닌 다양한 사회운동에서 공론화하는 방식으로 사용되고 있다.

참고문헌

강예원, 『디지털 시대 페미니즘 대중화와 십대 페미니스트 '되기becoming' 에 관한 연구』, 이화여대 여성학과 석사학위논문, 2019.

권김현영 외, 『대한민국 넷페미사』, 나무연필, 2017.

권명아, 『여자떼 공포, 젠더 어펙트』, 갈무리, 2019.

김리나, 「메갈리안들의 '여성' 범주 기획과 연대」, 『한국여성학』, 한국여성학회, 2017.

김보영, 김보화 편저, 『스스로 해일이 된 여자들』, 서해문집, 2018.

김수아, 「연결행동Connective Action? 아이돌 팬덤의 트위터 해시태그 운동의 명암」, 『문화와 사회』, 한국문화사회학회, 2017.

김은주, 「'긍정적 힘 기르기'와 여성주의 리더십: 로지 브라이도티의 긍정의 윤리학」, 『한국여성학』, 한국여성학회, 2018.

김태원, 「후기 푸꼬를 어떻게 읽을 것인가」, 『안과 밖』, 영미문화연구회, 2006.

김효인, 「SNS 해시태그를 통해 본 여성들의 저항 실천: '#○○_내_성폭력' 분석을 중심으로」, 『미디어, 젠더 & 문화』, 한국여성커뮤니케이션학회, 2017.

들뢰즈, 질·가타리, 펠릭스, 『천개의 고원』, 김재인 옮김, 새물결, 2001.

들뢰즈, 질, 『푸코』, 허경 옮김, 동문선, 2003.

라투르, 브루노 외, 『인간 사물 동맹』, 홍성욱 옮김, 이음, 2015.

마수미, 브라이언, 『정동정치』, 조성훈 옮김, 갈무리, 2018.

손희정, 『페미니즘 리부트』, 나무연필, 2017.

송지원, 「스웨덴의 미투 운동」, 『국제노동브리프』, 한국노동연구원, 2018.

우지안, 「미투, 살아남은 자리에서 말하기」, 『문화과학』, 문화과학사, 2018.
이미경, 「#미투MeToo 운동을 통해 본 법과 현실의 괴리」, 『경제와 사회』, 비판사회학회, 2018.
이지원, 「페미니즘의 정치의 장, 페미존Femi-Zone을 복기할 때」, 『여/성이론』, 도서출판 여이연, 2017.
마모루, 이토, 『정동의 힘』, 김미정 옮김, 갈무리, 2016.
조주현, 「'사회적인 것'의 위기와 페미니스트 정체성의 정치—린다 제릴리의 대안」, 『사회와 이론』, 이론사회학회, 2010.
조혜영, 「상호 매개적 페미니즘」, 『문학동네』 통권 88호
카스텔, 마누엘, 『분노와 희망의 네트워크』, 김양욱 옮김, 한울 아카데미, 2015.
푸코, 미셸, 『미셸 푸코의 권력 이론』, 정일준 옮김, 새물결, 1995.
____, 『성의 역사 1』, 이규현 옮김, 나남, 2005
____, 『사회를 보호해야 한다』, 김상운 옮김, 난장, 2005.
____, 『주체의 해석학』, 심세광 옮김, 동문선, 2007.
푸코, 미셸 외, 『푸코 효과』, 심성보 외 옮김, 난장, 2014.
핼버스탬, 잭, 『가가 페미니즘』, 이화여대 여성학과 퀴어 LGBT 번역 모임, 이매진, 2014.
헤일즈, 캐서린, 『나의 어머니는 컴퓨터였다』, 이경란、송은주 옮김, 아카넷, 2016.
홍은영, 「푸코와 자기 배려의 윤리학」, 『철학연구』, 고려대학교 철학연구소, 2012.

Agamben, G., *What is Apparatus? And Other Essays*, Stanford University Press, 2009.

Ahmed, S., *The Cultural Politics of Emotion*, Routledge, 2004.

Bennett & Segerberg, *The logic of connective action*, Cambridge university press, 2013.

Cochrane, K., *All the Rebel Women: The rise of the fourth wave of feminism*, Guardian Books, 2013.

Cvetkovich, A., *An Archive of Feelings: Trauma, Sexuality, and Lesbian Public Cultures*. Londone: University Press, 2003.

Foucault, M., *Security, territory, population: Lectures at the Collège de France*(edited by Michel Senellart), translated by Graham Burchell, Plagrave Macmillan, 2007.

Gregg , M. and Gregory, J. S., Eds., *The Affect Theory Reader*, Duke Press, 2010.

Latour, B., *Reassembling the social: An introduction to actor-network-theory*. Oxford: Oxford University Press, 2005.

Chamberlain, P., *The Feminist Fourth Wave: Affective Temporality*, palgrave macmilan, 2017.

____, "Affective temporality: towards a fourth wave", *Gender and Education*, Routeledge, 2016.

Zerilli, Linda M.G., *Feminism and Abyss of Freedom*, university of Chicago press. 2005.

Bruns, A. and Burgess, J., "# Ausvotes: How Twitter covered the 2010 Australian Federal Election." *Communication, Politics & Culture*, 2011, 44(2): 37.

Garrison, E. K., "U.S. Feminism-Grrrl Style Youth (Sub)Cultures and the Technologies of Third Wave.", *Feminist Studies* 26, 2000.

Munro, E., "Feminism: A Fourth Wave?", *political/insight*, sage journals, 2013.

Schmidt, J., "Twitter and the Rise of Personal Publics."(2013) In Katrin

Weller, A. Bruns and J. Burgess et al(eds.), *Twitter and Society*; Peter Lang, 2015

https://everydaysexism.com/

https://tumblbug.com/1990

2

분노 속에서 생존하며, 페미니스트-되기*

이소윤

이소윤

나이 들고 아픈 몸을 긍정하는 페미니스트로 살고 싶은 사람. 글 쓰고 공부하는 노동이 적성에 잘 맞아서 다행이라고 생각한다. 최근에 새로 정한 좌우명은 "피할 수 없으면 당해야지."

* 이 글은 2018년 한국여성학회 여름 캠프('여성학 죽이기')에서 공개한 발표문(「싸운 만큼 보인다—아주 개인적인 캠퍼스 페미니즘 에세이」)의 일부를 재구성하여 작성한 것이다.

들어가며

"그 과정에서 스물한 살의 당신은 화가 났다. 여자가 맞아서라도 가족은 지켜져야만 하는 가족주의에, 살려 달라고 공권력의 보호를 청했던 수많은 여자들이 결국 살해당해야 했다는 사실에 대해서. 당신은 걷다가도, 밥을 먹다가도, 심지어 잠을 자다가도 깨어 분노에 휩싸였다. 당신은 당신의 분노가 무엇 하나 바꾸지 못하고, 그저 당신 자신의 행복을 깨뜨리고 있다는 생각에 슬픔을 느꼈다. 가까운 사람들을 대할 때, 심지어 당신 자신을 대할 때 당신은 예전보다 더 엄격하고 까다로운 사람이 됐다. 짜증을 쉽게 냈고, 작은 일에도 화를 냈다. 아무것도 바꾸지 못하면서 자기 분노 속에 갇혔을 뿐이라고 당신은 생각했다. 그건 당신이 바라는 바가 아니었다."

—최은영, 『몫』, 34-35쪽.

이 글은 지난 몇 년간 내가 통과했던 분노에 관한 기록이며, 분노 속에서 조각나 버린 기억의 파편들을 다시 이어 붙여 보고자 하는 개인적인 시도이다. '메르스 갤러리'가 처음 만들어졌던 2015년, 대학교 2학년 스물한 살의 나. 중동낙타호흡기증후군에 대한 공포와 두려움보다는, 나도 모르는 사이에 나를 부르던 어떤 이름들을 깨닫고 화를 내던 스물한 살의 나. 사회에서 나를 부르는 대부분의 이름이 항상 '○○녀'로 끝난다는 사실, 나의 의지나 선택과 무관하게 나는 언제나 이미 '여자'로 인식되고 있었다는 사실. 나는 여자구나. 나는 이 사회에서 '여자'구나. 나를 '여자'

라고 부르는 당신들에게 나를 왜 '여자 취급'하냐고 항의하면 '썅년'이라고 돌 맞고, '여자 취급' 해줘서 '오빠 고마워'라고 하면 나를 노예로 부려먹는구나. 그렇구나. 이게 '여성 혐오'구나. 저항해도 죽고, 가만히 있어도 죽는구나. 그럼 도대체 나보고 어쩌라는 거지? 솔직히 말해서, 그때는 메르스 걸려서 죽을 확률보다 '여성 혐오' 때문에 제 명에 못 살고 죽을 확률이 진심으로 더 높아 보였다. 그리고 나는 살고 싶었다.

나는 살고 싶었고, 잘 살고 싶었다. 그 과정에서 스물한 살의 나는 화가 났다. 나는 걷다가도, 밥을 먹다가도, 심지어 잠을 자다가도 깨어 분노에 휩싸였다. 최은영의 소설 속 '당신'의 이야기처럼, 나는 아무것도 바꾸지 못하면서 스스로 자기 분노 속에 갇혔을 뿐이라 생각한 적도 있다. 그렇다면 그 많은 분노는 도대체 누구를 향한 분노였던 걸까. 나는 이 질문에 답하기 위해, '개인적인' 분노의 역사를 세 가지 이야기로 나누어 복기하고자 했다. 첫 번째 이야기는 내가 원한 적 없는 이름으로 불린다는 것에 대한, 어떤 모욕감에 대한 분노가 어떻게 해서 나를 강하게 만들었는지에 대한 이야기이다. 그리고 두 번째 이야기는 나 자신을 포함한 동시대 페미니스트들에 대한 기대, 그리고 그것이 좌절된 순간에 대한 분노가 어떻게 해서 스스로를 괴롭혔는지에 대한 이야기이다. 마지막 세 번째 이야기는 분노를 넘어서기 위해 애도가 필요한 이유와 그럼에도 불구하고 슬픔은 구원이 될 수 없는 이유에 대한 이야기다.

세 가지 이야기에 등장하는 서로 다른 페미니즘들은 저마다의 방식으로 나에게 흔적을 남겼고, 그중에는 여전히 마땅한 문장으로 쓰이지 못한 채 해석되기를 기다리는 흔적도 존재한다. 언젠가 그 나머지의 흔적들도 문장이 될 수 있다면, 그 과정에서 나의 페미니즘이 또 한 번 갱신될 수 있다면, 망설임 없이 나 스스로가 행복한 페미니스트라고 이야기할 수 있을 것만 같다.

part 1.

분노는 나를 강하게 만든다. 분노는 어떤 식으로든 나를 움직여서 다른 곳으로 데려다 놓았고, 내가 분노하지 않았더라면 상상하지 못했을 방식으로 나를 바꾸어 놓기에 충분했다. 분노가 나에게 만들어 준 '페미니스트 모먼트' 중, 아직도 곱씹게 되는 두 개의 사건이 있다. 이 사건들을 이야기하려면 2017년 11월의 마지막 날, 그리고 2016년의 여름으로 돌아가야 한다.

2017년 11월의 마지막 날. 당시 내가 다니던 K대학교 근처의 어느 책방에서 '강간 문화 철폐하기'라는 제목의 세미나가 열렸다. 세미나를 준비하고 기획했던 그 누구도 사람들이 이렇게까지 세미나에 '뜨거운' 관심을 보낼 줄은 몰랐다. 물론 그 관심의 대부분은 '강간 문화'의 존재를 인정하지 못하는 사람들의 일방적인 분노에서 비롯된 것이었다. 예를 들면, K대생들을 강간범으로 일반화하는 페미니스트들이 학교 명예를 훼손하고 있다고 생각하는 사람들의 분노였다고 할 수 있다. 그들은 어떤 확신을 갖고 있었던 것 같다. 이렇게 '평화로운' 캠퍼스에 강간 문화 따위가 있을 리 없다는 확신 말이다. "강간 문화는 성폭력이 그 자체로 사회적 사건social rape임을 밝히고자 미국의 2세대 페미니스트들이 만든 엄밀한 학술 용어입니다"라는 말을 아무리 반복해도 소용이 없었다. 무엇이 현실이고 무엇이 비현실인지, 무엇이 지식이고 무엇이 지식이 아닌지를 결정하는 권력을 자연적인 것으로 받아들이는 사람들에겐 아무리 친절하게 설명해도 소용이 없었다. 설명을 하면 해명을 하라는 말이 돌아오고, 해명을 하면 증명을 요구받았으니까.

세미나를 준비하는 내내 강간 문화의 존재를 의심하는 사람들은 페미니스트들을 향한 공격을 멈추지 않았지만, 우리도 멈추지 않았다. 무엇보다 K대학교 철학과에서 전공 수업으로 '페미니즘 철학' 개설 요구가 반려된 사안에 대한 분노는 우리들을 움직이기에 충분했다. 예컨대 세미나가 열리기 전에 진행되었던 전공강의 개설 요구와 관련된 학과장-학생회 면담 속기록에 의하면, '페미니즘 철학을 배우고 싶다'는 학생들의 요구에 대해 "학위 받은 철학 전공자들 중 여성 비율이 적다"고 답변한 당시 학과장의 발언을 확인할 수 있다. 당시 학과장은 "원한다면 다른 대학교 학점 교류를 해보는 것도 좋을 것 같다"며 "페미니즘 철학은 (철학이 아니라) 여성학의 일부로 진행되고 있다"는 말도 덧붙였다. 이 같은 발언은 애초에 왜 철학 전공자들 중 여성 비율이 적은 것인지에 대한 성찰이 없이 단지 인프라가 부족하기 때문에 실력 있는 강사를 찾기 어렵다는 입장이라 할 수 있다.

당시 학과장의 입장은 페미니즘을 하나의 철학 이론으로 바라보기보단 분과 학문의 하위 주제 정도로 전제하고 말한 것으로 볼 수 있다. 또한, 이 같은 발언은 페미니즘의 논의를 '모두'가 알 만한 가치가 있는 보편적이고 추상적인 철학 이론과 구분 짓고, '정치적'이고 '특수한' 이야기를 즐겨 하는 여자들의 글쓰기쯤으로 취급하는 남성 중심적 학계 문화와 무관하지 않다. 예컨대, 그 어떤 철학과 교수도 과학철학, 종교철학, 정치철학 같은 전공 교과 수업을 종교학이나 정치학과 같은 기타 분과 학문의 하위 주제라고 말하지 않는다. 오히려 과학철학이나 종교철학 등에서 배우고 가르치는 철학적 지식이야말로 특정 분과 학문이 시작될 수 있었던 앎의 기원이자 토대라고 역설하기 때문이다. 정희진에 따르면, "세상 지식이 모두 평등한 대우를 받는 것은 아니다. 여성, 여성주의에 무지한 것을 당당하게 생각하는 사람들을 자주 만난다. 아직도 여성주의를 아는 것 자체로 비난받는 경우도 흔하다. 어떤 지식은 아는 것이 힘이지만, 어떤 지식은 모르는 게 약이다. 두 경우 모두 지식이 특정한 사회의 가치 체계에 따라 위계화되어 있음을 보여 준다."(정희진, 2013: 22)

물론 강의실 안에서 페미니즘을 배우기가 아예 불가능한 것은 아니었다. '페미니즘 철학'이나 '여성학 이론'은 아니지만 인접 분야를 전공한 교수님들이 페미니스트들의 저술을 참고 문헌 삼아 강의하시는 사례들이 있었기 때문에 나 역시 2학년 때 우연히 수강했던 교양 수업에서 주디스 버틀러를 만날 수 있었다. 구조주의적 관점에서 서양 현대철학의 윤리적 쟁점들을 검토하는 수업이었는데, 정신분석학이 서양 현대철학사에 끼친 영향을 다루는 부분에서 페미니즘이 어떻게 정신분석학을 비판했으며 페미니즘이 세계를 재해석하는 하나의 인식론으로서 어떤 이론과 개념과 역사를 만들어 왔는지 배울 수 있었다. 나아가 페미니즘의 문제의식과 마르크스주의의 핵심 개념들이 어떻게 교차하고 때로는 갈등하는지도 공부할 기회가 있었다.

사회학과의 경우, 전공 강의 중 젠더를 둘러싼 사회적 이슈들을 다루는 수업들이 개설되곤 한다. '이주 여성의 권리와 난민 정책', '돌봄 민주주의와 복지 정책', '저출산 담론과 성평등', '고령화 사회와 나이 듦' 같은 이슈들에 대한 여성학자들의 관점을 기존 사회학자들의 논의와 비교 분석하는 방식이다. 사회학과에서는 섹슈얼리티와 몸과 관련된 주제를 배우는 전공 강의도 (비록 한 학기 한 과목에 불과하지만) 나름 꾸준히 개설되고 있는 편이었다. 대학에서 만난 페미니스트 친구 중 한 명은 나에게 문학 수업에서 페미니스트들의 텍스트가 활용되는 방식에 대한 이야기를 들려주기도 했다. 수업 과제로 나혜석과 조남주를 읽었다는 이야기, 우리가 몰랐던, 알려 주지 않았던 여성 작가들의 작품들을 알게 된 이야기를 듣는 건 언제나 즐거운 일이었다. 이처럼, 여성학이 제도화되지 못한 아무리 척박한(?) 캠퍼스에서조차 페미니즘적 논의들이 꾸준히 학문 간의 경계를 흐리고 오가며 어떻게든 학생들을 만나고 있다는 사실은 미약하게나마 희망으로 다가왔다.

다만 희망적인 순간들은 내가 바라는 만큼, 원하는 만큼 자주 찾아오진 않았다. 학부 과정에서 공부하는 동안 페미니스트 교수님을 만나고, 좋은 강의를 만나는 건 내가 자율적으로 계획하고 선택할 수 있는 영역을 넘어서기 때문이다. 게다가 부분적으로나마 페미니즘의 흔적을 배울 수 있는 강의들조차 양적으로 부족한 상황에서, 한국 페미니즘의 운동사와 이론의 최신 경향을 알려주는 (질적 깊이가 보장되는) 수업은 거의 없다고 봐도 무방했다. 교수님이 나보다 모르는 경우도 적지 않았다. 당연히 강의 중 '젠더'라거나 '페미니즘'이라는 개념이 언급된다는 것만으로도 반가웠던 것은 사실이다. 하지만 한국의 페미니즘 운동이 어떤 국면 속에서 어떤 계기들로 인해 '리부트'되었고, 다양한 방식으로 쟁점화되고 있으며 현재 캠퍼스에서 반反성폭력 운동을 하는 페미니스트들이 어떤 용어를 사용하는지에 대한 진지한 관심이나 배경 지식이 있는 교수님을 만나기란 사실상 불가능에 가까운 일로 느껴졌다.

그런데 정말로 나를 힘들게 했던 사람은 (페미니즘에 무관심할 뿐만 아니라) 너무나 당당하고 떳떳하게 수업 중에 성차별적 통념과 혐오 표현을 남발하는 교수였다. 이 교수의 수업을 들을 때는 정말이지 강의실에 앉아 있는 것만으로도 미칠 노릇이었다. 교수님의 '무지'가 지금 어떻게 해서 수업을 망치고 있는지를 설명하고 싶은 마음과 '문제 제기자'로 낙인찍히지 않을지 겁나는 마음을 오가며 요동치다가 수업이 끝나곤 했다. 습관적인 자기검열과 후회('내가 너무 예민한가? 나 때문에 수업 분위기가 깨진 걸까?') 비슷한 감정들은 개개인의 말하기를 더욱 주저하게 만드는 공통적인 요인이었으며, 강의 중 문제 제기를 한 학생에게 교수가 학점 보복을 할 가능성에 대한 두려움은 그 자리에서 교수자의 혐오 표현에 문제제기하기 어렵게 하는 핵심 원인이었다. '당신을 위한 강의실은 없다' 연속 기고팀이 「강의실 미투 생존보고서」라는 제목으로 『프레시안』에 기고했던 글에 따르면, "여전히 대학은 가해 교수가 생존자를 명예훼손으로 역고소를 해도, 몇 개월 쉬고 다시 교권을 잡아도 아무런 문제가 없는 공간이다. 더 많은 피해자가 생기더라도 알아서 피하지 못했음을 책망할 공동체이다."[1]

2016년의 어느 여름, K대학교 철학과에서도 비슷한 사건이 발생했다. 여름방학이 시작되기 직전의 기말고사 기간, '2016년 6월 13일 '강의실 내 혐오/차별 발언을 규탄하는 사람들'이라는 이름으로 정대 후문에 탄원서 한 장이 붙었다. 철학과 전공과목을 가르치던 교수가 (약 3년 동안) 강의 중 지속적인 혐오 발언을 해왔던 것에 대한 문제 제기를 담은 탄원서였으며 해당 탄원서는 철학과 행정실, 문과대 행정실, 양성평등센터, 인권센터 그리고 본관 교무팀에도 직접 보내졌다. 문제 제기 과정에서 탄원서 내용이 기사화되고, 학내 자치 단체들이 연서명을 통해 지지를 보내준 덕분에 사건의 심각성이 크게 알려질 수 있었다. 이후 SNS와 언론 보도를 통해 사건이 빠른 속도로 알려지자 철학과 교수진은 K 교수를 재임용하지 않는 것으로 결정하였고 사건은 일단락되었다. 철학과 교수진이 K 교수를 재임용하지 않기로 한 결정

1 '당신을 위한 강의실은 없다' 연속 기고팀, 「강의실 미투 생존 보고서」, 『프레시안』(2018. 6. 28.) https://www.pressian.com/pages/articles/201765

이 과연 남성 중심적 교수 문화와 부족한 인권 감수성에 대한 반성에 근거한 판단이었을지, '꼬리 자르기'에 불과한 해결이었을지는 확실히 알 수 없다. 하지만 사립대학교 내 비전임 교수를 대상으로 가능한 제도적 처벌 방법이 '해임'밖에 없었던 것도 사실이다. 왜냐하면, 비전임 교수는 방학이 되면 계약 기간이 끝나고 더 이상 학내 구성원이 아니게 되므로, 학내의 제도적 장치(방학 중 징계위원회 회부 등)의 구속 범위에도 포함되지 않기 때문이다.

이 사건을 통해 알 수 있는 사실은 강의실에서 얼마나 "무지의 특권"을 남용하는 연구자들이 많으며, 이러한 특권에 기반한 "앎의 양극화"가 어떻게 지식의 얼굴을 한 채로 수용되는가의 문제다. 실제로 해당 교수의 혐오 발언은 모두 수업 중 학생들에게 알려 주는 개념을 설명하기 위한 예시, 사례, 비유에서 등장했다. 교수가 입만 열면 혐오 표현이 난무하는 강의실, 내가 정말로 알고 싶은 것은 '지식'이 아니라는 이유로 가르치지 않는 강의실, "무지의 특권"이 앎을 압도하는 강의실. 그래서 나는 졸업이 다가올수록 점점 침묵하는 순간이 늘어났다. 나도 처음부터 침묵했던 건 아니다. 입학할 때는 누구보다 말하는 걸 좋아하고 궁금한 게 많았던 새내기였으니까. 앞서 언급한 철학과 K 교수 사건과 관련해서 한 가지 기록해 둘 사실이 있다. "당시 문제 제기에 앞장섰던 철학과 구성원들에 대한 비난과 반대 의견이 페이스북 페이지 '철학과 대나무 숲'을 통해 제보된 적이 있는데, 문제는 반대 의견의 주요 논리가 "교수님은 그런 의도로 말한 것이 아니다", "학우들의 학습권을 침해하지 말라"는 데 있었다는 점이었다. 즉, 일부

학우들은 교수자의 혐오 표현을 공론화하는 일을 학습권 보장이 아니라 학습권 방해로 인식하였으며, 혐오 발언 발화자에게 감정 이입을 해서 발화자의 의도에 방점을 둔 주장을 펼쳤던 것이다. 뿐만 아니라 탄원서를 게시한 이후, 철학과 교수 중 한 명이 탄원서 작성자 중 한 명에게 '학과 명예훼손이다'라는 협박성의 전화를 걸었던 해프닝도 있었다. 이 과정에서 '철학과의 명예'를 걱정하는 익명의 타인으로부터 '문제가 된 K 교수는 철학과 전임 교수가 아닌데 탄원서에 철학과 교수라고 적으면 오해가 생긴다'는 이유로 'K 교수'를 '강사 ○○씨'로 바꿀 것을 요구받기도 했다.

지금 돌이켜 보면, 살면서 그때만큼 절실하고 '겁대가리 없이' 모든 것에 달려들던 때가 없는 것 같다. 소위 '메갈 뽕'이 머리끝까지 차올랐던 시기에는 가을 축제 기간에 괜히 캠퍼스를 어슬렁거리면서 학생들에게 말 걸고 시비 거는 '개저씨'랑도 큰 소리로 싸우고, 지하철에서 친구와 나에게 '젊은 애들은 요즘 스마트폰 너무 많이 한다'고 손가락질하는 술 취한 중년 남성한테 '아저씨가 뭔 상관이냐'고 말대꾸해도 무섭지 않았다. 왜냐하면, 나는 이미 충분히 화가 많이 난 상태였으므로. '너 지금 나 무시하냐? 내가 지금 너보다 어리고, '여자'라고 나를 무시하냐?' 이런 생각으로 화를 내고 나면 차라리 정신이 맑아지고, 내가 '살아 있다'는 감각이 차올랐으므로. 물론, 그 시기를 통과하던 내 안에 두려움이라는 감정이 아예 부재한 것은 아니었다. 실제로 친구들과 함께 K 교수에게 항의하는 대자보를 작성하고 게시했다가 철학과 교수로부터 대자보에 관련한 문제 제기를 받았을 때는, 정말 명예훼손으로 고발당할까 봐 순간적으로 너무 무서웠고 불안했다.

그 위태로운 순간들을 버틴 건 그때의 내 곁에 남아 준 어떤 관계들 덕분이라고 생각한다. K 교수 고발 대자보를 붙이고 나서 진짜로 명예훼손으로 걸리고 페이스북 대나무숲에서 'K대 메갈년들'이라고 신상 털릴까 봐 하루 종일 긴장해서 온몸이 쪼그라들어 있을 때, "이것 땜에 SNS에서 욕먹거나 일베에 이름 올라오면, 욕먹은 만큼 우리는 '잘' 살고 있다는 뜻이야"라고 말해 주는 친구들이 내 곁에 있었다. 그래도 쫄아서 찔끔거리면 그런 나를 데리고 분식집에 가서 입에 떡볶이를 넣어 주는 선생님도 있었다. 운이 좋았고, 나는 확실히 '인복'이 많은 사람이었다.

part 2.

"그동안 살면서 깨달은 점 하나는, 선의와 도덕성이 아무리 충분해도 나와 같은 입장이 아닌 사람에게 온전한 동의와 공감을 구하기는 쉽지 않다는 사실이다. 살아온 배경이 제각각인 우리. 그러나 인생은 덧없이 짧고, 세상이 변하는 속도는 걷잡을 수 없이 빠르고, 성공을 위해 수단과 방법을 가리지 않는 시대에 어떻게든 살아남겠다고 아등바등 버티기는 다 마찬가지다. 그러니 이해 못해 주는 상대방만을 탓할 것이 아니라 상대가 살아온 사회와 이 사회를 만든 역사를 탓해야 하나, 싶다가도 그것 또한 인간이 빚어낸 것인데 그렇다면 대체 인간이란 무엇인가 생각하기 시작하면, 나도 인간인데 이거 도무지 어디에다가 화를 내야 할지 견적이 나오지 않아 무력감을 가질 때도 있었다."

—이경미, 「불타는 싫은 마음」, 『잘 돼가, 무엇이든』 중에서

하지만, 분노가 만들어 준 투쟁의 결과들은 그렇게 아름답지만은 않았으며 반짝반짝했던 경험들은 시간이 흐를수록 쉽게 빛이 바랬다. 캠퍼스에서 서로의 존재를 확인한 페미니스트 동료들과 보다 긴밀한 관계를 형성하는 과정에서 회복 불가능한 인간관계도 하나씩 늘어났고, 서로의 바닥을 확인하기 바빴던 사건들이 차츰차츰 쌓여 갔기 때문이다. 이상하게도, 내가 페미니즘에 더욱 '진심'이 되어 갈수록 나의 일상적인 인간관계는 점점 망가져 가는 기분이었다. 나는 캠퍼스 내의 '안티페미'들에게 진심으로 분노했지만, 동시에 나와 같은 '편'이라 생각했던 페미니스트들에게도 분노하는 사람이 되어 있었다. 아마도 그동안 내가 가장 분노하고 절망했던 순간은 K대학교 학내 인권단체의 구성원 중 한 명이 성희롱 사건의 가해자로 지목된 사건이라 생각한다. 그는 나와 함께 해당 단체에서 함께 활동하던 사람 중 한 명이고, 내부 세미나를 비롯한 회의에 성실히 참여하면서 우리 단체의 내부 회칙을 만들기도 했다. 그리고 그는 자신이 만든 바로 그 회칙에 의해 제명되었다. 가해자는 한때 자신이 손가락질했던 학생 대표자들과 똑같은 논리로 자신의 잘못을 정당화했으며 자신이 누리고 있는 특권을 성찰하지 않았고 무엇보다 피해자에게 끝까지 사과하지 않았다. 우리 단체는 법을 만든 사람이라도 법에 의해 징계받을

수 있다는 것을 보여 주었지만, '법 앞의 평등' 이후에 피해자를 지지하고 소통하는 데 책임을 다하지 못했다. 이 사건에서 나의 잘못이 있다면 '큰 일' 해보겠다면서 정작 나와 함께 일하는 사람들이 어떤 생각을 갖고 있는지, 어떤 일상을 살아가는지 관심을 기울이지 못했고 결과적으로 "그건 잘못된 행동이야"라는 말을 해야 했던 가장 적절한 타이밍을 놓치고 말았다는 점이다. 아주 치명적인 잘못이다. 그에게도 나에게도 우리 모두에게도.

이 사건을 인지하게 된 이후, 나는 가해 지목인 구성원에게 분노한 만큼 나 자신에게 분노했었다. 어떻게 해서 '우리'가 이 지경에 이르렀지? 우리가 서로를 덜 방치 하고, 서로에게 덜 무관심했다면 이런 일이 일어나지 않았을까? 어쩌면 내가 '진정한' 페미니스트가 아니라서, 페미니스트의 자격이 불충분하기 때문에 이런 사건이 일어난 것은 아닐까? 페미니스트로서 내가 상상할 수 있는 최악의 상황이 실시간으로 내 눈앞에서 생중계되고 있는 기분을 느끼면서 나는 나에게 분노했다. 분노가 나를 움직이고, 나를 강하게 만드는 거의 유일한 힘이 분노였기 때문에 그 힘은 언제든지 방향을 바꾸어 나에게 돌아올 수 있었다. 그 분노는 이 사건에 있어서는 나 자신에게 과도한 죄책감과 자기 비난이라는 모습으로 돌아오곤 했다.

분노가 방향을 바꾸어 죄책감과 자기 비난의 모습으로 나에게 돌아온 건 이때가 처음은 아니었다. 한참 '메갈뽕'에 취해서 매일매일 트위터를 붙잡으며 트페미로 성장하던 시기에 나의 최대 관심사는 페미니즘다운 것과 그렇지 않은 것을 검열하는 일이었기 때문이다. 그때의 나는 나 자신과 대화하는 법에 꽤나 서툴렀기에 나 자신을 들여다보고 관찰하기보단 '페미니스트다운 사람'과 '페미니스트답지 않은 사람'을 구분하며 스스로를 검열하고 타인을 단속하는 데에 쉽게 중독되었다. 예를 들어, 내가 아빠에게 용돈을 받고, 아빠가 세대주인 주택에 사는 것은 '페미니스트다운 삶'이라 할 수 있나? 아빠는 평생 할머니와 엄마의 재생산 노동을 착취해 온 사람인데, 그럼 나는 여성들의 재생산 노동을 착취해서 돈을 버는 가부장에게 경제적으로 의존하는 주제에 감히 페미니스트라고 할 수 있나? 만약에 내가 평소에 좋아하던 아이돌 멤버가 '여혐 발언'을 하면, 나는 과연 페미니스트로서 그 아이돌을 계속 좋아해도 괜찮은 것인가? '페미니스트다운 삶'과 '한남충'에게 끌림을 느끼고 좋아하는 삶이 도대체 양립 가능한 삶인가?

이런 질문들을 일상적으로 반복하는 과정에서 나는 '페미니스트답지 않은 사람'으로서 과거의 나에게 분노했고, '페미니스트인 줄 알았는데 페미니스트답지 않은 사람'으로서 주변 동료들에게 일상적으로 실망하고, 화를 냈다. 물론, 지금은 이 모든 질문들 자체가 '우문'이라는 사실을 알고 있다. 애초에 '페미니스트다운 사람'과 '페미니스트답지 않은 사람'을 구분 짓는 엄격하고 절대적인 기준이나 원칙이 이 세계에 존재하는 것도 아니고, 페미니즘이 '하나'의 '단일한' 목소리였던 적도 없으니까. 오히려 그렇게 '페미니스트 – 다움'을 공고히 하려는 욕망이야말로 서로 다른 수많은 복수의 페미니스트들이 어렵사리 열어 놓은 사유의 창문들을 도로 꽉꽉 닫아 버리는 행위에 가까우니까.

그렇다면 과연 그때의 내가 되고 싶었던 '진정한' 페미니스트는 어떤 페미니스트였던 걸까. 나는 누구를 바라보며 '저 사람처럼 될 거야'라는 마음을 다졌는가. 확실한 것은, 나의 페미니즘이 더 이상 '메갈리아'라는 단어만으로 설명되지 않은 지 오래라는 것이다. 2016년 5월, 강남역 여성 살해 사건의 추모제에 참석해서 "우연히 살아남았다"라는 포스트잇 속 문구에 고개를 끄덕이다가도, "모든 여자는 잠재적 피해자고, 모든 남자는 잠재적 가해자다"라는 문장에는 선뜻 동의할 수 없어서 망설이던 순간이 있다. 예컨대, 강남역 사건을 계기로 터져 나왔던 분노는 정말 '모든 여자'를 '대표'한다고 할 수 있는가? 혹은 여성은 언제나 피해자이기만 한 것인가? 즉, 피해자가 주체가 되어서 스스로 말하기 speak out 하는 것과 별개로 사회의 복합적인 권력관계의 문제를 '가해–피해'라는 관계로 설명하게 되었을 때 '여성'이라는 집단 내부의 이질성이나 갈등을 보지 못하게 만드는 것은 아닌가? '가해–피해' 관계에서는 피해자가 아니면 곧 가해자가 되고, 가해자가 아니면 곧 피해자가 될 뿐, 그 경계 어딘가의 위치는 사라져 버리기 때문에 '성별에 따른 가해–피해'라는 프레임에 기초한 정체성의 정치에서는 '여성'이라는 단일한 집합적인 정체성으로 환원될 수 없고 '성별'이라는 속성만으로 설명되지 않는 다양한 정체성들(인종, 민족, 장애, 성적 지향성 등)을 지워 버릴 수 있지 않을까?

따라서 지금 우리에게 필요한 건 여성들 내부의 차이들을 가

시화할 수 있는 페미니즘이고, 그것이 바로 '가장 완벽하고 올바른' 페미니즘에 가장 근접한 페미니즘이라 생각하게 되었다. 당시 나에게 '진정한' 페미니즘의 기준이자, 일종의 '리트머스 시험지'가 되어 준 것 중 하나는 '교차성'이라는 키워드였다. 내가 활동하던 K대학교 학내 인권단체에서도 크랜쇼의 글을 읽고서 장애 인권, 성소수자 인권, 여성 인권, 인종주의 등을 함께 이야기해야 하는 이유가 무엇이냐를 논의하는 것이 토론의 주요한 주제였다. 이때 우리가 공부했던 과정을 기록한 결과물이 바로 K대학교에서 2017년도 1월에 발간한 '인권 자료'집이었다. 새내기 새로배움터에 오는 새내기와 재학생들을 예상 독자로 상정하고 만든 자료집이었는데, 우리 단체 내부에서 몇 달간 진행했던 세미나 발제문을 모아서 책자 형식으로 제작한 다음에 새내기 새로배움터 출발 날짜에 맞춰 배포했다. 주제별로는 인권 개념의 등장 배경과 역사, 여성 인권, 성소수자 인권, 장애 인권, 다문화주의 그리고 채식주의가 있었고 각 주제를 관통하는 전제는 '상호 교차성intersectionality' 개념에 기반한 킴벌리 크랜쇼의 흑인 페미니즘 논의였다. 그때 우리에게 '차이'라는 것은 사실상 '소수자성'과 동일한 말이었고, '소수자성'이라는 것이 단순히 양적인 소수를 의미하는 게 아니라 권력의 문제라는 점을 사람들에게 설득하고 전달하는 작업이 큰 관심사였다.

예를 들면, 이런 식으로.

> '같은' 여성이라고 하더라도 흑인 여성의 삶과 백인 여성의 삶이 결

코 '같을' 수 없듯이, 여성이어도 비장애인이라는 특권성이 있을 수 있고, 남성이어도 퀴어라는 소수자성이 있을 수 있듯이, 우리들의 정체성은 특권성과 소수자성이 모두 공존하는 방식으로 구성되기 때문에, 페미니즘은 여성들만을 위한 '특수한' 이야기가 아니라, 모든 사람들을 위한 '보편적인' 이야기다.

당시 나의 머릿속에서 '모두를 위한 페미니즘', 교차성 개념을 적극적으로 활용하는 페미니즘의 논리는 "메갈은 이기적인 여성 우월주의자들"이라고 입버릇처럼 말하는 K대학교의 '안티페미'들과 싸워도 백전백승할 수 있는 기적의 논리요, 무적의 방패로 보였다. 그래서 나에게 '성적 차이'의 문제는 여러 가지 소수자성 중 단지 하나의 사례로 받아들여졌기 때문에, 굳이 '여성'이라는 이름을 포기하지 않는 페미니스트들이 더욱 더 이해가 되지 않았었다. 나는 지금 소수자성뿐만 아니라 '특권성'을 동시에 '인식'하자고 머리 터지게 전략을 짜는데 너는 왜 자꾸 '여성'을 말해? 지금 '한국 여자는 언제나 잠재적 피해자'라는 이야기를 또 하려는 거야? 도대체 너는 '보지'라는 말을 왜 하는 거야? 나는 페미니즘이 '모두'를 위한 것이라고 이렇게 침 튀기면서 남자들과 싸우고 있는데, 너는 왜 자꾸 여자들만의 관계, 여자들만의 공간, 여자들만의 사랑을 이야기해? 게다가 지금 중요한 건 '성차화된 여성의 몸'이 '존재한다'는 얘기가 아니라, 어떻게 해서 남성화된 주체와 비남성화된 타자들이 동시에 발명될 수 있었는지 설명할 수 있어야 하는 거 아니야? 그런 식으로 싸워서 남성 사회가 우리들의 말을 듣겠어? 남성 사회가 어떻게 만들어졌는지 설명할 수 있겠어? 남성 사회를 무너뜨릴 수 있겠어?

이번에도 나는 분노했다. 나와 마찬가지로 소위 '영영-페미니스트' 혹은 '뉴페미니스트', 때로는 '메갈세대'로 불리는 동시대 페미니스트들에게 분노했다.("니네 진짜 왜 그래? 제발 내 말 좀 들어봐") 페미니스트들 사이의 차이를 축복하자는 아름다운 말이 나의 현실이 되었을 때, 그 말은 더 이상 아름답게 보이지 않았다. '입장차'를 넘나들며 소통하자고? 누가 그 말을 처음 한 건지 알 수 있다면, 그 사람에게 찾아가서 따져 묻고 싶었다. 저기요, 저기요 선생님, 도대체 언제까지 이렇게 살아야 해요? 도대체 언제까지 이렇게 엉망진창인 것 같은 기분으로 페미니즘을 해야 하는 거예요? 그렇게 내 안에도 이렇게 이해받고 싶은 마음과 이해할 수 없는 마음이 뒤섞여서 탄생한 분노의 그림자, "불타는 싫은 마음"이 생겼다.

물론, '교차성'의 정치학에도 분명히 비판되고 질문되어야 하는 한계들이 존재한다. 교차성이란, '본질주의'에 반대하는 정치학인가? 그렇다면 교차성은 '반-본질주의'와 동의어로 사용해도 괜찮은 것인가? 과연 '교차성'은 본질주의에 대한 '안티담론'에 불과한 것인가? '교차성'이 제안하는 '차이의 다양성'을 인정하고 가시화하는 정치학은 소수자들이 체현한 특수성들을 '관용'함으로써 보편성의 가치들을 보존하려 하는 다문화주의, 다원주의의 전략과 어떻게 구분될 수 있는가? 예컨대, 재스비어 푸아는 정체성의 '교차성' 모델과 들뢰즈의 '배치' 개념을 비교하는데, 그는 '교차성' 모델이 "인종, 계급, 성별, 섹슈얼리티, 국가, 연령, 종교 등의 구성 요소를 구별 가능하고 해체될 수 있는 부품으로 간주(푸아, 2016: 101)"한다는 점에서 "시간과 공간을 가로질러 정체성에 대한 인식, 명명, 안정화를 요구"하고, "정체화identification(동일시) 과정에 담긴 허구성과 수행성을 부정하는 진보의 서사를 만들어 낸다"(푸아, 2016: 101)[2]고 비판한다.

하지만, 그때의 나는 '교차성'의 주장들에 대해서 비판적으로 생각해 보거나 의심하지 못했다. 단순히 내가 페미니즘 이론사와 방법론의 '최신' 경향을 몰랐기 때문이라기보다는, 나에게는 '다른' 사유를 할 시간 자체가 없었다. 왜냐하면, 그때의 나는 24시간 동안 내가 이해할 수 없고, 나를 이해하지 못하는 동시대의 '영영-페미니스트들'에게 분노하는 데에 모든 신경과 에너지를 총동원하는 중이었기 때문이다. 상대방이 나에게 어떤 말을 하거나 하지 않을 때 내가 왜 하필 그에게 상처받았다고 느끼는가를 나스스로에게 질문하기보단, 상대방에게 먼저 따져 묻는 것이 쉬웠으므로. 내가 나 자신과 대화하는 방법을 몰랐고, 지금보다 어렸

2 "우리가 하나의 정체성이 된다고 할 때, 어디에서나 매끄럽고 안정적인 정체성이라는 허구를 공고히 다져 주는 건 초시간성이다. 교차성은 다양성을 관리하는 도구이자 자유주의적 다문화주의가 외는 주문으로서, 인구조사, 인구 통계, 인종 프로파일링, 감시 같은 규율적 국가 장치와 공모한다. 정체성이라는 어지러운 것을 판에 박힌 체계 안에 밀어 넣어 버리려고만 하는 구조 안에 "차이"를 포섭시켜 버린다는 차원에서 말이다. 배치는, 또렷이 보이고 들리고 읽히고 만져지는 하나의 정체성 혹은 양식으로서의 퀴어성을 대신하여, 우리가 사건, 공간 그리고 육체에 내재하는 강도, 감정, 기운, 정동, 질감 등에 익숙해지도록 한다. 교차성이 명명, 가시성, 인식론, 재현 그리고 의미에 특권을 부여한다면, 배치는 감정, 감촉, 존재론, 정동, 그리고 정보를 강조한다."(푸아, 2016: 101)

고, 서툴렀으므로 나는 분노했다.

당연히 나도 머리로는 알고 있었다. 이 세상에 완벽하고 올바르기만 한 페미니스트는 존재하지 않으며, 나를 포함한 다른 페미니스트도 사람이기 때문에 실수도 하고 틀릴 수도 있다는 사실을 전두엽에 '입력'한 지는 이미 한참 됐다. 하지만 그와 동시에 나는 내가 페미니즘을 '잘'하고 있다는 인정과 확인을 필요로 하는 사람이 맞았다. 나에게 완벽하고 올바르다는 수식어가 어울리지 않을 때가 있더라도, 나는 언제나 페미니즘을 '잘'하는 사람이고 싶었다. 그리고 그 다음으로는 '누구에게도 상처 주지 않는 페미니스트'가 되고 싶었다. 누구에게도 상처 주지 않고 누구로부터도 상처받지 않을 수 있는 그런 '무해한' 삶의 가능성이 '우리'들끼리라면, 페미니스트들끼리라면 가능할지도 모른다는 아주 비현실적이고 낭만적인 기대를 가진 채 그것이 남들도 원하는 바이기를 바랐던 시절. 이 세상에 존재하지도 않는 '도피처' 혹은 '안식처'를 찾아 헤매던 시절. 왜냐하면, 나는 그만 아프고 싶었고, 그만 싸우고 싶었다. 적어도 '우리'끼리는 그러지 않기를 바랐다.

내가 만든 '우리'에 대한 환상, 이 같은 '무해함'에 대한 기대는 페미니스트라는 정치적인 '입장'을 실체적인 정체성으로 낭만화함으로써, "불타는 싫은 마음"을 더욱 활활 타오르게 만들 장작과 기름이 되어주기에 충분했다.

part 3.

"살면서 나는 고통pain과 괴로움suffering을 구분하기 시작했다. 고통은 사건이고 경험이다. 그것은 어떤 식으로든 인식되고, 명명되고, 활용되어야 한다. 그 목적은 경험을 뭔가 다른 것, 힘이나 지식이나 운동으로 전환하는 데 있다. 반면 괴로움이란 성찰과 소화 과정을 거치지 못한 고통을 반복해 겪는 악몽이다. 자의식의 차원에서 인식하지 못한 채 고통을 겪을 때, 나는 이 고통을 활용해 나올 수 있는 힘, 즉 고통을 넘어갈 수 있도록 불을 붙여 줄 힘을 빼앗긴다. 나는 가까운 무언가가 고통을 촉발할 때마다, 계속 반복해서 그 고통을 다시 떠올려 겪는 나 자신을 저주한다. 이것이 괴로움이다. 괴로움은 벗어날 수 없는 것처럼 보이는 악순환이다."

—오드리 로드, 「서로의 눈동자를 바라보며」,
『시스터 아웃사이더』, 331쪽.

분노를 어떻게 식힐 것인가. 나에게 방향을 바꾸어 돌아오는 힘을 어떻게 상쇄할 것인가. 앞으로 분노하지 않고 살 수는 없겠지만, 나에게도 변화가 필요하다고 결정적으로 생각하게 된 계기는 번아웃을 경험한 이후였다. 사람이 바닥을 치고 '소진'된다는 것이 어떤 의미인지, 이때 처음으로 깨달았다. 아무것도 할 수 없을 것 같은 기분을 느끼면서 내가 어떻게 잠을 자고 밥을 먹고 숨을 쉬었는지도 기억이 나지 않는데, 눈물도 나오지 않는 상태. 사람이 '소진'된다는 것이 이런 거구나. 사람은 평소에는 몸을 잊고 살다가 어딘가 아파야 잊었던 몸을 비로소 인식하기 시작한다던데, 나도 마찬가지였다. 나는 한정된 에너지를 굴리면서 살아가는 생명체이기에, 제때제때 쉬지 않고 먹지 않고 자지 않으면 움직일 수 없게 된다. 쉬어야 할 때도 제대로 쉬지 않고 화를 내고, 먹어야 할 때도 밥을 굶으면서까지 화를 내고, 자야 할 때도 잠을 안 자고 화를 내면 당연히 다음날 제대로 일상을 살아낼 수 없다. 아주 단순한 원리다. 나에게 필요한 것은 더 이상의 질주가 아니었다. 나에게 필요한 것은 '멈춤'이었다.

동시에 '페미니즘이란 무엇인가', '페미니스트란 어떤 사람인가'에 대한 앎, 지식을 점검해야 했다. 내가 되고 싶은 사람으로서 '페미니스트'에 덧붙여진 의미들을 해체할 필요가 있었다. '페미니스트'라는 다섯 글자에 너무 많은 의미들을 부여해 온 것은 아닌지, 그 의미들을 꾹꾹 눌러 담으려는 나의 욕망이 어디서 나온 것일지. 꼭 페미니스트여야'만'한다고 생각했던 이유가 무엇일지. 페미니스트여야만 한다고 생각하면서도, 페미니스트로 사는 게 나를 자유롭게 하기보단 숨 막히게 만들었다면 그 이유가 무엇일지 나름의 답을 찾을 수 있어야 했다.

내가 이 시기를 버티게 해 준 책 중 하나는 일자 샌드Ilse Sand의 심리학 에세이였다. 샌드에 따르면 "분노의 감정은 흔히 상처받기 쉬운 연약한 감정을 감추고 있다. 분노의 이면에 숨겨진 감정과 마주할 때, 변화와 치유를 경험할 수 있는 더 큰 감정을 수용할 에너지를 얻게 된다."(일자 샌드, 『서툰 감정』, 60쪽) 요컨대, 샌드가 보기에 분노가 가리고 있는, 분노 아래에 감추어진 감정들을 발견하고 그것을 인지할 수 있을 때에 비로소 새로운 이야기를 시작할 수 있다. 그리고 여기서 샌드가 주목하는 감정이 바로 슬픔이었다. 분노 아래에서 발견되기를 기다리는 다채로운 감정들 중에서도 슬픔은 '치유의 능력'을 가진 것으로 설명된다. 따라서, 샌드는 "실현 불가능한 희망을 충분히 애도(같은 책, 84쪽)"함으로써 상실의 경험과 상처받은 자아를 다독일 때 앞으로 나아갈 수 있다고 이야기한다. 나의 경우, 나 스스로를 페미니스트로 설명하는 과정에서 돌이킬 수 없어진 관계들, 더 이상 추억으로 기억할 수 없게 된 고등학교 시절을 애도할 필요가 있었다. 그리고 무엇보다 동시대 페미니스트들이 '우리'라는 이름으로 서로에게 공감하고 서로를 이해할 수 있을 것이라는 '실현 불가능한 희망'에 대해서 충분히 애도할 필요가 있었다.

기대나 희망이 좌절된 것에 대한 슬픔을 더 많이 이야기하고, 취약한 감정을 돌보라는 처방은 "불타는 싫은 마음"을 달래는 데에 어느 정도 효과가 있었다. 또한, 페미니즘을 몰랐던 과거를 부끄러워하면서도 동시에 페미니즘을 몰랐기 때문에 가질 수 있었던 꿈을 여전히 그리워하는 모순적이고 양가적인 감정을 인정하는 데에도 도움이 되었다. 어쨌든 더 이상 분노에 가득 차서 나 자신을 포함한 동시대 페미니스트들의 '올바름', '페미니스트다움'을 검열하다가 분노하는 일은 조금 내려놓을 수 있게 되었으니까.

그리고 그 결과, 한동안 나의 관심사는 '페미니스트다움'을 검열하고 인증하는 것으로부터 내가 애도하지 못했던 상실의 대상들을 기억해 내고 목록화하고 그것에 대해 이야기하는 것으로 바뀌었다. 페미니스트로서 '나'에 대해 설명할 기회가 생기면, 단순하게 나의 '인식론적 올바름'과 '도덕적 정당성'을 뽐내기보단 2016년의 강남역과 2015년의 메르스 갤러리 이전의 2014년으로 거슬러 올라갔을 때, 세월호의 기억이 나에게 미친 영향을 해명하고 싶었다. "죽음을 정치적으로 이용하지 말라", "그만 슬퍼해라"는 말을 들었던 2014년도의 경험이 나에게 어떤 흔적을 남겼던 걸까. 그런 말을 들었을 때 나에게 어떤 흔적도, 내상도 남지 않았더라면, 2016년 5월의 강남역 10번 출구에서 그렇게까지 울거나 흥분할 수 있었을까? 나는 이 시기의 내가 스스로의 정체성을 새로이 서사화하는 과정에서 집착했던 키워드는 ('페미니스트'일 뿐만 아니라) '애도하는 인간'이라고 생각한다. 그리고 그렇게 나의 정체성을 재정의하는 데에 있어서 열렬하게 모셨던 '성님'이 바로 주디스 버틀러였다. 버틀러를 처음 알게 된 것은 스무 살에서 스물한 살 즈음이었지만, 그때는 이렇게까지 '성님'으로 모실 생각은 정말로 없었다. 그런데 이 시기에는 달랐다. 특히 버틀러가 취약성, 타자의 죽음, 슬픔의 정치학 등을 주제로 쓴 후기 저작들을 읽으면서, 나도 저렇게 생각하고 말하고 쓰고 싶다고 생각했던 시절. 나도 저 사람처럼 최대한 많은 사람의 슬픔에 공감할 수 있는 글을 쓰고 싶다고 생각했던 시절. 당시 내가 가장 관심을 가졌던 버틀러의 논의는 공동체적 차원에서 슬퍼하는 힘을 길러 내는 작업이 소수자 정치학에 있어서 생산적 자원으로 활용될 가능성에 관한 것이었다.

버틀러에 따르면,

> “슬퍼한다는 것, 슬픔을 정치적 자원으로 만든다는 것은 단순히 수동성이나 무력감에 몸을 맡긴다는 뜻이 아니다. 그보다는 군사적 공격과 점거, 갑작스런 선전포고, 그리고 경찰의 잔혹 행위와 같은 취약성의 경험으로 인해 다른 사람이 겪는 취약성을 생각해 보게 해주는 것이다. 우리의 생존 자체가 우리가 모르는 사람들에 의해 결정될 수 있고 그런 사람들에 대해 우리에게는 최종 통제권이 없다는 것은 삶이 위험에 처했다는 뜻이고, 정치는 어떤 형태의 사회적이고 정치적인 조직이 전 세계적으로 위험에 놓인 삶을 가장 잘 지속시키려 하는지에 대해 숙고해야 한다는 뜻이다.”
>
> —주디스 버틀러, 『젠더 허물기』, 43-44쪽.

그 시절의 나는 ‘상처받은 모든 타자들’에게 예민하게 반응하고 함께 슬퍼하는 감수성에 가장 큰 가치를 부여하면서 타인의 슬픔에 민감하게 반응하지 못하거나, 자신의 고통에만 연민하는 것처럼 보이는 사람들을 ‘미성숙’하다고 생각했던 것 같다. 하지만 나는 시간이 흐르면서 사소한 아픔이나 사라져간 것들에 하나하나 일일이 슬퍼하기보다는, 아픔이 사라지지 않고 남아 있더라도 그것이 계속해서 반복되더라도 너무 지나치게 슬퍼하지 않고 계속해서 살아갈 수 있는 방법이 필요하다고 생각하게 되었다. 그리고 그렇게 ‘상처받은 것’들에 너무 많은 의미나 가치를 부여하면서 슬픔에 쉽게 ‘도취’되는 사람은 오히려 ‘성숙한’ 사람과는 거리가 멀다고 느끼게 되었다. 왜냐하면, 첫째로는 매 순간 타인이나 내가 받은 상처에 민감하게 반응하기 위해 온몸의 신경을 예민하게 만드는 일은 그 자체로 엄청난 체력을 요구하는 일었기에, 이것은 새로운 차원의 감정노동일 뿐만 아니라 나 자신에게 '못할 짓'이라는 생각이 들었기 때문이다. 그리고 두 번째로는 과연 머나먼 타인의 고통을 온전히 이해하고 공감한다는 것이 정말로 가능한 일인지에 대한 의문을 갖게 되었기 때문인데, 만일 그것이 가능하지 않음에도 그렇게 계속해서 '상처받은 타자들'을 반복적으로 호명하고 기억하고 애도하려 한다면 그것이야말로 타자에게 나를 투사해서 "타인의 고통을 나의 고통의 서사의 일부로 통합하는 근대적 습관"(김은주, 2017: 174)이 아닌지에 대해 고민하게 되었다. 타자의 상처를 내가 공감할 수 있다고, 다 알 것 같다고, '그래서 나는 너무 슬프다'고 말하는 그 주체야말로 '분노의 페미니즘' 시기와 또 다른 차원의 자의식 과잉이거나 부정적 나르시시즘(자아에 대한 너무 지나친 부정적인 관심)의 한 가지 형태일 수 있다고도 생각하게 되었다.

실제로 2019년의 나에게는 장례식장에 가거나 장례식장에 갈 뻔했던 사건들이 짧은 기간 동안 연달아 펼쳐졌었는데, 그 기간을 통과하면서 나에게 필요한 것은 더 이상 슬퍼하는 힘이 아니라고 생각하게 되었다. 예를 들어 한 달 동안 엄마가 두 번 쓰러져서 병원에 입원했을 때, 슬퍼하는 힘은 더 이상 나에게 도움이 되지 않았다. 그 힘은 나 자신의 괴로움을 구원하지도 못했고, 엄마의 통증을 가라앉힐 수도 없었다. 그나마 가까운 타자라고 하더라도, 엄마의 입장에서 생각하고 상상해 보려 노력했음에도 내가 느낄 수 없는 물리적인 통증의 문제라는 게 실재했다. 그리고 그

것은 다른 누가 어떻게 할 수 없이 온전히 엄마가 감당해야 하는 몫이었다. 이것은 새로운 차원의 절대적인 무력감이었고, 그 무력감은 내가 슬퍼할수록 더욱 커지기 마련이었다. 그 무력감 속에서 허우적대다가 질식사하지 않기 위해서, 그리고 이 같은 개인적인 '현타'를 정치적인 것으로 연결 짓고 이야기하기 위해서라도 나는 나의 페미니즘을 다시 한번 갱신할 필요가 생겼다. 이제 나에게 필요한 힘은 더 많이, 예민하고 섬세하게 슬퍼할 수 있는 능력이 아니라, 애도의 바깥으로 빠져나갈 수 있는 에너지였다. 그렇다면 과연 어떻게 해야 그 바깥으로 빠져나갈 수 있는 걸까?

나는 이 물음에 대한 한 가지 응답으로서 로지 브라이도티의 논의를 소개하고 싶다. 브라이도티의 문제의식은 21세기 글로벌 자본주의 시대를 살아가는 주체들에게 '우울증과 애도의 정치학'이 너무나 지배적인 삶의 양식이 되었다는 데에서 출발한다. 브라이도티는 포스터Hal Foser의 표현을 빌려 이 같은 정동의 문화정치를 "상처와 고통, 괴로움에 관한 강박관념을 뜻하는 '외상적 사실주의traumatic realism'(브라이도티, 2011: 39)"라 진단한다. 브라이도티는 자신의 논의가 우울과 애도가 갖는 '생산적인 본질'이나 '연대 창조를 위한 잠재력'을 무시하려는 목적은 아님을 강조한다. 다만, 자신은 "우울증의 정치학이 우리 문화에서 지배적이 되었고, 마침내 대안적 접근을 위한 여지를 거의 남기지 않은 채 자기실현적 예언처럼 작동하게 되었"(브라이도티, 2011: 40)는지에 좀 더 관심을 갖고, 분노나 죄책감, 불안이나 두려움, 공포, 슬픔 등의 부정적인 정동을 긍정적인 정동으로 위치 변경trans-position할 수 있는 페미니스트 임파워링을 이론화하는 데에 주력하겠다는 의지를 밝히고 있다. 그렇다면 과연 브라이도티가 제안하는 '위치 변경'의 임파워링은 어떻게 가능한 것인가? 브라이도티에 따르면, 애도와 우울이라는 부정적 정동의 바깥으로 빠져나오기 위해 필요한 조건은 고통pain을 괴로움suffering과 동일시하는 문화[3]를 해체하기로부터 마련될 수 있다.

요컨대, '인간'들은 도대체 언제부터 '고통'과 '괴로움'을 등치시킨 뒤 '괴로움으로서 고통'을 되도록 효율적으로 감소시키고 싶어 하는 존재가 인간의 자연적인 '본성'이라고 주장해 왔는가? '고통'에 대한 지식은 언제부터 '인간다운 삶', 그렇기에 '살만한 삶'과의 대립적인 관계 속에서 스스로를 정당화해 왔는가? 그러한 지식을 생산해 온 주체들의 성별, 인종, 계급은 역사적으로 누구를 대표해 왔는가? 브라이도티는 서구-유럽 중심적인 인본주의에 도전했던 스피노자 그리고 니체와 들뢰즈의 통찰에 기대어 이 물음들에 대한 답을 찾아가는데, 이때 브라이도티가 주목하는 것은 고통을 견디고 고통과 더불어 살아가려는 욕망의 조건이다.

---

3 "우리 문화에서 확립된 습관 중 하나는, 필자가 앞서 언급했듯이 '고통'을 '괴로움'과 동일시하고, 그것들을 정당한 보상과 풍부한 공감을 요구하는 사회적 수행으로 해결하려는 것이다. 따라서 도덕적 자극은 고통을 이해하고 공감하려는 경향과 동일시된다. 그 결과 사람들은 모든 고통을 완화하기 위해 긴 시간을 보내며, 고통에 맞서기 위한 다양한 담론들이 계속해서 돌아다닌다. 다시 말하지만, 필자의 목적은 이러한 담론을 무시하거나 묵살하려는 것이 아니다. 크나큰 괴로움은 항상 그 괴로움의 원천을 알지 못하거나 분명히 표현할 수 없기 때문에, 혹은 너무 잘 알기 때문에 발생한다. 위로, 힘듦의 종결, 정의에 대한 열망은 이해할 만하며 존중할 만한 것이다. 그러나 필자가 주장하고자 하는 바는 윤리적 측면에서 이 같은 접근은 의심을 야기하며, 결국에는 도움이 되지 않는다는 것이다."(브라이도티, 2011: 58-59)

브라이도티에 따르면, 삶을 파괴하는 것으로서 괴로움으로부터 고통을 건져 올리고, 고통을 고통 그 자체로 이해한다는 것은 고통을 삶의 일부로 온전히 '긍정affirm'하는 주체로 변신metamorphose해 가는 '되기'의 과정이다. 이것은 고통이 괴로움으로 인식될 수 있었던 담론과 그것이 가정하는 인본주의적인 존재론을 해체함으로써, 고통을 탈인간화de-personalzing하고 탈심리학화de-psychologizing하는 작업에 다름 아니다.

"어떤 순간의 고통에 주목해 보자. 유럽 문화에서 고통은 습관적 전통의 힘 때문에 괴로워하는 것과 관련된다. 따라서 이는 부정적 의미를 내포한다. 그러나 만약 이 문제에 유목적 렌즈, 즉 스피노자적이고 들뢰즈적인 페미니스트 도구를 통해 접근한다면, 우리는 고통을 괴로움에서 분리de-link해 고통 그 자체를 볼 수 있게 된다. 고통은—괴로움이나 질투, 분노와 같은 다른 부정적 감각, 감정과 마찬가지로—우리에게 무엇을 말하는가? 만약 우리 스스로 이 문제를 탈심리화de-psychologize할 수 있다면, 고통은 우리의 주체성이 감응, 상호 관계성, 타자들이 주는 충격으로 구성된다고 말할 것이다. 주체의 핵심은 감응, 다시 말해 타자들과 상호 관계를 맺는 능력이며, 그들과 영향을 주고받는 것이다. 이 논의를 탈심리화하는 것은 고통을 부정하는 것이 아니라 그것을 통해 다른 작업 방법을 찾으려는 것이고, 그리하여 고통과 더불어 살아가려는 것이다."(브라이도티, 2011: 49)

브라이도티는 이렇게 고통을 고통 그 자체로 인지하는 주체는 '나'가 살아가는 세계를 '나'가 선택하고 만들어 낸 '소유물'이 아니라, 나라는 인간 주체에 선행하는 타자들과의 조우 속에서 생성하고 변화하는 역동적인 '관계'로 이해하는 '포스트-휴먼'으로서 주체라고 주장한다. 그리고 마침내 고통을 고통 그 자체로 이해할 수 있게 된 주체는 '괴로움으로서 고통'의 의미나 기원을 밝히려는 욕망 혹은 '고난의 시간'에 대한 '보상'을 받으려는 욕망을 초월할 수 있게 된다. 브라이도티는 이렇게 고통의 주인으로서 '나'를 망각counter-memory함으로써 '고통 앞에서 괴로워하는 인간-나'의 서사를 폐기하고, 고통과 더불어 다른 것-되기becoming를 실행하는 대안적인 주체들을 "사건을 탈인격화하고 사건의 부정적 힘을 변화시키는 자유를 움켜쥘 능력을 지닌 존재"[4]라고 의미화한다. 다시 말해, '한계를 긍정함으로써 자유로워진다'는 스피노자의 역설, 부정성을 전복하는 운명애Amor Fati의 힘(니체)은 브라이도티에게 있어서 "사건의 탈인간화를 통한 고통의 탈심리화"로 계승된다.

---

4 "긍정의 윤리학에서 긍정적인 것은 부정적인 감응들이 변신할 수 있다는 믿음이다. 이는 모든 감응들, 심지어 우리를 고통, 공포, 불신, 비탄으로 얼어붙게 만드는 것에 대한 역동적인 견해들을 암시한다. 두려움, 공포, 충격은 약한 탈인격화 효과를 지닌다. 이러한 트라우마적 사건은 강력한 반작용 형태에 깃들어 있는, 에고(ego)에 연동된 지각들을 읽게 만든다. 그럼에도 긍정의 윤리학은 모든 사건들 안에는 그것을 극복하고 추월할 수 있는 잠재력을 포함하고 있다고 가정하기 때문에 그 사건의 부정적인 힘은 변위될 수 있다. 현실화의 순간은 또한 부정성을 중화하는 순간이다. 윤리적 주체는 사건을 탈인격화하고 사건의 부정적 힘을 변화시키는 자유를 움켜쥘 능력을 지닌 존재이다. 유목적 되기는 상실의 고통을 소속감의 다양한 형태와 복잡한 연대라는 능동적 생산으로 긍정적으로 변신시키는 과정에 주목한다. 따라서 긍정의 윤리학은 움직임(motion)을 감정으로, 능동성을 운동과 과정, 되기를 창출하는 행동주의로 되돌린다. 이러한 변화는 부정적 감정들이 지닌 반복 패턴에서 모든 것이 달라지게 한다."(브라이도티, 2011: 53)

요컨대, 주체에 대한 타자의 우선성을 승인하자는 브라이도티의 요청은 이 삶의 최종적인 주인은 '나'가 아니며, 삶은 '인간'의 합리적인 선택이나 자유의지만으로 통제될 수 없다는 근본적인 '한계'를 긍정하는 '변신의 윤리학'으로 확장된다. 그리고 이렇게 한계를 긍정하는 윤리적 주체는 '무엇을 해야 하는가'라는 질문을 던지면서 '해야 하는데 하지 못한 것'에 대한 과도한 자기 책망이나 자기 비난에 중독되거나 우울과 애도로 미끄러지기보다는, '무엇을 할 수 있고, 할 수 없는가'라는 질문을 통해서 역량의 한계를 받아들이고 그 한계로부터 발생하는 고통을 고통 그 자체로 '인내'하고자 한다.

나가며

잊어버릴 수 없기에 고통스럽지만, 너무나 고통스럽기에 기억할 수 없다. 이것이 바로 '트라우마적 충격'의 역설[5]이자 괴로움으로부터 고통을 건져 올리는 데 실패하는 순간이다. 너무나 강렬한 상처는 눈을 뜨든 잠을 자든 뇌리에서 떠나지를 않지만, 바로 그렇기 때문에 의식화되지 않는 층위의 기억으로 억압된다. 그렇

5 "강렬한 고통, 잘못, 배신, 상처는 쉽게 잊히지 않는 것이다. 고통스러운 사건들에 관한 트라우마적 충격은 이 사건들을, 필자가 앞서 말했듯이 빠져나오기 힘든, 끊임없는 불굴의 현재 시제에 고정시킨다. 이는 바로 견딜 수 없는 것의 영원한 회귀, 그리고 보통 말하는 대로 쓸모없거나 시기상조이거나 부적절한 양상으로 되돌아오는 것들의 회귀이다. 그러나 기억하기가 고통 그 자체의 회귀와 반복을 수반하는 한 이 고통스러운 사건들은 역설적으로 기억하기 어려운 것이기도 한데, 사람은 고통을 회피하려는 경향이 있기 때문이다."(브라이도티, 2011: 56)

게 모두 잊어버리고 살다가 아주 느닷없는 계기, 지극히 우연적이고 사소한 자극으로 인해 어느 날 갑자기 그 기억이 플래시백flash-back되면서 평화롭던 일상이 무너진다. 이 과정의 반복이 "바로 견딜 수 없는 것의 영원한 회귀"이다.

나에게 이 글을 쓰는 과정은 플래시백으로서 과거 회상과 기억의 재배치로서 과거 회상이 다를 수 있음을 배우는 시간이었다. '어차피 지난 일'이라고 생각했던 어떤 순간들, 이미 산산조각 나버렸다고 생각했던 시간들을 굳이 다시 들여다보고 긁어모으면서 내가 애써 부정하고 싶었던 나의 온갖 부정적인 감정들을 민망할 정도로 한꺼번에 펼쳐 낼 수 있었다. 그리고 그렇게 조각조각 났던 분노의 파편들을 하나의 글로 이어 붙임으로써, 나는 그 시간들을 비로소 제대로 망각할 수 있을 것 같다는 생각을 한다. 이 글을 썼기 때문에, '그때의 나'와 지금의 내가 이미 달라졌음을 확인했고 지금의 내 곁에서 함께하는 존재들이 더 소중하게 느껴졌다. 분노하거나 슬퍼하지 않을 수 없는 일들은 앞으로도 계속해서 반복되겠지만, 그런 사건들의 반복이 무한히 나에게 찾아오더라도 그 과정에서 끊임없이 '나'가 달라지고 변화할 수만 있다면, 그 속에서도 생존해 낼 수 있을 것만 같다. 분노하거나 슬퍼할 수 있는 힘에도 언제나 이미 한계가 존재하며 그 한계를 마주했을 때의 나는 이미 그전과 달라져 있을 것이기에, 부정적인 정동을 긍정적인 정동으로 위치 변경할 준비를 끝마쳤을 것이란 사실을 떠올리면서.

참고문헌

최은영, 『몫』, 미메시스, 2019.

정희진, 『페미니즘의 도전』, 교양인, 2013.

'당신을 위한 강의실은 없다' 연속 기고팀, 「강의실 미투 생존 보고서」, 『프레시안』(2018. 6. 28)

이경미, 『잘 돼가 무엇이든』, 아르테, 2018.

김은주, 『생각하는 여자는 괴물과 함께 잠을 잔다』, 봄알람, 2017.

로지 브라이도티, 「긍정, 고통, 그리고 임파워먼트」, 허라금 엮음, 이화여자대학교 아시아여성학센터 기획, 『글로벌 아시아의 이주와 젠더Migration and gender in globalized Asia』, 한울아카데미, 2011.

재스비어 푸아, 「퀴어한 시간들, 퀴어한 배치들」, 이진화 옮김, 『문학과 사회』 116호(2016, 겨울), 문학과지성사.

오드리 로드, 『시스터 아웃사이더』, 주해연·박미선 옮김, 후마니타스, 2018.

일자 샌드, 『서툰 감정』, 김유미 옮김, 다산지식하우스, 2017.

주디스 버틀러, 『젠더 허물기』, 조현준 옮김, 문학과지성사, 2015.

3

페미니스트-되기, 경험과의 대화

김상애

김상애

여성으로서 나와 내가 거주하는 이 세계를 더 잘 이해하고 잘 살아가고 싶은 페미니스트. 동국대학교에서 철학을 공부했으며, 이화여자대학교에서 여성학과 석사 과정을 수료했다. 동년배 연구자들과 함께 페미니스트 연구 웹진 『Fwd』를 만들고 있다. 같이 쓴 책으로 「페미니즘 고전을 찾아서」와 「N번방 이후 교육을 말하다」가 있다.

2020년 1월, 왕십리역 조그마한 술집에서 가까운 페미니스트 친구들과 붙어 앉아 술을 마실 때였다. 여느 때처럼 우리는 '페미니스트 수다'를 떨고 있었다. 차곡차곡 모아 놓은 페미니스트 유머를, 그리고 새삼스럽지 않은 분노와 슬픔을 꺼내 공유하고 있었다. 그러다 자신이 언제, 어떻게 페미니스트가 되었는지에 대한 이야기를 나누게 되었다. 말하자면, 각자 겪어 낸 '페미니스트-되기'의 이야기가 시작된 참이었다. 페미니스트로서 서로를 처음 만나 관계를 맺어 온 우리였기에, 각자가 페미니스트가 된 순간에 대해 묻고 답하는 것은 꽤나 새삼스러운 일이었다. 우리는 어느새 2016년, 2015년, 그리고 훨씬 더 이전 유년기와 청소년기까지 시간을 거슬러 올라가 '동년배' 페미니스트들이 삶의 궤적 속에서 통과해 온 시간들을 되짚고 있었다. 각자가 처해 있던 상황과 속한 위치가 달랐음에도, 같은 사건을 서로 다른 강도와 속도로 경험했음에도, 이 '다름'은 우리에게 큰 문제가 아니었다. 그렇게 대화를 나누던 중, 한 친구에게 언제 어떻게 페미니스트가 되었느냐고 물었다. 이 친구는 잠시 고민하다가 웃으며 이렇게 말했다.

"나는 이제 더 이상 페미니스트가 아닌 것 같아. 페미니즘이 뭐지?"

친구의 말을 문자 그대로 이해해서는 곤란하다. 친구의 '페미니스트 더 이상 아님' 선언은 당연히 농담이었고, 그 자리에 함께 한 모두는 이 말을 듣고 동시에 웃었다. 이 농담에는 우리가 함께 공유하던 맥락이 있었기 때문이었다. 이 동문서답은 우리의 대화 도중 특정한 맥락에서 몇 번씩 다시 등장했다. 가령 페미니즘에 대한 앎이 나의 삶과 어긋나는 모습을 발견했을 때, 내가 피해자가 아니라 가해자의 위치와 밀접하게 연루되었음을 깨닫는 순간에, 그리고 페미니스트로서 관계를 형성해 온 사람들 사이에서 무너지지 않을 것 같았던 두터운 신뢰가 조각났음을 경험했을 때, 우리는 "페미니즘이 뭘까?"라는 넋두리를 할 수밖에 없었다. 페미니스트로 자신을 확신하고, 다른 페미니스트들과 강력하게 동일시했던 그때의 나도, 나를 둘러싼 상황도, 동일시의 감각과 강도도, 그 모든 것이 바뀌어 있었으니, 페미니스트로서의 자기 확신이 우리에게 이전과 같은 의미를 갖지 않았던 것이다.

나는 아직도 이 에피소드를 생각한다. 페미니스트가 아닌 건 아니었다. 나 자신을 페미니스트라고 확신한 이후에는 페미니스트가 아니고 싶었던 적도 없었다. 다만, 페미니스트로서 '잘' 살아가고 싶었다. '잘'의 의미가 어찌 되었건 말이다. 나와, 나를 둘러싼 모든 환경을 '페미니즘'이라는 기준으로 재설정하고 살아왔다고 생각했는데, "페미니즘이 뭐지?"라는 질문을 던질 수밖에 없었듯, 나의 '페미니스트 궤도'가 '잘 삶'으로부터 자꾸만 비켜 가는 것 같았다. 영화 〈벌새〉를 보고서는 "언니, 그건 지난 학기잖아요"라는 대사보다 어쩐지 영지 선생님의 "어떻게 사는 것이 맞을까. 어느 날 알 것 같다가도 정말 모르겠다"는 편지 속 메시지가 더 맴돌았다. 무언가를 단단히 붙들고 싶은 마음이 들었지만, 무엇을 붙들어야 할지 가늠조차 가질 않았다. 더 이상 페미니스트가 아니고 싶지 않은데, '어떻게'에 대해 붙잡을 것이 당장 눈앞에 보이지 않았다.

"우리는 어디에서 페미니즘을 발견했으며 페미니즘은 어디에서 우리를 찾아냈는가?"

영국의 페미니스트 학자이자 작가이며 활동가인 사라 아메드 Sara Ahmed는 "페미니즘이 전하는 약속을 부단히 붙잡기 위해", 그리고 더 나은 삶을 위한 "윤리적 질문을 놓치지 않기 위해" 페미니즘이 나에게 말을 걸었던 순간들, "페미니즘이 나의 목소리로 발화된 순간들"을 기억하는 것이 중요하다고 말한다.[1] 그리고 페미니스트가 된다는 것은 지금까지의 삶의 방식을 전환하는 실존적 계기이므로, 아메드는 이 질문을 평생 가져갈 질문이라고도 했다. 같은 질문을 던져 본다. "나는 왜 페미니스트가 되고자 했지? 페미니스트로 살기가 무엇보다도 고되고, 그 과정을 지속하기 어려운 순간에도 어째서 페미니스트로 살고자 하는 거지?"

분노와 슬픔의 열정, 나의 페미니스트 모먼트

2015년 페이스북과 트위터 등의 소셜 미디어를 통해 '메르스 갤러리' 내의 게시물들을 엿보며 통쾌해 하던 것도 잠시, '미러링' 전략과 '혐오'의 문제를 둘러싸고 치열하게 오간 수많은 온/오프라인 논쟁을 기억한다. 2016년 당시 트위터에서 팔로우하던 몇몇 사람이 '○○계_내_성폭력' 해시태그와 함께 자신의 경험을

1 사라 아메드, 『페미니스트로 살아가기』, 이경미 옮김, 동녘, 2017, 10-11쪽.

쏟아 내던 장면을 충격과 함께 목도했던 걸 기억한다. 이 과정에서 여러 차례 오간 입장문들과 대화들, 그리고 이미 사건에 휘말리고 있다고 감지하면서도 초조해 하며 어떤 결단과 행동으로 이 흐름에 어떻게 연루될 것인지를 고민하던 나날들을 생생하게 기억한다. 이것들 외에도 '여성 혐오'라는 말을 처음 접하여 내 경험 가운데 '여성 혐오'로 불러낼 수 있는 기억들을 소환하며, 아프게 공유했었던 순간들, 한껏 고무되어 '3·8 여성의 날'을 광장에서 함께 기리고 행진하던 기억들, 조심스럽게, 하지만 결연하고 절박하게 '여성들의' 모임을 만들고 모임에 참여했던 기억들, 모임이 사소하거나 중요한 문제로 와해되어 서로 상처를 주고받았던 그런 과정들을 기억한다. 이렇게 나는 페이스북과 트위터를 통해 페미니즘 담론을 접하고, 온라인 공간을 페미니즘의 현장으로 삼았으며, 점차 일상으로 그 장을 넓혀 간, 소위 '넷페미니스트'라 불리는 동시대 페미니스트이다. 내가 목격한 한국 사회에 불어닥친 거대한 페미니즘의 흐름은 곧 나의 '페미니스트-되기'의 흐름이기도 했다.

그중 나를 가장 흔들어 놓은 건 바로 '강남역 사건'이었다. 2016년 5월, 강남역에서 한 젊은 여성이 살해되었다. 가해 남성과 피해 여성은 서로 모르는 사이였으며, 가해 남성은 "여자들이 나를 무시해서" 범행을 저질렀다고 말했다. 사건 현장과 멀지 않은 강남역 10번 출구에서는 이내 희생된 여성에 대한 추모 물결이 이어졌다. 이 사건을 계기로 수많은 여성들이 '여성으로서 산다는 것'에 대한 취약한 위치에 대해 온몸으로 자각하게 되었다. 그야말로 '우연히 살아남았다'는 감각, '내가 너였다'는 동일시의 감각이 여성들을 압도했던 것이다. 이는 가해 남성의 머릿속에 있는 추상적인 '여자'라는 대상이 곧 나일 수도 있었다는 그 우연성이 구체적인 감각으로 느껴졌기 때문이었다. 우리는 언젠가 지나쳤을지 모를 강남역 그곳에서 희생된 그녀에게 스스로를 동일시하며, 한국 사회에서 여성으로 산다는 것에 대한 경험을 말하기 시작했다.

기억 저편에, 몸 어딘가에 내재되어 있던 '여성으로서' 살아온 경험과 기억은 강남역 사건을 만나 현재에 소환되어 각자의 일상에 다른 의미를 부여하게 했다. 두려움과 공포에 떨었던 경험은 현재의 맥락에서 부당한 성별 관계로, 투쟁을 통해 없어져야 할 것으로 의미화되었고, 이 "알아챔은 정치적 행위[2]"가 되었다. 폭력과 차별의 경험을 겪고 목격한 여성들은 그 경험을 겪어야만 했던 너와 나의 '과거'를 앞으로 바꾸어 나가야 할 문제로 인식하게 된 것이다. '나의 경험'과 '너의 경험'을 한 '개인의 경험'이 아닌 '여성으로서의 경험'으로 의미 부여하고, 그리고 반대로 '여성으로서의 경험'을 '나의 경험'과 동일시하는 과정은 많은 여성들로 하여금 자기 자신뿐 아니라 모든 여성에 대한 억압에 반대하는 페미니스트가 되게끔 했다.

많은 이들이 그랬듯, 나 역시 이 과정을 거쳐 페미니스트가 되었고, 또 되어 가고 있다. 나는 이 페미니즘의 거센 물결을 온몸으로 통과하면서 나 자신이 페미니스트가 아닐 수 없다고 생각했다. 그리고 페미니스트로 자신을 확신하게 되면서 비로소 내

2 사라 아메드, 같은 책, 68쪽.

가 겪은 경험을 페미니즘의 관점에서 되돌아볼 수 있었다. 강남역 사건 이후 강남역 10번 출구 바로 그 자리에 모인 여성들은 스스로 삶의 궤적을 돌아보며, 여성으로서의 삶은 매일이 살아남는 삶이었다고 울부짖었고, 이런 일이 다시 되풀이되지 않게 할 수는 없을지라도, 더 이상 이와 같은 여성 혐오 범죄를 방관하지 않겠다는 저마다의 다짐을 하면서 희생자를 애도했다. 나 역시 그 울부짖음과 공명하면서 자각 없이 살아온 삶을 반추했다. 그런 경험이 내게도 있었나, 어떤 경험이 나를 취약한 여성의 위치에 있게 한 것일까, 바로 그 실존적 고민을 시작하게 된 것이다.

—

나는 운이 좋았다. 넓은 의미에서 성희롱이나 성추행으로 볼 수 있는 언행을 겪기도 하고, 나를 '어린 여자'로 대하며 은근히 무시하는 사람들이 여전히 있지만, 나는 내가 운이 좋은 편에 속한다고 생각했다. 이 경험이 사소하다고 말하거나 차별의 경험에 위계를 부여하고자 함은 아니지만, 분명 내가 겪은 이러저러한 경험들은 물리적인 폭력과는 다른 것이었고, 나에게는 견딜 만한 것이었다. 친구들이, 언니들이, 동생들이 대화 중에 조심스레 자신이 겪은 '심각한', '물리적', '성적' 폭력의 경험을 내게 이야기해 주었을 때, 나는 그들을 위해 분노하고 그들의 탓이 아니라 위로하면서도 그와 비슷한 일이 나에게는 일어나지 않았다는 사실에 안도하기도 했으니 말이다.

내가 물리적인 폭력이나 심각한 성적 침해를 당하지 않고 살아남을 수 있었던 것은 순전히 나의 운 때문만은 아니었음을 얼마 지나지 않아 깨달았다. "여자아이 혼자 밤늦게 다니지 말아라", "외진 길을 혼자 다니면 위험하다"는 등 '나를 위한' 말로 포장된 경고와 제한은 나를 겁쟁이로 만들기에 충분했다. 나는 나의 안전을 지키기 위해 활동 반경을 좁혔고, 활동 시간을 줄였다. 내 스스로 '포기했다'고 자각하지 못했음에도, 누릴 수 있었던 삶의 일부분을 자발적으로 포기했다. 이를테면, 인적이 드물고 소위 '위험하다'는 구역과 길 근처에는 가지도 않았고, 혼자서 밤늦게 돌아다니거나 택시를 타는 일은 엄청난 부담을 요하는 일이었기에 되도록 일찍 귀가하려고 노력했다. 혼자 낯선 곳을 여행하는 것은 상상도 할 수 없는 일이었다. 이렇게 나는 그런 일이 일어날 '수 있는' 환경에서 처음부터 스스로를 차단하고 나의 활동을 제한하는 방식으로 있을지 모르는 폭력을 예방하며 살아왔다. 이런 습관은 내 몸 깊숙이 배어 이제는 바꾸기 어려운 내 삶의 방식이 되었다. 여전히 나는 늦은 시간 인적이 드문 밤거리를 혼자 걸어 다니거나, 동행 없이 가보지 않은 곳을 탐험하는 일에 흥미를 느끼지 않는다. 마치 처음부터 흥미가 없었던 것처럼 말이다. 어쨌든 나는 살아남았고, 이 삶의 방식이 어느새 내가 되었다.

'조심하는' 삶의 방식은 내 운신의 폭만 좁힌 것이 아니었다. 나는 인간관계에서도 조심하는 태도를 지켰으며, 내 감정을 표현할 수 있는 범위 역시 좁았다. 소위 여성에게 허용되는 감정들만을 내 것으로 할 수 있었다. 급진 페미니스트 슐라미스 파이어스톤이 성 계급을 타파하기 위한 실천으로 여성들에게 '웃음을 보이콧하자'고 했던가. 나는 갈등을 일으키는 사람이기보다는 갈등을 피하려는 사람이었고, 사라 아메드의 표현을 빌리자면 '분위기 깨는killjoy' 사람이기보다는 분위기를 띄우고 화기애애하게 만드는 사람에 가까웠다. 침묵과 정색에 익숙지 않은 나는 언제나 웃거나 울었고, 주변인들로부터 '편한 사람' 혹은 '좋은 사람'이라 불렸다.

그러나 '메갈리아'로부터 점화되어 한국 사회를 흔들어 놓은 페미니즘의 물결에 동참하면서 나는 페미니스트이기 위해서 좀 더 과감해져야 했다[3]. 메갈리아는 내가 '페미니즘'을 추상적인 차원의 정치학이 아닌, 구체적인 일상의 것으로 접하게 된 계기이기도 했다. 메갈리아를 직접 이용했던 사람들뿐 아니라, 메갈리아의 화법으로 페미니즘 전략을 구사한 동시대 페미니스트들을 '메갈리안'이라고 한다면, 온라인에서 메갈리안들은 수많은 이들에게 환영받았고, 나 역시 그들의 화법에 즐거움과 통쾌함을 느꼈다. 메갈리안들의 트윗을 열심히 리트윗하면서 그들의 행보를 지지하기도 했다. 그러나 현실에서 혹은 내 이름으로 이용하는 소셜 미디어 계정에서 그들을 따라 '미러링' 화법으로 발화하는 것은 다른 일이었다. 누군가 '메갈리아'에 대해 어떻게 생각하느냐고 물으면, 자신 있게 나 또한 메갈리안이라고 대답할 수 없었다. 메갈리아에 분명히 연루되어 있다고 느꼈지만, 메갈리아에 대한 어떠한 판단도 유보했다. 메갈리안들이 처음 등장했을 때

---

3 '메갈리아'는 2015년 6월, 하위문화 커뮤니티 사이트 '디시인사이드'의 '메르스 갤러리'에서 활동하던 여성 유저들이 분화되어 만든 웹사이트이다. '메갈리아'는 '메르스 갤러리'와 페미니즘 소설 '이갈리아의 딸들'의 제목을 조합한 것이다. 2015년에 등장한 '메갈리아'는 2016년 강남역 사건 이후, 강력한 응집을 만들어 낼 수 있도록 페미니즘의 연료를 공급한 예비적인 시간이라고 볼 수 있다.

그 '과격함'이 주었던 충격은 '정치적 올바름'에 대한 고민을 하게 했고, 그들을 공개적으로 지지하거나 그들과 동일시하기 어렵게 만들었다. 그렇게 나는 메갈리안들과 거리를 두며 그들의 움직임을 지켜보고만 있었다. 메갈리안들은 유쾌하고 대담하게 뼈있는 조롱을 이어가는 한편, 온라인과 오프라인을 넘나들며 여성 혐오를 근절하기 위한 각종 캠페인을 기획하고 실행했다.

하지만 메갈리안들이 어디에서나, 그리고 누구에게나 환영받는 것은 아니었다. '메갈'은 금세 페미니스트로 스스로를 드러내지 않더라도 페미니즘적인 말이나 행동을 하는 것처럼 보이는 사람들을 낙인찍는 단어로 사용되기 시작했다. 이윽고 남성 이용자가 주를 이루는 게임 업계에서 '메갈 색출'이 시작되었고, 실제로 '메갈 색출'로 인해 실질적인 불이익을 당한 사람이 등장했다. 그제야 비로소 나는 메갈리안과 동일시하게 되었다. 메갈리아를 이용하거나 메갈리안의 화법을 쓰지 않더라도, 페미니즘의 물결 안에서 어떤 방식으로든 영향을 받고, 페미니스트로 보일 만한 언행을 한다면, 언제든 나도 '메갈'로 호출되어 내 위치를 위협받을 수 있겠다는 생각이 들었다. 내가 무엇을 어떻게 조심하든 곧 그렇게 될 것만 같았다.

—

불안함에서 출발한 나의 페미니즘은 부정적인 에너지로 움직이기 시작했다. 당시 나의 감정 상태를 회고해 보면, 대개 '환멸', '분노', '두려움', '불신' 등의 부정적인 감정이 복잡하게 섞여 있었다. 그런 상태에 있는 페미니스트는 나만이 아니었다. 한 친구는 같은 시기를 '분노가 나를 추동한 시기'라고 회상하기도 했다. 트위터와 페이스북 등 내 소셜 미디어 타임라인은 소위 '빻은' 사람들에 대한 분노를 담은 글들로 가득했고, 타임라인에서 우리는 서로가 쏟아낸 이야기에 함께 분노하며 '빻은' 사람들과의 전투를 시작했다. 얼굴 한 번 본 적 없는 사람들과 각을 세우며 천하의 원수가 되기도, 누구보다 가까운 동지로 연대감을 나누기도 했다. 페이스북에 개설된 대학교 대나무숲 페이지에서는 페미니즘을 주제로 매일같이 익명의 학생들과 말다툼을 했다. 페미니즘에 무지하거나 반감을 가진 것으로 보이는 게시물에 "혐오할 권리는 없다", "모르면 책을 읽고 와라", "당신 같은 사람과 같은 학교에 다니다니 정말 무섭다"라는 댓글을 달거나 내 타임라인에 문제의 게시물을 공유하여 같이 분노해 줄 것을 요청했다. 온라인 대나무숲에서 '키보드 배틀'을 했다면, 대학 캠퍼스 내 과방에 와서는 학과 선후배 및 동기들과 얼굴을 맞대고 싸웠다. 페미니즘에 감응하지 않는 사람들을 설득하려고 노력했고, 설득이 되지 않는 사람은 적어도 망신을 주고자 했다. 그 관계들 안에서 내가 페미니즘의 언어를 가장 많이 알거나 구사할 수 있다고 생각했기에 망신 주기는 그다지 어려운 일이 아니었다. 그리고 무엇보다도 내가 참고 있지 않다는 것을 상대방에게 보여 주고 싶었다. 나는 다양한 방식으로 이들에게 분노를 표현했다. 재빨리 읽어 낸 책에서 특정 구절을 발췌하여 소셜 미디어에 업로드하면서, 누군가를 저격했다. 그리고 누군가가 언젠가 흘리듯이 말한 성차별적 발언을 반박하고, 그 자리에서 반박하지 못했을 경우에는 페미니스트 동료들에게 전달하고 공유하거나 또 소셜 미디어에 업로드했다. 이렇게 주변의 거의 모든 사람들에게 불신과 미움의 감정을 키워 갔다. 각별하던 친구들과는 페미니즘에 대한 입장이 거의 맞지 않는다고 느꼈고, 갑자기 변해 버린 나를 이전과 같이 대해 주지 않는다는 원망과 잘 지낼 수 없으리라는 불신으로 그들과의 인연을 스스로 정리했다. 나 역시 마찬가지로 인연을 정리당한 것을 뒤늦게 깨닫기도 했다.

어쨌거나 나의 이런 행보를 통해 나는 내가 속한 공동체와 관계들 내에서 '페미니스트'로 알려졌다. 오프라인에서 페미니스트로 인정받기 위한 어떤 선언도 내겐 필요하지 않았으니, 자타공인 '페미니스트'라는 이름표를 달고 다닌 셈이었다. 이 이름표를 내 것으로 받아들이게 된 순간부터, 나는 매순간 '페미니스트로서의' 책임을 다해야 했다. 이를 테면, 공동체 내에서 '여성 문제'가 발생할 때마다 종종 '해결사'로 호출되었고, 우리가 직접 해결해야 할 '여성 문제'를 발견하고 문제화하여 처리할 것을 도맡았다. 나를 비롯한 공동체 내 페미니스트들은 공동체 내에서 '해결'되어야 하는 문제의 '해결사'로 호출되었으나, 이들을 제외하고 '해결'을 위해 문제에 기꺼이 동참하고 조력하는 구성원은 많지 않았다. 엎친 데 덮친 격으로, 우리가 마주한 사건들 중에서 전형적이라고 판단되어 매뉴얼화된 해결 방식을 따라 손쉽게 해결할 수 있는 문제는 거의 없었다. 따라서 사건에 대한 해결과 책임에 대한 부담은 온전히 우리만의 것이었다. 신뢰할 만한 사람들이 그런 사건에서 '가해자'로 지목되거나 '가해자 관점'을 드러냈고 이 때문에 우리는 그들에 대한 실망감과 더불어 이 심각한 문제를 온전히 내가, 우리가 해결해야 한다고 느꼈다.

그러므로 '모르면 책을 읽고' '공부하고 와야 할' 사람은 다름 아닌 우리였다. 새로운 용어와 관점을 계속해서 배우고, 새로운 사례를 통해 우리가 맞닥뜨린 상황을 이해해 보고자 애썼지만. 우리는 막막했고, 답답했고, 벅찼다. 당연하게도 나 혹은 우리는 '잘' 해결한 것이라 생각할 만한 결과를 가져오지 못했다. 그런 사건들을 해결하는 과정에서 피해자, 가해자, 해결 조력자, 그 외 주변인이라 불릴 만한 공동체 구성원 모두는 서로를 상처 입혔고, 서로에게서 상처를 입었다. 사건을 '제대로' 해결하지 못했다는 생각에, 그리고 그 과정에서 느꼈던 감정이 페미니스트로서 부적절하다는 판단 때문에 나는 나의 페미니스트 자격을 의심하고, 나를 탓했다. 서로의 서사를 굳이 말로 공유하지 않고서도 페미니스트로서의 공통감각을 나누던 '우리'는 페미니스트라서 서로에게 실망했다. 실망감, 무력감, 좌절감은 안정적으로 서로의 역량을 강화하는 관계를 만들어 가고 있다고 생각했던 '우리'를 이전과 같이 지속할 수 없도록 만들었다. 공동체 내에서 페미니스트로 불리던 나조차 페미니즘으로 상처 입었기에, 페미니즘의 필요성은 공동체 내에서 진정으로 인정받지 못했다. "누구 앞에서는 말조심해야 한다"는 '조심'을 가장한 배제의 말이 페미니스트들 앞에서 발화되었으며, 설쳐댄다는 뒷담화가 끊임없이 오갔다. 이렇게 페미니스트들은 공동체 내 안티페미니스트들에게 그리고 각자에게서 고립되어 갔다.

동시에 온라인에서는 메갈리아 이후 대중화된 페미니즘에 대한 우려와 비판이 하나둘씩 담론화되기 시작했다. 모든 남성을 싸잡아 지칭하는 메갈리아의 미러링 화법의 본질적인 한계에서부터 메갈리아로부터 파생되어 나온 워마드, 이들의 게이 혐오, 트랜스젠더 혐오, 배제적 분리주의 등에 대한 비판들이 쏟아져 나오기 시작한 것이다. 나의 상황에 적확한 언어를 제공해 주었던 SNS 친구들, 그리고 존경해 마지않았던 선생님들이 이제 도리어 내가 동일시했던 이들의 움직임을 우려하고 비판하기 시작했을 때, 그 날카로운 말들이, 마치 격앙된 감정을 앞세워 행동하다가 어느 순간 어긋나 버린 나를 향한 것만 같았다. 페미니스트로서 잘하고 싶었던 것일 뿐인데, 세상 모든 사람들이 나를 향해 잘못했다고 말하는 것만 같았다.

다시 떠올리는 K-소녀 경험

'메갈리아'와 '강남역' 이후의 굵직한 기억들 외에 페미니즘과 접속할 수 있었던 가느다란 기억들을 떠올려 본다. 그 가운데에는, 다름 아닌 엄마라는 첫 번째 페미니스트가 있었다. 엄마는 전국여성농민회에서 오랜 기간 활동해 온 활동가이다(그리고 부끄럽게도 나는 엄마가 속한 단체가 '농민' 단체일 뿐만 아니라 '여성(주의)' 단체였다는 것을 꽤 최근에서야 깨달았다). 내 기억에 엄마는 언제나 바쁘게 무언가를 하고 있었다. 밤에 집으로 돌아오지 않는 엄마에게 전화를 걸어 어디 있느냐고, 언제 올 것이냐고 물으면, 엄마는 회의 중이라거나 교육하러 나왔다고, 곧 들어간다고 답했고, 어김없이 밤늦게 왔다. 집회 현장에서 붙잡혀 연행되거나, 국회 앞에서 삭발하는 등 상상치도 못한 행동으로 이따금씩 우리 가족을 충격에 빠뜨렸다. 내가 사는 지역에서 엄마는 꽤나 유명 인사였지만, 내가 일상적으로 만나는 사람들에게 엄마가 어떤 사람인지를 설명하는 것은 곤혹스러운 일이었다. 그런 엄마를 나는 이해하기 힘들었다. 아니, 이해하고 싶지 않았다. 엄마가 나와 가족이 아닌 다른 곳에 헌신하고 있다는 것 자체를 받아들이지 않았던 모양이다.

엄마가 키우고 싶었던 '씩씩한 아이'와는 거리가 먼, 작고 마르고 약한, 그러나 아직 '여자아이'에 나를 동일시하지 않았던 초등학교 5학년 때였다. 교실에서는 장난도 치고 친하게 지냈지만, 남자애들은 운동장에만 나가면 나를 놀이에 끼워 주지 않았다. 언제나 자연스럽게 운동장 한편에서 다른 여자애들과 같이 놀았지만, 어느 날엔가는 나도 놀이에 끼워 달라고 남자애들에게 말을 건넸다. "넌 여자잖아"라는 대답을 한 남자아이에게서 들었다. 이 잠깐의 기억은 얼마 뒤 열린 양성평등 글짓기 대회에서 활용되었다. 나는 대회에서 남학생들이 내가 여자라는 이유로 나를 공놀이에 끼워 주지 않는 것은 차별이며, 부당하다는 내용의 글을 썼고, 그 글로 은상을 받았다. 돌이켜 보면 그 글은 일종의 탄원서였다. 나를 놀이에 끼워 주지 않은 아이들의 이름과 그 아이들이 정확히 나에게 했던 말을 글짓기 대회라는 기회로 적어 어른들에게 읽히고자 했던 것이었다. 이에 대한 조치는 이루어지지 않았지만, 이 글로 대회에서 상을 받았으니 탄원의 정당성은 인정받은 셈이었다.

이런 기억들을 여기에 가져와 "나는 언제나 늘 페미니스트였다"와 같은 운명론적인 페미니스트 성장 서사를 쓰려는 것은 아니다. 이 기억은 적어도 10년 이상 떠올려 본 적이 없어 애써 떠올려야 했을 만큼, 그야말로 나의 아주 가느다란 일부이기 때문이다. 오히려 나는 전혀 페미니즘적이라고 볼 수 없는 주류 대중문화에 완벽히 편입하여 그 안에서 주체성을 형성한 '인싸insider' 였다. 페미니스트는 세상이 약속하는 행복에서 소외된 '정동 소외자'라는 말도 있듯, 많은 페미니스트들이 스스로를 '아웃사이더'로 지칭하곤 하는데[4], 글쎄. 아웃사이더라는 감각은 예전이나 지금이나 나에게 익숙지 않다.

—

얼마 전 크라우드 펀딩 플랫폼 텀블벅을 통해 "그때 그 시절, 와와일공구가 돌아왔습니다"라는 제목의 프로젝트가 올라왔다[5]. 이 프로젝트는 지금은 20대 후반, 혹은 30대가 되어 있을 2000년대 초등학생들을 겨냥한 것이었다. '와와일공구'는 2000년대 초반에 학생들을 대상으로 한 잡지인데, 학생을 대상으로 만들어진 것이었음에도, 소위 '교육적인' 내용보다는 연예와 뷰티 정보, 심

---

4 사라 아메드의 '킬조이(분위기 깨는) 페미니스트'와 오드리 로드(Audre Lorde)의 '시스터 아웃사이더(sister outsider)'가 대표적이다. '킬조이 페미니스트'는 분위기를 깬다. '세상이 약속한' 행복, 즐거움, 화해에서 벗어나 있는 주체들이기 때문이다. '킬조이 페미니스트'는 자연스럽게 받아들여지는 성차별적인 질서에 의문을 품고, 그것을 바꾸려는 노력으로 '분위기를 깨는' 주체상이다. '시스터 아웃사이더'는 레즈비언 흑인 여성이라는 '아웃사이더'의 위치에서부터 시작되는 페미니스트 이야기이다. 페미니즘 공동체 내부에서조차 스스로의 존재 자체가 문제가 된다는 것을 알아차리는 것, 소외와 곤혹으로부터 이 이야기는 시작된다.

5 https://tumblbug.com/wawa109

리 테스트 등 '또래 문화'로 통용되는 텍스트들이 내용의 주를 이루었다. 이 프로젝트는 2000년대 소녀 시절을 기억하는 많은 여성들에게 주목받았다. 수많은 여성들이 프로젝트를 실행하기 위한 비용을 후원하며 '와와일공구'를 만남으로써 이 기억과 재접속하고자 했다. 당시의 아득한 기억과 조우하면서 나 또한 이 프로젝트에 기꺼이 후원했다. 2020년판 '와와일공구'에는 "뷰티 카운트다운", "센스 있는 채팅걸로 가는 법!", "나와 남자 친구는 과연 어떤 사이였을까?", "나 지금 사랑받고 있는 거 맞지?", "그의 속마음을 알아보는 투시 능력 테스트" 등, 당시 가장 많이 읽혔던 '추억의 기사'가 실린다. 우리가 열렬히 그리워하는 우리의 소녀 시절 시대정신은, 이렇듯 운명론적인 '페미니스트 서사'와는 거리가 멀어 보인다.

어릴 적, 내가 살던 작은 동네를 떠올린다. 이 동네에서 유일하게 케이블 TV를 볼 수 있었던 친구네 가게에 저녁마다 또래 어린이들이 어김없이 모였다. 일본 애니메이션을 볼 수 있는 유일한 곳이 바로 그 친구의 부모님이 운영하는 식당이었기 때문이었다. 우리는 여자 주인공(들)이 주체적으로 줄거리를 이끌며 악당에 맞서는, 하지만 결정적인 순간에는 남자 주인공이 여자 주인공을 도와줘야만 끝이 나는, 혹은 '달빛 천사'와 같이 여자 어린이가 꿈을 이루기 위해 고난과 역경을 견뎌 내는 그런 만화영화를 보기 위해 매일 그곳에 갔다[6]. 인터넷 소설과 순정 만화는 학원에서 만

6 2019년 가을, "대학 축제가 쏘아 올린 작은 공"이라는 홍보 문구와 함께 애니메이션 '달빛 천사'가 국내에서 방영된 지 15주년을 기념하는 프로젝트가 텀블벅에 등장했다. 이 프로젝트는 가히 징후적인 사건이라 볼 만한데, 이 프로젝트에는 72,513명의 후원자가 참여했고 프로젝트가 목표로 삼

난 언니가 열어 준 신세계였다. 언니는 인터넷 소설을 읽고 난 뒤 나에게 빌려주었다(인터넷 소설은 처음엔 인터넷상에서만 연재되다가, 어느새 출판되어 만화방에서 빌려볼 수 있었다). 당시 TV 드라마에서 자주 쓰이던 소재였던 잘난 남자가 비교적 못난 여자를 만나 사랑하게 되는 진부한 신데렐라 콤플렉스는 인터넷 소설에서 '일진'과 '찐따'의 관계성으로 형상화되곤 했다. 드라마와 달리 인터넷 소설에서는 남자 주인공이 불치병에 걸려 죽어버리곤 했지만 말이다.

한편 여자 어린이가 주인공으로 등장하는 경제 동화들은 스스로 노력하여 자신감 있는 미래를 기획할 수 있다는 메시지를 전달했다[7]. '레몬으로 돈 버는 법'은 사업 기획에 대한 기본적인 경제관념을 익히도록 도와주었고, 아르바이트로 '열두 살에 부자가 된 키라'는 말하는 강아지 '머니'를 만나 돈 버는 방법에 대한 조언을 새겨듣고 실천하여, 열세 살에 해외로 교환 학생을 떠나 꿈을 이뤘다. 용돈을 관리하고, 애써 모은 연예인 굿즈를 거래하면서 열두 살에 천만 원을 모은 어린이의 이야기는 '부자'라는 성공의 지표를 눈앞에 보이는 것으로 설정해 주었다.

은 금액의 7,989퍼센트를 달성하는 것으로 전례 없는 성공을 거두며 마무리되었기 때문이다. 이 프로젝트를 주관한 성우 이용신은 같은 해 5월, 한 여자대학교 축제에 섭외되어 '달빛 천사'에 수록된 곡을 불렀다. 그가 노래를 부르는 영상은 소셜 미디어에서 화제가 되었고, 음원을 발매해 달라는 요청을 받아 원곡 리메이크 앨범 발매를 기획하게 되었다고 한다.

7 「〈흐름〉 "부자 아이 만들기" 경제서 봇물 이뤄」, 『연합뉴스』(2003. 12. 22.) https://v.kakao.com/v/20031222065937484?from=tgt

—

영화 〈벌새〉의 시간적 배경이 되는 은희의 1990년대, 혹은 공간적 배경인 대치동에 살아 보거나, 영지 선생님과 같은 기적 같은 멘토를 만나지는 못했지만, 은희라는 K－소녀의 일상은 나의 것과 매우 유사했다. 특히 소위 '헤녀 우정'이라 불리는, 사랑으로 규정할 수 있는 가능성을 철저히 배제한 은희와 지숙의 독점적인 우정 관계를 나 역시 가지고 있었고, 은희와 마찬가지로 남자 친구와 언제쯤 어떤 스킨십을 하면 좋겠다는 생각을 늘 품고 있었다. 중학교 1학년 때에는 2학년, 3학년 언니들과의 관계에서 내가 '유리'가 되기도 했고, 2학년, 3학년이 되자 '은희 언니'가 되어 '유리'들과 편지와 선물을 주고받으며 내 친자매들과는 나누어 본 적 없는 애틋하고 특별한 자매애를 나누기도 했다. 정성껏 꾸민 미니 홈피와 밤새 나누던 문자 메시지는 우리의 관계를 더욱 특별하고 깊이 매개해 주었다.

고등학교에 진학한 이후에는 'K－장녀'답게 나는 부모님의 기대를 내 것과 동일시하면서, 착실히 본분을 다했다. '모범생'으로서의 내 활동 범위에서 벗어나지 않으면서 즐거움을 가장 극대화시킬 수 있는 공간은 바로 인터넷 카페였다. 당시 여자들이 회원의 주를 이루는 '여초 카페'들에는 정회원이 되기 위해 통과해야만 하는 인증 절차가 존재했다. 특히 가장 기본적으로 거의 모든 카페에 20대 여성만 가입할 수 있다는 조건이 있었는데, 이 여초 카페를 이용하기 위해 한 친구의 언니 아이디를 빌릴 수밖에 없었다. 대학생인 친구의 언니가 비밀번호를 바꾸기 전까지 그 여초 카페에 살면서 우리는 20대 여성들의 삶을 엿볼 수 있었다. 통과하기 어려운 인증 과정을 거쳐 여초 카페에 가입한 20대 여성이 주변에 있지 않는 한, 카페에 실린 정보에 접근하는 것은 10대 소녀들 가운데에서 누릴 수 있는 커다란 특권이었다. 나는 20대 여성의 삶에 필요한 '생활 정보(주로 뷰티 정보였지만)', '어른들의' 연애와 섹슈얼리티에 관한 이야기 등에 접근하는 특권을 누릴 수 있었다. 나는 카페에서 보았듯, 원하는 방식으로 자신을 꾸밀 줄 알고, 자유롭게 연애하는 여성의 이미지를 동경했다.

수능을 치르고 나서, 드디어 나는 어떤 '자유'를 얻게 되었다. 우선 나를 가로막는 학업이라는 커다란 과업을 끝마쳤(다고 생각했)고, 대학 진학으로 지방에서 상경하게 되면서 부모님 및 기존의 관계들과 거리를 둘 수 있게 된 것이다. 고등학교도 졸업하기 전, 수능이 끝나자마자 나는 머리를 갈색으로 물들였고, 파마도 했다. 그리고 시내의 화장품 가게를 돌며 메이크업 단계별로 필요한 화장품을 하나씩 구입했다. 한 번도 제대로 된 메이크업을 해본 적 없었음에도, 그간의 '눈팅'으로 얻은 정보로 가장 좋다는 화장품을 종류별로 구입하는 것에 자신이 있었다. 나아가 대학 입학 후 한 달간은 매주 명동에 가서 옷을 고르고 구입했다. 내가 동경해마지 않던, 20대 언니들의 삶에서 이제 '연애'만을 남겨 놓고 있었다.

틈틈이 여초 카페에 접속하면서 남자 친구와 예쁘게 연애하기 위한 정보를 얻고 있던 한편, '일베'와 '소라넷'이라는 남초 커뮤니티에 대한 경고가 여초 카페에 등장하기 시작했다. 여초 카페 유저들은 '일베'나 '소라넷'의 일부 게시물을 캡처해 날랐다. 여성을 대상으로 한 상상치도 못한 언행을 하고 그 문화를 즐기는 남성들에 대해 언급하면서, 여초 카페 유저들은 혹시 만나는 남성이 그 커뮤니티의 유저라면 반드시 피해야 한다고 충고했다. 누군가의 관점에서 보기에 '코르셋'을 꽉 조인 '못 말리는 헤테로'들이 모인 공간일지도 모르지만, 한편으로는 '페미니즘'의 이름으로 불리기에 무리가 없을 만한 정보와 이야기들이 여초 카페를 통해 오고갔다. 페미니스트로서의 자각이 당시에는 없었음에도 말이다, 여초 카페 회원들은 발 딛고 있던 세상의 어두운 면에 대해 가까운 사람에게 경고해 주듯, 몰래 카메라를 설치하여 성관계 장면을 촬영하는 사람들이 있다든지, 성관계 시 피임을 제대로 하는 것이 얼마나 중요한 일인지, 그리고 남성들이 여성들의 특정 행동들을 '○○녀'라는 호칭을 통해 어떤 방식으로 딱지 붙이는지 등에 대해 일러주었다.[8] '여적여(여자의 적은 여자)'라는 말도 있듯, 여자들의 관계는 우정보다도 적대로 자주 상상되지만, 우리는 서로 얼굴은 모르지만, 마치 친구나 동생을 위하듯 피로 맺어진 자매는 아닐지라도, 친밀성을 나누는 데 소질이 있는 소녀들이었다.

8 한 동년배 페미니스트는 나에게 자신이 10대 시절 운영했던 약 7만 명 규모의 '고데기(가열하여 머리 모양을 다듬는 기구)' 인터넷 카페에 대해 이야기해 준 적 있다. 이 페미니스트는 자신이 운영했던 카페에서 정작 고데기에 대한 정보보다도, 친목 게시판을 통해 나눴던 또래 여성들과의 친밀성이 훨씬 컸다고 당시를 회상했다.

—

"그랬다." 소녀 시절 나는, 더 이상 이 사회에서 '여자라서' 못 할 게 없다고 집과 학교에서, 그리고 대중문화를 통해 배우고 익혔다. '여성가족부', '총여학생회' 등 차별을 시정하고자 만든 제도에서 일컫는 '여성'과 거리를 두기도 했다. 이 제도들이 어떤 맥락에서 만들어졌고, 왜 지금까지 있는지에 대해 그다지 고민해 본 적도 없었다. 무엇보다도 이러한 일상에 문제를 크게 느끼지 않으면서 잘 살아왔다. 하지만 내가 의식하지 못한 채 겪어 온 모든 경험은 '여성 혐오'라는 이름을 만났을 때, '강간 문화'라는 언어를 마주했을 때, 비로소 정합적으로 재조직되었다. 나에게도 페미니스트-되기의 순간은 많은 페미니스트들이 비유했듯, 영화 〈매트릭스〉에 등장하는 마법의 '빨간 약'을 삼킨 순간과도 같았다. '빨간 약'의 비유는 페미니스트가 되기 이전의 세계를 바라보는 방식과 결연히 결별하겠다는 선언이며, 앞으로는 자신의 관점을 바꿀 수 없음을, 그리고 이 관점의 변화는 행동과 삶, 더 나아가 세계의 변화를 이끌 것이라는 선언이기도 했던 것이다.

과거의 비관과 미래의 낙관을 껴안고

거대한 바다에서 물결들은 특정한 순간에 강력한 파도를 형성하며 솟아오른다. 그 순간 속에서 물결들은 서로 뒤섞인다. 강하게 움직이던 물결은 이내 부서져 잠잠해진다. 하지만 또 다른 시점에서 어디에서 흘러온 것인지 언제부터 거기에 있었는지 모를 잔잔한 물결들과 함께 다시 거대한 물결이 만들어지고 치솟는다. 드넓은 시간의 바다에서 페미니즘의 물결 또한 이렇게 작동한다. 우리는 페미니즘의 파도, 즉 동시대의 정동이 치솟아 변화를 위한 행동이 급등하는 지점을 페미니즘의 물결로 일컫는다. 파도가 치는 바다에서와 마찬가지로 시간의 바다에서 페미니즘 또한 특정한 순간에 솟아올라 물결을 형성하지만, 그 안에서는 과거와 현재, 그리고 미래가 접촉하여 그 경계가 어디까지인지 알 수 없게 되어 버린다.

영국의 페미니스트 학자 프루던스 챔벌린은 온라인과 매개된 동시대 페미니즘을 '페미니즘의 제4물결'로 부르며, 이 순간들을 페미니즘의 역사적 시간에 자리매기기를 제안했다. 페미니즘 물결 서사는 서구, 특히 미국에서 페미니즘의 계보와 역사를 세우기 위해 사용되곤 했다. 그러나 이제 하나의 사건은 특정한 시간과 공간에서만 의미를 갖지 않으며, 사건이 발생한 바로 그 시간과 공간에서만 그에 대응하는 운동을 만들어 내지도 않는다. 온라인 네트워크를 통해 다양한 주체들은 실시간으로 특정 사건을 세계적인 현상으로 이해하고, 그에 즉각적으로 반응하며 실시간으로 대화할 수 있게 되었다. 제4물결 페미니즘은 이처럼 변화를 위한 페미니즘 행동의 급등을 용이하게 하는 여러 맥락들, 그리고 가장 중요하게는 기술, 즉 온라인 네트워크에 의해 창출되었다. 온라인 네트워크의 빠른 속도와 용이한 접근성은 제4물결 페미니스트들이 사건에 즉각적으로 반응하고, 사안에 손쉽게 참여하는 정치를 급등시켰다. 페이스북이나 트위터와 같은 소셜 미디어, 그리고 다양한 온라인 커뮤니티를 경유하며 급등한 2010년대 중반 이후의 한국 페미니즘 행동주의는 챔벌린의 말처럼 정말 빠르고 쉽게 의제를 만들어 냈고 언제 어디서나 순식간에 사람들을 결집시켰다. 이 결집은 비단 한 국가나 지역에만 머무는 것으로 볼 수 없고, 세계적인 맥락 속에서 동시적인 움직임을 만들어 냈다. 2006년 처음으로 등장한 '미투Me Too'라는 수사가 2017년 반反성폭력 운동이 되어 전 세계에서 '성폭력 말하기'의 공간을 조성했듯, 인종차별과 성차별적 언행을 일삼는 미국의 한 대통령 후보자의 당선에 부쳐 전 세계에서 그를 규탄하는 시위가 벌어졌듯 말이다.[9]

지금 여기 동시대 페미니스트들은 스스로를 지칭할 때 '물결'을 연상시키는 표현을 적극적으로 사용하며 자기 정체화를 하고 있기도 하다. 일례로 20여 년 전 반성폭력 활동가들을 향한 "해일이 오는데 조개나 줍고 있다"는 남성 진보 정치인의 조롱은 현재에 다시 불려와 스스로를 '해일'로 칭하는 이들에게 다시 조롱

9 2016년 12월, 미국에서 성차별적이고 인종차별적인 언행과 정책으로 비판받은 도널드 트럼프 대통령이 당선되었다. 그가 임기를 시작한 직후인 2017년 1월 21일에는 전 세계에서 동시에 열리는 최초의 여성 행진이 기획되었다. 이 행진은 "여성의 권리는 인권이다(Women's rights are human rights)"라는 공통의 슬로건, 그리고 행진을 진행하는 국가가 당면한 문제에 대한 페미니스트들의 다양한 의제들과 함께 전 세계에서 진행되었다. 한국에서는 강남역 인근에서 결집하여 행진을 시작했다. '강남역'이라는 상징적 장소는 이 행진을 거쳐 페미니스트 저항의 출발지로 재의미화되었다. 두리번거리며 도착한 강남역에서 한 친구를 우연히 만났다. 그 친구와 함께한 시간이 길진 않았어도, 그 시간 그곳에서는 누구보다도 반갑고 든든한 친구였다. 친구와 함께 걸으면서 그 전 학기에 수강한 수업을 진행했던 교수님을 만나기도 했다. 강남역에서 함께 걷기 시작한 우리는 도널드 트럼프 대통령의 성차별적, 인종차별적 언행을 규탄했을 뿐만 아니라, 당시 핵심 의제였던 "낙태죄 폐지" 구호를 외쳤다. 그날 강남역에서 만나 함께 걸었던 페미니스트 친구는 2017년 3월, '페미니스트 총여학생회'가 될 것을 약속하며 총여학생회 보궐선거에 출마했다. 나는 선거운동에 동참했고, 친구는 그해 총여학생회장으로 당선되어 임기를 무사히 마쳤다.

당했다.[10] 이 과정에서 '해일'이라는 키워드는 그것이 처음 쓰였던 맥락에서 벗어나 동시대 페미니스트들 사이에서 통용되는 인터넷 밈meme이 되어, 페미니즘에 대한 낡은 관념에 도전한다. '해일'로 표상되는 정당정치 문제에 비해 여성 문제는 하찮은 것으로 취급되는 것에 대한 반격으로, 현 시국에서 페미니즘이야말로 가장 중요하고 또 강력한 움직임을 만들어 내고 있다고 선언한 셈이다. 다른 한편으로 '메갈리아' 이후에 페미니스트가 되었다고 스스로를 정체화하는 페미니스트들은 '메갈리아' 이후는 이전과 같아질 수 없다는 의미에서 작금의 페미니즘을 '메갈리아 웨이브'라고 부르기도 한다.[11] 변화를 만드는 자기 자신, 그리고 자신을 불가피하게 바꿔 낸 페미니즘의 자장을 '해일'과 '물결'로 일컫는 페미니스트 주체들의 자발적 서사화 역시, 물결 서사에서 매우 중요하다. 페미니즘 물결 서사는 행동주의의 순간들을 향한 열망을 내비치는 선언으로, 사후적으로 합리화되거나 소급적으로 정의되는 것이 아니라, 자신이 필요한 이유를 스스로 선언하는 자발성으로 비로소 정의될 수 있기 때문이다.[12]

---

10 2019년 출간된 인터뷰집 『스스로 해일이 된 여성들』은 강남역 사건 이후에 만들어진 페미니스트 그룹들을 소개하고, 그들의 활동기를 담은 책이다. 이 책의 인터뷰어인 편저자들은 이 그룹들이 만들고 있는 페미니즘 운동이 역사 속 '사건'이 아니라 '역사 그 자체'를 만들어 나가고 있음을 '해일'이라는 말을 빌려 묘사하였다.(김보영, 김보화 편저, 『스스로 해일이 된 여성들』, 서해문집) 한편 동국대학교에서 총여학생회 폐지안이 제기된 2018년, 총여학생회 폐지 반대를 위한 여학생 총회 준비위원회(여학생 총회가 쏘아 올릴 작은 공)가 꾸려졌다. 다수결을 통한 민주주의를 근거로 총여학생회를 폐지해야 한다는 주장에 맞서 여쏘공에서는 학내 곳곳에 "우리는 조개가 아니라 해일이다"라는 슬로건을 부착하여, 학내 민주주의를 위해 총여학생회가 필요하다는 점을 역설했다.

11 홍혜은, 「분절될 수 없는 것들: '넷페미'와 '펀페미'의 이항대립을 넘어서」, 『여/성이론』 통권 제37호(2017, 겨울)에서 재인용.

—

우리의 페미니즘의 현재는 '이전으로 돌아가고 싶지 않은' 비관적이고 부정적인 과거에 대한 정동 및 '페미니즘이 더 이상 필요 없는' 낙관적인 미래를 향한 정동으로 서로 얽혀 있다. 페미니즘의 물결 속에서 페미니스트-되기라는 주체화 역시 선형적인 연대기를 통해 진행되는 일련의 과정이 아니라, 지나온 과거와 새롭게 만나고, 다가올 미래에 열려 있는 다시간적인 과정으로 이해해야 한다.

'포스트 페미니즘[13]'적인 대중문화와 함께 성장하며 정체성을 형성한 제4물결 페미니스트들이 '일상의 정치학', 즉 삶의 조건들 가운데 개인의 행동, 욕망, 취향을 변화시키는 것을 특징으로 하는 '탈脫-하기' 의제와 함께 등장한 것은 우연이 아니다.[14] 이전에는 깊이 연루되어 문제조차 느끼지 못하고 살아왔지만, 이것들이 무엇을 기반으로 하며, 무엇을 재생산하는지 알아차리게 된 것이다. 이 '알아챔'은 의식적인 인지를 통해서뿐만 아니라, 즉각적인 감각을 통해, 그리고 여러 계기들을 통과하는 비의식적 '되기'와 함께 일어났다. 주류 매체에서 재현된 여성상과 함께 포스트 페

---

12 Prudence Chamberlain, *The Feminist Fourth Wave: Affective Temporality*, palgrave macmilan, 2017.

13 '포스트 페미니즘'은 '페미니즘이 필요한 시기는 이미 끝났다'는 페미니즘 '이후'의 상상적 시간을 나타내는 표현이다. '포스트 페미니즘'이라는 표현 자체는 페미니스트들이 바라는, 페미니즘을 더 이상 필요로 하지 않는 바로 그 시간이 도래한 것으로 보이게 한다. 하지만 이 표현은 '페미니즘이 필요하다'는 페미니스트들의 주장을 시대에 뒤떨어진 것으로 만드는 안티페미니즘의 전략으로 사용되곤 한다.

14 예원, 「"Girls can do anything"의 정치학」, 페미니스트 연구 웹진 『Fwd』(2019. 6. 23.) https://fwdfeminist.com/2019/06/23/con-1/

미니즘적인 주체성을 내면화했던 우리들은 페미니스트가 되어 가면서, 이제는 우리와 긴밀히 접속하여 우리를 만들어 온 매체 환경을 메타적으로 바라보고, '여성 혐오'라는 언어로 문제를 제기하면서, 미디어 자체를 재편하는 주체가 되어 가고 있다.[15]

—

수많은 여성들이 전 세계에서 온라인과 오프라인을 막론하고 '여성으로서' 겪은 자신의 경험을 발화하며 목소리를 들으라고 요청하고, 그 응답으로서 행동하기를 촉구하고 있는 이 동시대에서 나의 경험 서사를 보탠 셈이 되었다. "하나의 이야기가 더 보태진 세계는 그 이전의 세계와 같지 않다[16]"는 말을 믿는다. 페미니즘 책을 읽고 감응되면서, 나의 타임라인에 기록된 경험 서사들을 읽고 응답하면서, 그리고 내 이야기를 풀어내는 과정을 통과하면서, 나는 이 이야기들이 만들어 낸 정동과 함께 달라졌고, 달라진 내가 경험하는 세계마저 변화했음을 알고 있기 때문이다. 찬드라 모한티는 회고적 이야기들, 즉 "내가 나의 이야기라고 다시 풀어내며 주장하는 이야기들은 현재, 더 나아가 미래의 내가 선택하고 결론짓는 것들을 결정한다"고 말한다.[17] "나는 어디에서 페미니즘

15 한편, 페미니스트 연구 웹진 『Fwd』의 필진 만두는 여성 혐오에 대한 피드백이 온라인에서 페미니즘 운동으로 자리 잡고 있는 상황에서 이 운동의 의의를 인정하면서도 피드백의 값을 치르는 데 투여되는 페미니스트들의 막대한 노동과 감정 자본을 진지하게 다뤄볼 것을 요청한다. 만두, 「#피드백을_삽니다, 피드백 요구의 정치경제학」, 페미니스트 연구 웹진 『Fwd』(2020. 3. 25.) https://fwdfeminist.com/2020/03/25/vol-3-7/

16 김애령, 『듣기의 윤리 – 주체와 타자, 그리고 정의의 환대에 대하여』, 봄날의 박씨, 2020.

을 발견했는가?"라는 질문으로 시작한 나의 '페미니스트-되기' 라는 경험 서사는 나의 과거에 대한 이야기이기도 하지만, 모한티의 말처럼 지금의 나와 앞으로의 나에 대한 이야기이기도 하다.

페미니스트로서 페미니즘을 '잘'하고 싶었다. 그리고 페미니스트로 '잘'한다는 것은 흠결 없는, '완벽한 페미니스트'로 사는 것이라고 생각했다. 그러기 위해서는 페미니즘을 잘 알아야 한다고 생각했다. 기원전부터 '앎'과 '삶'에 대해 탐구해 온 서구 남성 철학자들은 감정이나 신체를 포함하여 변화하는 모든 것을 철저히 배제하고 '이성'이라는 고유한 인식 능력을 통해, 혹은 절대로 변하지 않는 토대(그런 것이 있다면)로부터 연역해 냄으로써 진정한 앎에 도달할 수 있다고, 그리고 그러한 앎에 도달하는 것이 곧 잘 '삶'이라고 줄곧 주장해 왔다. 나 역시 그런 맥락에서 페미니즘에 관한 모든 것을 열심히 공부하고자 했고, 페미니즘에 관해 정답을 제시할 수 있는 페미니스트가 되고 싶었다. 하지만 정작 페미니즘을 공부하면서 배운 것은 페미니즘은 '정답'을 제시하지 않을 뿐만 아니라, 제시할 수 없다는 것이었다. 오히려 페미니즘은 너무나도 사심 있는 태도인 '사랑'을 페미니즘 지식의 방법론적 태도로 제시한다. 이 낯선 방법론적 태도는, 어디에도 속하지 않은 관점이란 불가능하다는 인식론적 통찰에서 비롯된다. 타자와 나의 위치가 다르기 때문에, 타자를 잘 '아는 것'에는 타자를 알아 가기 위해 부단히 노력하는 과정이 수반된다. 비인간 타자인 반려종과의 관계에서 '무조건적인 사랑'을 받기를 원하기보

17 찬드라 모한티, 『경계 없는 페미니즘』, 문현아 옮김, 여이연, 2005.

다, 별수 없는 비극적인 실수를 겪으면서도 '골치 아픈 조건들을 맞춰 나가는 것', 도나 해러웨이는 이 과정을 '사랑'이라고 표현한다.[18] 여전히 '잘'하고 싶은 마음은 같지만, 페미니즘을 통과하는 과정을 온몸으로 겪어 내면서 '잘'의 의미는 달라졌다.

그런 의미에서 나는 페미니스트'이기being'보다는, 매순간 페미니스트가 '되어 가는becoming' 과정에 있는 페미니스트라고 말하고 싶다. '이기being'는 언제 어디서나 개체를 동일한 것으로 포착할 수 있다는 가정을 내포하는 반면, '되기becoming'는 개체에 잠재하는 역량에 의해서, 그것이 위치한 시간과 공간, 다른 개체와의 관계 속에서 변이하는 과정을 나타낸다. 그렇다면 나의 페미니스트-되기는 다른 이들의 페미니스트-되기의 과정과도 불가피하게 얽혀 있을 것이다. 나는 나뿐 아니라, 타인 또한 변이하는 존재라고 믿는 그런 페미니스트가 되고 싶다. 타자를 실체적이거나 고정된 존재로 판단하는 것을 보류하는, 그가 서 있는 위치, 시간이 다르다는 것을 인정하고 그것을 사려하는 페미니스트가 되고 싶다.

18 도나 해러웨이, 『해러웨이 선언문』, 황희선 옮김, 책세상, 2019.

참고문헌

사라 아메드, 『페미니스트로 살아가기』, 이경미 옮김, 동녘, 2017.

김보영, 김보화 편저, 『스스로 해일이 된 여성들』, 서해문집, 2019.

홍혜은, 「분절될 수 없는 것들: '넷페미'와 '퀀페미'의 이항 대립을 넘어서」, 『여/성이론』 통권 제37호(2017, 겨울).

찬드라 모한티, 『경계없는 페미니즘』, 문현아 옮김, 여이연.

김애령, 『듣기의 윤리 – 주체와 타자, 그리고 정의의 환대에 대하여』, 봄날의 박씨, 2020.

도나 해러웨이, 『해러웨이 선언문』, 황희선 옮김, 책세상, 2019.

예원, 「"Girls can do anything"의 정치학」, 페미니스트 연구 웹진 『Fwd』(2019. 6. 23.) https://fwdfeminist.com/2019/06/23/con-1/

만두, 「#피드백을_삽니다, 피드백 요구의 정치경제학」, 페미니스트 연구 웹진 『Fwd』(2020. 3. 25.) https://fwdfeminist.com/2020/03/25/vol-3-7/

Chamberlain, P., *The Feminist Fourth Wave: Affective Temporality*, palgrave macmilan, 2017.

4

디지털 시대의 반격의 역동과 총여학생회 폐지*

김미현

김미현

'불꽃페미액션'에서 페미니즘 활동을 했고, 대안적인 언어를 만들기 위해 여성학 공부를 시작했다. 여성학 박사 과정에서 공부하고 페미니스트 연구 웹진 『Fwd』에 글을 쓴다. 닿을 수 있는 언어, 감각과 실천의 변화를 이끌어 낼 수 있는 언어를 생산하길 바란다.

* 이 글은 필자의 석사학위 청구 논문 및 『여/성이론』의 원고(「총여학생회 폐지를 통해 본 대학 내 주체들의 분열과 경합」, 이화여자대학교 대학원 여성학과 석사학위 청구 논문. 2020; 미현, 「총여학생회 폐지와 디지털 시대의 반격(backlash)의 역동—아주 개인적인 캠퍼스 페미니즘 에세이」, 『여/성이론』, 2020년 여름호)의 일부를 재구성하여 작성한 것이다.

2018년, 서울 소재 3개 대학의 총여학생회가 폐지되었다.[1] 2000년대를 경유하며 학생회 체제를 근간으로 하는 대학 운동이 점점 사라지면서, 1990년대 중반부터 대학 내 반反성폭력 운동의 거점이었던 총여학생회 또한 사라지고 있었다. 그렇지만 대학에서 페미니즘 의제가 급부상하는 시점에서, 일련의 총여학생회 폐지는 이전과는 전혀 다른 의미를 지녔다. 2018년은 불법 촬영 반대 집회에 십만여 명의 여성들이 광장에 모이고, 대학 내 여성 교수 확충과 페미니즘 수업 개설 요구가 부상했으며, 미투 운동의 흐름 속에서 교수 성폭력에 대한 말하기가 활발하게 이어지고 있던 해였기 때문이다. 총여학생회가 폐지된 세 학교 모두 페미니즘 대중화와 함께 총여학생회가 지속적인 활동을 이어가거나 재건하려는 시도 속에서 총여학생회 폐지를 맞이했다.

총여학생회는 어떤 이들에게는 익숙한 이름일 수도 있지만, 반면 어떤 이들에게는 낯선 존재일 수도 있다. 총여학생회는 이른바 1980년대 후반 학생운동을 위해 학생회 체계가 정비되고 만들어지던 시기에 '여학생 운동'을 위한 기구로 여러 대학에 건설되었으며, 1990년대와 2000년대 초반 대학 내 반성폭력 운동과 성 정치 문화운동을 이끌었다. 이른바 '영페미니스트'가 페미니즘 운동을 진행하던 시기 총여학생회는 대학의 페미니즘 운동의 한 기둥을 담당했다. 물론 일부 대학에서는 총여학생회 대신 총학생회나 단과대 학생회 산하의 여학생위원회가 그 역할을 대신하거나 여성주의 동아리들이 활동을 주도하기도 했다.

---

1 세 학교의 총여학생회 폐지 과정은 모두 연속선상에 놓여 있는 사건이지만, 이 글은 총여학생회가 폐지된 학교 중 한 곳인 A대학에 집중하여 진행된 연구라는 점을 밝힌다.

2000년대 중반을 넘어서며 학생 사회가 조금씩 느슨해지면서 총여학생회도 점차 사그라졌다. 특히 1999년 '군가산점제 위헌 판결' 이후 페미니즘 운동이 여성 우월주의라는 인식과 '꼴페미'라는 낙인이 찍히는 것 역시 총여학생회를 비롯한 학내 여성주의 운동의 약화에 큰 영향을 끼쳤다.[2] 하지만 '페미니즘 리부트'를 거치며 많은 젊은 여성들이 자생적 페미니스트로 변모했고, 공학대학에서의 여성 혐오와 남성 중심성을 겪은 이들은 대학 내 페미니즘 운동을 위한 거점의 필요성을 느끼며 총여학생회를 재건하거나 활성화시키기 위해 노력했다. 이전의 '영페미니스트' 운동이 대학을 중심으로 디지털 공간으로 확장되었다면, 이제는 디지털 공간에서 페미니스트로 변모한 이들이 다시 자신이 발 딛고 있는 캠퍼스에서 페미니즘을 실현시키기 위해 대학 내에서의 실천을 모색해 나간 것이다.

따라서 총여학생회의 필요성이 다시금 논의된 것은 단순히 일부 대학에서 여성주의 운동을 진행했다는 것 이상의 의미를 지닌다. 총여학생회 폐지 사건은 디지털 액티비즘을 통해 조직화된 오늘날의 페미니스트들이 자신이 속한 공동체에서 페미니즘을 말하고자 할 때, 그 공간에서는 어떤 균열과 충돌이 발생하는지를 살펴볼 수 있는 가장 생생한 사례이다.

한편, 이와 같은 맥락에서 많은 페미니스트들과 언론은 총여

2 군가산점제를 둘러싼 당시의 변화는 다음과 같은 논문을 통해 확인할 수 있다. 배은경, 「군가산점 논란의 지형과 쟁점」, 『여성과사회』, 제11호(2000), 92-114쪽; 권김현영, 「군가산점 소동과 사이버 테러」, 『여성과사회』, 제11호(2000), 133-145쪽; 조주현, 「군가산점제 논쟁과 젠더 정치」, 『한국여성학』, 제19권 1호(2003), 181-208쪽.

학생회 폐지를 페미니즘 대중화에 대한 반격, 즉 '백래시backlash'의 현상으로 읽어 냈다. 수잔 팔루디Susan Faludi는 1970년대 미국 전역에 제2물결의 페미니즘이 확장된 이후 사회가 다시 보수화되는 과정에서 '페미니즘' 때문에 여성과 사회가 불행해졌다는 프레임을 만들어 내는 것을 반격, 즉 백래시backlash로 규정한다.[3] 팔루디는 미국의 뉴라이트 세력의 보수화가 전파를 타면서 페미니즘에 대한 이미지가 왜곡되는 과정에서 광고, TV 프로그램 등과 같은 매체의 역할을 상세히 기술한다.

하지만 백래시라고 단언하는 것보다 중요한 것은 폐지가 어떻게 가능하였는지, 어떠한 장치가 작동하였는지를 살펴보는 것이다. '총여학생회가 문제다'라는 말이 어떠한 공간에서 힘을 얻고 어떠한 방식을 통해 행위성을 획득하게 되었는지를 밝혀 나가며 분석이 진행되어야 이에 대한 대항 담론과 행위가 가능할 수 있기 때문이다. 특히 세 학교의 총여학생회 폐지 이슈가 디지털 공간에서 점화되어 학생 총투표라는 이른바 '민주적 의사결정' 장치를 통해 폐지되었다는 점에 주목할 필요가 있다. 페미니스트들은 해시태그 운동과 '총공'을 통해 디지털 공간에 모여들었고 네트워크를 구축했다. 하지만 대학의 디지털 공간에서는 이와 유사한 방식으로 페미니즘에 대한 반격의 흐름이 구축되었다. 그렇다면 대학의 디지털 공간에서 페미니즘에 대한 이해는 어떻게 분화되고 있는지, 총여학생회 폐지 과정은 앞으로 지속될 페미니즘 운동에 어떤 시사점을 남겼는지를 살펴보아야 한다.

---

3 수잔 팔루디, 『백래시: 누가 페미니즘을 두려워 하는가?』, 황성원 옮김, 아르테, 2017.

공론장으로 부상한 남성 연대homosocial의 공간, 에브리타임

"에타 해?" 이 말의 의미를 알지 못한다면 30대 이상일 가능성이 크다. 혹은 20대이더라도 10학번에 가깝진 않은가? '요즘 대학생'은 입학도 전에 에타로 예습을 해간다. 오프라인에서는 "야, 에타 봤어?"라는 물음으로 하루의 대화를 시작하는가 하면 온라인상에서는 'OO대 에타현황.jpg'로 '박제'되어 돌아다니는 '짤'이 하루가 다르게 업데이트된다. 에타는 이미 명명백백, 대학 생활의 중심이다."

—정지원, 「에브리타임에서 생긴 일」,
『얼루어코리아』(2019. 8. 19.)

총여학생회 폐지를 이해하기 위해서는 먼저 '에브리타임'을 알아야 한다. 한 잡지는 대학 어플리케이션 에브리타임을 '대학 생활의 중심'이라고 소개한다. 전국 약 400여 개 대학의 시간표 어플리케이션으로 출발한 에브리타임은 오늘날에는 '정보게시판' '핫게시판' 등의 게시판을 제공하며 모바일 기반의 온라인 커뮤니티 역할을 하고 있다. 게시판의 모든 글은 익명 작성이 가능하고, 다만 가입을 위해서 '재학생' 인증을 거쳐야 한다. 게시판의 글들은 수업 후기, 동아리 소개 등 '정보성' 글들이 올라오기도 하고, 선거운동 기간에는 학생회 후보에 대한 담화가 오고가고 사회 이슈에 대한 글들이 올라오기도 하며 일상적 잡담도 다수를 차지한다.

이게 에브리타임 앱이 주황색이에요. 그래서 주황색 일베에요. 주황베에요, 주황베. 그래서 일단 수적으로 공대가 많고, 그 다음에 약간 정치적으로도 오른쪽에 있는 사람들이 많이 있고, (중략) 일단 남초에요. 남초 사이트고, 총여 재개편부터 총여 폐지까지 남자들 의견이 주로 많이 반영이 됐죠. 그 일단 운동권 싫어하고.(연우)[4]

총여학생회 폐지 투표에 참여했던 연우는 에브리타임이 정치적으로 보수적이며 남성 위주의 '남초' 사이트라고 일갈한다. 실제 성별 통계가 확인되지 않은 남녀 공학 대학의 온라인 커뮤니티이기 때문에 실제 사용자의 성비는 알 수 없다. 하지만 에브리타임이 '남초'라고 이야기되는 것은 많은 게시물을 통해 드러나는 사용자의 정체성이 '남성'의 모습을 띠고 있기 때문이다. 사이버 공간은 자신의 신원을 드러내지 않는다는 점에서는 익명의 공간이지만, 이를 기반으로 사회적 규범을 벗어던진 '심리적 실명성'이 드러난다. 때문에 스포츠, 게임 등 주제 중심의 남성 커뮤니티는 여성에 대한 대상화와 여성 혐오 발화를 바탕으로 남성 정체성(들)이 재생산되는 공간이기도 하다.[5] 하지만 에브리타임과 여타 남성 중심 커뮤니티에는 큰 차이가 있다. 바로 대학이라는

4 모든 연구 참여자의 이름은 가명이다.

5 김수아·최서영, 「남성 정체성(들)의 재생산과 사이버 공간」, 『미디어, 젠더, 문화』 8호(2007), 한국여성커뮤니케이션학회, 5-40 쪽; 엄진, 「전략적 여성 혐오와 그 모순 : 인터넷 커뮤니티 '일간베스트저장소'의 게시물 분석을 중심으로」, 이화여자대학교 대학원 여성학과 석사학위 청구 논문(2014)

장에서 에브리타임이 차지하는 위치이다. 각자의 취미와 정서에 따라 여러 온라인 커뮤니티가 공존하고 난립하는 사회 전반과 다르게, 에브리타임은 많은 대학에서 유일한 사이버 공간이다. '대학 생활의 중심'이라는 수식어에 걸맞게, 대부분의 대학에서 에브리타임은 정보를 교환하고 소문이 오고가는 대표적이며 유일한 공간이다. 에브리타임의 독점적 위치는 에브리타임의 '여론'을 학내의 유일한 '여론'으로 비춰지게 만든다.

낸시 프레이저는 하버마스가 공론장public sphere을 투명하고 평등한 논의가 가능하다고 설정하는 것을 비판하며 공적 논의의 장에서의 성별성에 대해 지적한다.[6] 정치적 토론의 과정에서 발화자의 성별에 따라 발화의 비중과 반응이 다르게 나타나는 등의 성별 불평등성이 존재하지만, 성별 불평등성이 없다는 가정("as if") 속에서 공론장이 작동한다는 것이 프레이저의 논의의 핵심이다. 마찬가지로, 에브리타임은 학생들의 의견을 불균형적으로 반영하고 있음에도, 독보적인 위치로 인해 공론장의 위치를 점유했다. 이러한 환경은 총여학생회 폐지를 요구하는 주체들이 조직될 수 있는 배경이 되었다. 대의원 서명을 통해 안건이 발의된 한 대학을 제외한 나머지 두 대학은 연서명을 통해 총여학생회 폐지 학생 총투표가 안건으로 상정되었는데, 온라인으로 이루어진 연서명의 링크는 모두 에브리타임을 통해 최초로 유통되었다. 또한 최초로 총여학생회 폐지가 수면 위로 떠올랐던 학교의 회의 과정은 에브리타임이 단순히 이슈를 부상시키는 것을 넘어 '오프라

6 Nancy Frazer, "Rethinking the public sphere: A contribution to the critique of actually existing democracy", Craig Calhoun Ed., *Habermas and the public sphere*, Cambridge: The MIT Press, 1992.

인'의 회의 진행에 어떠한 영향력을 행사하는지를 보여 준다.

> 중운위(중앙운영위원회) 휴회를 하고 나면 사람들 표정이 싹 바뀌어요. 에타를 다 확인하는 거죠. 어떤 식으로 내가 공격을 받고 있구나, 이러면 의견이 바뀌어요. 에타 의견이 이거니까 내가 이렇게 가야겠구나 이런 식으로 의견이 바뀌고 되게 무서워하시고, 우시는 분들도 있었고. 아니면 밝아지시는 분도 있었고, 추앙받으니까. 에타에서 막 실시간 속기 당하고 실시간으로 공유되고 이랬었거든요. 실시간으로 비난당하고.(현서)

당시 총여학생회 지지 그룹인 '우리에게는 총여학생회가 필요합니다(우총필)'에서 활동했던 현서는 학생 총투표의 이행 여부를 논의하던 학생대표자회의(중앙운영위원회)의 휴회 시간의 풍경을 이와 같이 묘사했다. 당시 우총필은 총여학생회를 지지해 달라고 요구하며 강력히 맞서며 약 일 주일간 맞섰지만, 에브리타임을 통해 회의장의 발언이 실시간으로 유출되면서 회의장 대다수를 채운 총여학생회 지지자들의 발언이 힘을 잃기도 했다.

또한 현서가 표현했듯이 에브리타임에서의 행위는 '정치적 행위'보다는 '공격'에 가까웠다. 총여학생회 폐지에 반대하거나, 학생대표자회의에서 미온적인 반응을 보이는 사람들을 향한 모욕적인 언사와 신상 털이 등의 사이버 불링이 행해졌다. 한편 애브리타임이 익명성을 통해 '다수'의 위치를 점유하면서 적극적으로 의견을 표출하고 회의에 참여했던 이들의 언어는 힘을 잃었다. 에브리타임에서의 중앙운영위원회 회의에 대한 관심과는 상반되게, 실제로 학생대표자회의의 참관인은 대부분 총여학생회 재개편과 폐지에 반대한 이들로 채워져 있었다. 이는 에브리타임에서의 관심이 실질적인 온라인 바깥으로의 참여로 이어지지 않는다는 것을 보여 주는 것이기도 하지만, 더욱 중요한 것은 의지와 관심을 지니고 에브리타임 바깥에서 '발로 뛰며' 노력했던 이들의 발언권이 약화되었다는 점이다. 에브리타임에서 총여학생회 폐지 담론이 부상하고, 조직되고, 페미니스트들을 밀어내는 과정은, 남성 중심적 디지털 공간에서 페미니즘의 의미와, 지식 그리고 운동을 어떻게 진입시킬 수 있을지에 대한 고민을 남긴다.

'가치판단'을 배제한 민주주의

다시, 애브리타임이 숫자를 통해 운영되는 공간이라는 것을 상기하자. 애브리타임의 게시물은 많은 '좋아요'를 받은 게시물에게는 더욱 많은 스포트라이트를 부여하고 여러 번 '신고'를 받은 게시물은 예외 없이 삭제된다. 신고의 취지가 게시물이 비윤리적이거나 폭력적이기 때문인지, 혹은 개인의 취향이나 의견과 맞지 않기 때문인지는 고려되지 않는다. 따라서 에브리타임의 '신고' 버튼은 사실상 '싫어요'와 같은 기능으로 간주된다. 학생총투표의 과정은 애브리타임의 작동 방식과 매우 비슷한 방식으로 진행되었다.

> 제 친구들은 대부분이 굉장히 약간 안티페미니스트에 가깝거든요. 그래서 제 친구는 한 번도 학생회 투표를 안 했는데 폐지나 재개편 투표는 자기는 무조건 하겠다는 거예요. 그러니까 그 정도? 대부분의 사람들은 남자들이 기득권을 가지고 있다는 거조차도 동의를 안 한 사람들이 대부분이어서.(서원)

서원은 폐지에 찬성표를 던졌지만 그러한 자신조차도 주변 친구들과는 총여학생회 폐지에 관한 대화를 하지 않았다고 언급하며 주변의 친구들이 '안티페미니스트'에 가깝다고 표현했다. 학생 사회에 대한 관심과 변화에 대한 기대가 아닌, 페미니즘에 대한 기존의 판단에 근거해 총여학생회 폐지가 이루어졌다는 것을 유추할 수 있는 대목이다.

사실 총여학생회는 군가산점제 논란이 뜨거웠던 2000년대를 경유하며 계속해서 공격에 시달려 왔다. 논란 당시 부산대학교 여성주의 동아리 '월장'의 홈페이지가 무차별적인 공격을 받았다는 것은 잘 알려져 있다. 총여학생회는 지속적으로 '왜 남학생에겐 총여학생회의 투표권이 없나요?'라는 질문에 대비하며 페미니즘에 대한 부정적인 학내 여론을 감내해야 했다.

'#나는_페미니스트_입니다' 해시태그 운동 이후 페미니즘에 대한 관심과 필요가 늘어나고 끊어졌던 총여학생회 계보를 이어나가는 시도들이 곳곳에서 생겨났다. 하지만 다시 '진짜 페미니즘'과 '가짜 페미니즘'을 구분하고 총여학생회를 극단적 페미니즘으로 낙인찍는 여론이 일부에서 등장했다. 이들은 페미니즘이

'젠더 갈등'을 일으키기 때문에 문제라고 지적하거나 '메갈', '워마드'로 지금의 페미니즘을 압축해 묘사하며 이와는 다른 '진정한 페미니즘'을 요구한다.

총여학생회에 대한 인식 또한 이러한 페미니즘과 관련된 상반된 이해 속에서 구축되었다. 하지만 모든 판단의 과정은 투표 행위로 압축되었다. 총여학생회 폐지의 논의가 처음 촉발되었던 당시 학생대표자회의에서는 '가치판단을 그만'하라는 표현이 반복적으로 등장한다. 이러한 표현은 총여학생회의 필요성에 대한 논의를 '가치판단'으로 치부하며 논의를 전개하는 것을 가로막는다. 학생 총투표 앞에서 토론과 대화를 요구하는 것은 선택의 자유를 가로막는 행위로 여겨진다. 다수의 학생들의 서명을 통해 총투표라는 방식이 채택됨으로써 당위성과 필요성에 대한 판단 역시 '투표'의 결과에 따라 결정되는 문제로 간주되는 것이다. 세 학교에서 연속적으로 총여학생회가 폐지되면서 논의 과정의 실종은 점차 심화되었고, 한 대학의 경우 여학생총회를 진행하여 의견을 모았음에도 학생 총투표의 결과에 따라 폐지가 가결되었다.

푸코Michel Foucault는 신자유주의 통치성에 포박된 오늘날의 사람들을 합리성과 경제성에 의해 움직이는 인간인 호모 에코노미쿠스homo economicus라고 설명한다.[7] 웬디 브라운Wendy Brown은 이러한 개념을 확장시켜 호모 에코노미쿠스가 출현하면서 정치적 주체, 인민이라는 주체인 '호모 폴리티쿠스homo politicus가 삭제되었다고

7 미셸 푸코, 『생명관리정치의 탄생』, 오트르망(심세광·전혜리·조성은) 옮김, 난장, 2012.

역설한다.[8] 이들은 정치를 경영과 행정의 영역처럼 간주하고 민주주의를 절차적 통치 형태로 인식한다. 이 과정에서 가치에 대한 논쟁이나 투쟁은 사라지고, 각 주체를 인적자본으로 이해하면서 성적 불평등은 '능력의 차이' 혹은 '성적 차이'로 간주된다.

웬디 브라운의 논의는 총여학생회 폐지 주장에서 나타난 '민주주의'가 무엇인지를 이해하는 단초를 제공한다. 학생총투표는 정치적 의사결정의 가치에 대한 논쟁을 거친 후의 최종적 수단이 아니라 민주주의 그 자체로 간주하면서, 민주주의를 선택과 절차의 문제로 격하시켰고 이 과정에서 페미니즘은 이해관계를 둘러싼 투쟁으로 여겨졌다. 학생회비를 낸 모두에게 동일하게 '학생총투표'에 대한 투표권을 부여하는 것으로 총여학생회의 존폐 문제를 결정할 수 있다는 인식은 학생회비를 동일하게 냈음에도 왜 남학생에게는 투표권을 부여하지 않느냐는 총여학생회에 대한 오랜 반발과 공명한다. 공학 대학의 남성 중심성은 '가치판단'을 배제한 선택의 과정에서 고려되지 않는다.

'페미니즘 리부트'와 총여학생회 폐지

한편, 총여학생회 폐지 과정에서 나타난 몇몇 시각들은 '페미니즘 리부트' 이후 일부 언론이 말하는, 페미니즘이 '젠더 갈등'과 '남성 혐오'를 조장한다는 프레임을 반영하고 있다. 『중앙일보』의

8 웬디 브라운, 『민주주의 살해하기』(e-book), 배충효·방진이 옮김, 내 인생의 책, 2017.

「20대 남성도 약자… 성차별 덕 본 건 페미니즘 찾는 4050」과 같은 기사가 대표적이다[9]. 젠더 갈등이나 남성 혐오 프레임은 낮은 성평등 지수와, 높은 임금 격차 수준, 끊임없이 이슈로 등장하는 데이트 폭력과 사이버 성폭력의 사회 속에서 남성에 대한 혐오는 구조적으로 작동하지 않음에도 '여성 혐오'와 '남성 혐오'를 대칭적인 현상으로 진단하고, 이를 '젠더 갈등'으로 등치시킨다. 이때 페미니즘은 '남성 혐오'를 일으키는 속성을 지닌 것처럼 여겨진다.[10]

> 감히 얘기를 하자면, 페미니스트 분들 중에서 뭔가 대표적인 선수가 한 명이 나와야 한다고 저는 생각을 해요. 소위 한국에서 안티페미니스트, 반페미니스트 진영 중에서 대표적으로 활동하시는 분이 저는 오세라비라고 생각을 하거든요. 그런 분처럼 뭔가 반대쪽에서도 대표적인 분께서 계셔야 되지 않나? 근데 관찰자 입장에서 봤을 때, 페미니즘 이슈나 어젠다를 제시하는, 제시되고 있는 상황이 제가 보기엔 워마드 메갈, 은하선 작가처럼 굉장히 극단적인 분들이 계속 이슈를 만든다고 생각을 하거든요. 그래서 제가 봤을 때는 조금, 상대편도 납득할 수 있는 대표적인 지식인이 나오면 좀 어느 정도 여지가 생기지 않을까?(서원)

9 https://news.joins.com/article/23334810

10 김수아, 「젠더 정치의 미디어 프레임, '그 페미니즘'」, 『황해문화』, 2018, 18-34쪽.

서원이 언급한 오세라비는 『그 페미니즘은 틀렸다』라는 책을 출간하며 반페미니즘적인 성향을 띄는 언론에 의해 반페미니즘을 대표하는 위치에 '배치' 됨으로써 갑자기 유명인이 된 인물이다.[11] 오세라비와 책이 빠르게 인기를 끌었던 과정은 오히려 '한국 페미니즘'에 대한 적의를 지닌 언론의 영향력과 페미니즘을 둘러싼 필드의 비대칭성을 보여 준다. 하지만 서원의 조심스러운 접근에도 불구하고 '그 페미니즘은 틀렸다'가 더욱 큰 스피커를 통해 전달되며 지금의 페미니즘은 '극단적'인 것으로 호도된다. 실제로 총여학생회 폐지를 겪은 대학들의 합동 간담회인 '그 민주주의는 틀렸다'가 열린 당일 날 같은 시간 같은 대학에서 오세라비를 연사로 초대해 '그 페미니즘은 틀렸다'라는 특강이 진행되기도 했다.

총여학생회 폐지가 '페미니즘 리부트'와 조우하게 되는 지점은 이뿐만이 아니다. 중요하게 짚어야 하는 점은 총여학생회 폐지가 점화되는 과정에서 페미니즘의 용어와 개념들이 차용되는 장면이 나타났다는 것이다. 학생 총투표를 요구하는 대자보에는 이전 총여학생회의 활동을 근거로 성폭력의 피해는 여성에게만 가해지는 것이 아니기 때문에 총여학생회를 폐지하고 '성폭력담당위원회'를 설립해야 한다고 제시하거나, 총여학생회가 성별 이분법에 기초하고 있기 때문에 '제3의 성을 배제한다' 는 식의 담론이 형성된 것이다. 또한 이슈가 떠오르는 과정에서 '한남'과 같은 미러링 발언에 '피해'를 입었다고 주장하며 '피해자 중심주의'나 '2

---

11 낑깡, 「오세라비는 '어떻게' 떴나?」, 『Fwd』, 1호(2019) https://fwdfeminist.com/2019/04/10/vol-1-2/

차 가해'와 같은 용어들이 사용되는 모습이 나타나기도 했다.

이러한 개념의 사용이 적절하다고 말할 수 있을까? 반성폭력 운동이 이러한 개념을 사용했을 때 피해자는 몰성화된 주체가 아니었다. 섹슈얼리티 규범은 성별에 따라 다르게 작동하며, 강간 문화는 성폭력을 일으키는 남성의 권력의 행사는 쉽게 용인하는 반면에 여성에게는 순결 이데올로기를 요구하거나 이른바 여성 혐오적인 '꽃뱀' 프레임이 가해진다. 반성폭력 운동은 이러한 강간 문화와 여성 혐오를 기반으로 작동하는 사회의 통념에 저항하기 위해 위의 개념들을 만들어 낸 것이다. 하지만 위와 같은 장면은 대학 내 반성폭력 운동과 페미니즘 대중화를 거치며 이러한 개념에 대한 앎knowing이 전파되었지만, 이에 대한 이해understanding는 불균형적으로 이루어지고 있다는 것을 보여 준다.

상황적 지식situated knowledge을 강조하는 해러웨이Donna Haraway의 여성주의 인식론은 모든 지식이 부분적이며 다만 지식이 통용되는 상황 속에서 의미를 지닌다고 본다.[12] 마찬가지로 총여학생회를 '성폭력담당위원회'로 대체할 수 있는지, 제3의 성을 배제하지 않기 위해서 총여학생회를 폐지해야 하는지에 대한 질문 또한 논의가 이루어지는 상황, 화자와 청자의 관계에 대한 고려와 함께 이루어져야 한다. 그렇지만 총여학생회 폐지 과정에서 반성폭력 운동의 언어와 퀴어 이론의 언어들은 맥락을 상실한 채 도구적으로 활용되었고, 여성주의 언어가 총여학생회 폐지를 요구하는 이들에게 탈취되면서 기존의 여성주의 운동의 정당성 또한 폐지 세

12 다나 해러웨이, 「상황적 지식들: 페미니즘에서의 과학의 문제와 부분적 시각의 특권」, 『유인원 사이보그 그리고 여자』, 민경숙 옮김, 동문선, 2002.

력에게 빼앗기게 되었다.

물론 실제로 '여학생총회'가 성사되고, 대학 내 퀴어 동아리를 비롯한 소수자 동아리들이 총여학생회 폐지에 반대 입장을 표명했기 때문에 폐지를 요구한 학생들의 담론이 실제 당사자들을 분열시키지는 못했다. 하지만 문제는 에브리타임에서 형성되는 이야기들이 지배 담론으로 부상하며 에브리타임 바깥에서 이야기되는 것들은 주변화된 이야기로 치부된다는 점이다. 이에 대해 폐지 당시 총여학생회의 임원이었던 수현은 '언어를 빼앗겼다'는 느낌을 받았다고 설명한다.

> 저는 약간 언어를 좀 빼앗겼다고 생각하는 게 가장 커요. 제가 하는 것들을 재네가 하고 있네? 정체성, 소수자 이런 것들 있잖아요. 흔히 쓰는 언어들. 언어들을 그들이 이미 다 배우기 시작해서, 싸움이 안 되는 거 같다는 느낌을 받았어요. 약간 어떻게 이야기를 해야 될지 모르겠다. 내가 할 말을 재네가 하네, 근데 결론이 다른 거죠. '어떻게 해야 되지?'라는 생각을 엄청 많이 했었던 것 같아요.(수현)

확실히 페미니즘 대중화를 거치며 대학생들을 비롯한 많은 이들은 페미니즘의 언어를 습득하기 시작했다. 하지만 '호모 에코노미쿠스'에게 지식 습득의 목표는 인적자본으로서 자신의 가치를 높이는 것이기 때문에 지식을 숙고하고 의미를 탐색하는 것보다 도구적으로 활용하는 것이 더욱 중시될 수밖에 없다.[13] 페미니즘 지식의 기본적인 전제와 인식론은 삭제되고 자신들의 장field 안에서 다시금 페미니즘과 총여학생회를 비판하기 위한 언어로 전유될 뿐이다.

한편 '한남' 발언을 문제시하면서 추진단이 피해자 중심주의와 2차 가해를 내세우는 점은 페미니즘 대중화 과정에서 확산된 미러링이 한계에 봉착했음을 보여 준다. '미러링'은 여성들에게 가해지는 언어폭력에 대해 비탄하거나 침묵하는 것이 아니라 조롱하고 호통을 치는 방식의 퍼포먼스이자 대항 발화counter speech이다.[14] 하지만 미러링 전략이 파급력을 끼쳤으나, 미러링을 할수록 갈등이 첨예화되고 이분법을 강화하며, 한국 남자 '전체'를 지칭함으로써 남성 연대homosocial를 강화한다.[15] 첫 절에서 밝혔듯이 에브리타임에서는 사이버 불링과 성폭력이 횡횡하고 있었으며, 이러한 폭력이 명백하게 한 방향으로 흐르고 있었음에도 미러링 표현이 과대 대표되는 현실은 '남성 혐오'가 구조적으로 작동할 수 없다는 것을 보여 준다. 하지만 발언이 '남혐'인지 아닌지만을 선택해야 하는 구도에서는 '한남' 발언이 탄생하게 된 배경과 해당 단어를 사용하는 화자와 상황에 따라 달라지는 표현의 의미와 정치성은 고려되지 않는다.

---

13 웬디 브라운, 앞의 책.

14 류진희, 「그들이 유일하게 이해하는 말, 메갈리아 미러링」, 정희진 엮음, 『양성평등에 반대한다』, 교양인, 2007.

15 권김현영, 『다시는 그전으로 돌아가지 않을 것이다』, 휴머니스트, 2019; 이현재, 『여성 혐오 그 후, 우리가 만난 비체들』, 들녘, 2016.

국민 청원과 페미니스트의 딜레마

> 저는 그 촛불 정국. 그리고 청와대 청원. 진짜 망하는 지름길이라고 생각해요. 근데 너무 안타깝게도 자꾸 젠더 이슈가 게시판 지분이 40퍼센트 이렇다고 하니까 서명을 안 할 수가 없고, 근데 이건 진짜 망하는 지름길이고. 어쨌든 지금 이들이 경험하고 있는, 소위 20대들이 경험하고 있는 정치성의 진짜 상징이 되어 버린 그 두 가지를 봤을 때, 뭔가 그 정치성이라는 게 정말 다수주의, 그리고 다이렉트로 뭔가 하면 대답이 와야 할 것 같은 체계? 단계, 단계 정치 시스템에 대한 이해 없이 "청원하면 청와대가 답변을 드리겠습니다." 이거니까.(가람)

가람을 비롯하여 총여학생회 폐지에 반대했던 연구 참여자들 중 몇몇은 지금의 총여학생회 폐지를 박근혜 전 대통령 탄핵 집회와 청와대 국민 청원 제도와 관련지었다. 총여학생회 폐지는 수도권 내 일부 대학에서 일어난 특정한 사건이기 때문에, 이들을 통해 대학생 혹은 한국 사회 전반을 단언할 수 없다. 하지만 이 과정에 참여한 이들의 정치에 대한 이해는 한국 사회의 정치에 대한 인식을 반영하는 것이기도 하다. 가람이 언급했듯이 '다수주의'와 '곧바로 답변을 해야 하는' 체계가 정치적 소통이자 민주주의라는 인식이 점차 강화되고 있다. 수의 집적이 곧 민주주의를 의미할 수 없음에도 이를 바탕으로 '우리가 다중이다', '우리가 진짜 민주주의이다'라고 주장하며 정당성을 선점하는 장면들이

빈번해지고 있다.[16]

이는 대학에서 총여학생회 폐지를 가능하게 한 정치적 특성이 현재진행 중이라는 것을 의미하는 것이기도 하다. 총여학생회 폐지 이후, 에브리타임의 위상은 매우 달라졌다. 총여학생회 폐지 이후 학생회들이 에브리타임을 모니터링하며 에브리타임에 게시된 익명의 문제 제기에 댓글을 달고 입장문을 올리는 경향이 늘어났고 총학생회는 국민 청원 제도와 유사하게 청원을 작성하고 일정 수 이상의 학생들이 서명할 경우 총학생회가 청원에 직접 답변 '온라인 청원'을 공약으로 내세웠다. 쉽게 말해 '숫자 싸움'과 '실시간 댓글(피드백)'이 가장 최선의 정치 참여라는 인식과, 이러한 인식을 충족시켜 주는 제도들이 계속해서 확장되고 있다.

페미니즘 운동도 이러한 경향에서 자유로울 수 없다. 가람이 언급했다시피, 청와대 국민 청원에서 페미니즘 이슈는 한때 압도적인 지분율을 자랑했다. 또한 리트윗과 좋아요를 통한 슬랙티비즘Slacktivism 운동과 즉각적이고 빠른 '피드백feedback'을 요구하는 방식의 행동도 디지털 액티비즘으로서 페미니즘 운동의 주요 방식이다.[17] 이러한 해시태그 운동과 청와대 홈페이지의 국민 청원을 활용한 페미니즘 운동은 가시적인 성과를 남겼다. "20만이 넘는 사람들이 서명했다"를 근거로 정부를 압박하여 '낙태죄' 폐지를

---

16 김미정, 『움직이는 별자리들』, 갈무리, 2020

17 김은주, 「제4 물결로서 온라인 – 페미니즘: 동시대 페미니즘의 정치와 기술」, 『한국여성철학』 31권(2019), 1–32 쪽; 만두, 「#피드백을_삽니다, 피드백 요구의 정치경제학」, 페미니즘 연구웹진 『Fwd』 3호(2020); https://fwdfeminist.com/2020/03/25/vol-3-7/

이루어 내고, 디지털 성폭력을 전 국민의 이슈로 부상시켰다. '익명의 다수'를 형성하여 의제의 정당성을 강화하는 방식 또한 총여학생회 폐지 과정에서만 나타난 유일무이한 특징이 아니다. 불법 촬영 반대 집회인 '불편한 시위'는 이른바 '생물학적 여성'만의 참가를 비롯한 규칙들을 통해 단일한 여성의 목소리를 집중시키는 전략을 활용했다. 이 시위에 30만여 명의 여성들이 모였다는 것은, 사안에 대한 공감의 의미이기도 하지만 의미와 전략이 효과적이었다는 것을 보여 주는 것이기도 하다. 이는 개인을 드러내지 않으며 다수 중 한 명으로 위치하는 것이 자신의 안전과 행동의 당위를 알리기에 더욱 적합하다는 판단이 작용한 결과이다.

하지만 총여학생회 폐지는 '페미니즘 리부트'를 가능케 한 조건과 장치들이 반격backlash으로 돌아올 수 있다는 것을 보여 준다. 학생 총투표 안건의 가부 여부를 결정하는 회의 장소에 나타나 자신을 밝히는 것보다 에브리타임의 '익명'으로 글을 쓰고 좋아요를 누르는 것이 안전할 뿐만 아니라 효과적이다. 청와대 청원과 마찬가지로 디지털 서명을 통해 학생들을 모아 학생회를 압박하는 것이 페미니스트들을 설득하는 것보다 훨씬 쉽다. 물론 폐지를 요구한 이들과 페미니스트들의 '안전'의 사회적 의미는 전혀 다르다. 페미니스트들은 '젊은 여성'에게 가해지는 폭력과 차별의 대상이 되지 않기 위한 것이지만, 그들이 숨는 이유는 자신들의 기득권적 위치(남성 등)와 방식의 폭력성을 숨기기 위한 것이기 때문이다. 하지만 숫자 싸움이 우선이고, 몇 명을 모았는지에 초점이 맞춰졌을 때 차이는 고려되지 않는다.

총여학생회 폐지의 의미와 이후

총여학생회 폐지를 어떻게 기억하고 의미화할 것인가. 이는 연구를 진행하는 내내 나의 질문으로 남았다. 나는 졸업 후 페미니즘이 재부상되는 과정 속에서 '불꽃페미액션'을 통해 페미니스트 활동가이자 연구자가 되었다. 대학 신입생 시절 사회과학 학회에서 만난 선배가 건넨 『페미니즘의 도전』을 읽고 난 후 줄곧 스스로를 페미니스트라고 여겨 왔지만, 하지만 아무도 나에게 페미니스트인지 혹은 페미니즘에 대해 어떻게 생각하는지를 묻지 않았다. 페미니즘은 당시 대학의 화두가 아니었기 때문이다. 오히려 페미니즘 운동을 하며 페미니즘 대중화 시기를 공학 대학에서 보내는 이들의 파열과 상처를 여러 번 목격했다. 대자보를 붙이면 대자보에 적어둔 연락처로 알 수 없는 문자들을 받고, 과감히 '아싸(아웃사이더)'가 될 것을 각오하고 소셜 미디어에서 대학의 (남자) 동기들과 댓글로 싸움을 이어가는 친구들이 있었다. 이러한 차이들은 같은 운동을 이어가는 '우리'가 모두 동일한 시공간에 놓여 있지 않다는 것을 보여 준다.

이는 총여학생회 폐지 과정에서도 마찬가지였다. 연구에 참여한 이들은 모두 시공간에 따라, 입장에 따라 각자 다른 위치 속에서 사건을 경험하고 해석했다. 자신이 속한 단과대 혹은 학과가 해당 이슈에 대해 어떤 입장을 가지고 있는지에 따라 자신의 공간에서 발화 가능성이 축소되거나 확대되었고, 학번과 기존의 학생회의 경험 여부에 따라서도 조금씩 다른 비판 지점을 지니고 있었다. 하지만 디지털 공간은 너무나 편리하게 이러한 차이들을 지워 준다. 관심사와 입장에 따라 세세하게 구분되어 있는 온라인 커뮤니티들에서 '나'는 편리하게 마음이 맞는 사람들과 선택적으로 소통할 수 있다. 소셜 미디어의 알고리즘은 '친구(팔로워)'를 구분하고 원하는 게시물만 볼 수 있도록 유도한다. 디지털 공간은 차이를 보지 않음을 선택할 수 있게 한다.

한 인터뷰 참여자는 자신의 학과 동기나 주변인들 중에서 폐지 측의 입장에 좋아요를 누르거나, 팔로우하는 친구들과 모두 '언팔'했다고 말했다. 나 또한 마음에 들지 않는 (차별적이거나 혐오적인) 트윗이나 포스트를 쓰는 사람들을 차단하거나 언팔하는 방식으로 나의 타임라인을 정리한다. 반대로 페미니즘 내부의 논쟁이 벌어졌을 때, 입장이 다른 '페미니스트'들에게 차단된 경험도 있다. 서로가 그것이 더욱 편리하고 '정신 건강'에 이롭다는 것을 알고 있다. 하지만 종종 의문이 들기도 한다. 이미 설득의 시도가 없이 분절된 공간에서 '총공(격)'과 '피드백' 요구만이 최선의 방식이라고 여겨지는 공간에서 상대방을 '적'이 아니라 소통의 대상으로 여기는 것이 가능할지 의문이 든다. 나와 이견이 있는 사람들이 이미 떠나간 혹은 쫓겨난 네트워크(소셜 미디어)에 나의 입장을 올리는 행위가 정말 액티비즘이 될 수 있을까?

총여학생회가 폐지되었다는 것은 페미니스트들이 하나의 전장에서 실패했다는 것을 보여 준다. 하지만 이 실패가 영원한 실패를 의미하지는 않는다. 오히려 '그 민주주의는 틀렸다'라는 것을 페미니스트들이 인식하고, 그것이 페미니스트들의 실천 전략과 무관하지 않다는 것을 깨달았다는 것은 총여학생회 폐지 과정에서 이들의 실천들에 의미를 제공한다.

> 저는 그래서 일상의 변화가 중요해졌어요. 그 (재개편) TFT 들어오신 그분이 변화하는 과정을 보면 딱 들었던 생각이, 아 이 한 명 설득하는 데 반년이 걸렸는데, 그것도 한 열 명이 붙어서 한 명 설득하는 데 반년이 걸렸는데. 그러니까 내가 이만 명 설득을 이야기하려고 했던 게, 그만큼 힘이 있을 수 있었던 거였나? 이런 생각을 저는 좀 했었고, 그래서 좀, 언어가 더 필요하다. (수현)

총여학생회에서 활동했던 수현은 총여학생회 재개편 TFT에서 처음에는 '왜 총여학생회가 필요한지' 이해하지 못했던 한 구성원이 반년 간의 토론 과정 끝에 '총여학생회가 필요하다'고 이야기하게 된 일화를 소개하며 위와 같이 이야기했다. 다른 몇몇 연구참여자들은 대학 내 페미니스트 오픈 카톡방에서 퀴어 이슈를 둘러싸고 벌어졌던 갈등을 언급하며, 디지털 공간에서 익명성에 기반한 싸움이 페미니즘 내부에도 있다는 것을 인지하고 있었다.

총여학생회 폐지를 거치면서 일부 페미니스트들은 '호모 에코노미쿠스'의 특성들을 인지하고, 이에 대한 한계를 절감하게 된 것이다. 한계와 장벽은 새로운 도약을 위한 출발점이 된다. 폐지를 요구한 학생들은 '승리'의 경험을 바탕으로 수의 집적과 디지털을 통한 정치 참여 방식을 더욱 선호하게 되었지만, 이처럼 폐지에 반대했던 학생들은 일상에서의 경험과 개별성에 바탕을 둔 말 걸기의 의미를 찾고, 이를 복원하기 위한 실천들을 이어 나가게 되었다. 일부 학생들은 '유니브페미'라는 대학 페미니즘 단체를 결성하여 캠퍼스의 안팎을 오가며 운동을 진행 중이다.

연구자의 위치에서 총여학생회 폐지를 다루며 나는 반격에 맞서는 언어와 전략을 규명해 나가고 싶었다. 수현의 말이 오랫동안 기억에 남았는데, 이는 수현의 고민은 곧 나의 고민이기도 했기 때문이다. 폐지에 찬성표를 던진 한 연구 참여자는 '페미니스트들은 쉽게 모든 것을 백래시라고 하고, 기울어진 운동장이라고 말한다'고 언급했다. 이러한 말들에 대해 그것은 당신의 위치와 경험이 다르기 때문이라고, 혹은 페미니즘에 대한 당신의 무지에서 비롯하는 것이라고 말하는 것은 쉽다. 그렇지만 이러한 말들은 결국 상대방에게 와닿지 않을 것이기 때문에, 그것으로 대화는 종결되고 반격은 심화될 뿐이다.

'주인의 도구로는 주인의 집을 허물 수 없다'는 오드리 로드Audre Lorde의 유명한 격언을 상기한다. 총여학생회 폐지 과정에서 나타났듯이 디지털 페미니즘의 등장을 가능하게 하는 어떤 조건들은 다시 페미니즘을 공격하는 부메랑이 되어 돌아왔다. 페미니스트는 성적 차별에 저항하는 사람들이지만, 성적 차별은 그 자체만으로 존재하지 않는다. 나는 총여학생회 폐지를 연구하며 성적 차별을 가능하게 하는 구조적인 조건을 밝히고, 그 과정에서 억압과 폭력이 구성되는 과정을 탐색해야 한다는 것을 절감하게 되었다. 따라서 나에게 페미니스트로서 말한다는 것은 성차별에 대해 말하는 것을 넘어 우리가 위치하고 행위하는 '조건'을 갱신한다는 것을 의미한다.

이는 어떤 사회적 차별의 한 부문으로서 페미니즘을 인식하는 경향성을 넘어서야 한다는 문제의식과도 이어진다. 지금의 이런 인식은 반페미니즘적인 정서에만 있는 것이 아니다. 여성운동이

'(생물학적) 여성' 이슈에 집중해야 한다는 일부의 경향은 페미니즘을 사회문제의 '일부분'으로 사고하는 것과 무관하지 않다. 우리가 추구해야 하는 정치와 소통의 의미는 어떠해야 하는지, 오늘날의 디지털 액티비즘 전략이 충분한지 등 계속해서 질문을 던져야 한다. 주인의 집을 허물기 위해서는 새로운 도구를 만들어야만 한다.

물론 그 과정은 쉽지 않다. 익숙하고 검증된, 그러므로 쉬운 방법 대신 새로운 방법을 찾아 나가는 것은 너무나 고된 일이다. 하지만 새로운 도구를 만드는 과정은 곧 자신을 벼리는 과정이기도 하다. 가끔 실패하고 주저앉더라도 그로 인해 우리의 몸과 생각을 바꾸어 낸다면 가능성은 있다.

5

돌봄의 구체적 어려움에 관하여

김보영

김보영

성적권리와 재생산정의를 위한 센터 셰어SHARE에서 활동하며, 다양한 몸들의 성적 권리를 고민한다. 특히 아픈 몸과 돌봄이라는 주제에 관심을 두고 있다. 고양이 유자, 망고와 함께 살고 있다.

가까운 친구가 나에게 '너는 노병사老病死에 참 관심이 많다'고 했다. 생로병사에서 생을 뺀, 늙고 병들고 죽는 일에 관심이 많다는 거였다. 오래전부터 늙고 병들고 죽는 이야기에 마음을 두었던 건 아니다. 죽음을 앞둔 사람을 돌보았던 경험이 계기가 됐고, 그 이후로 늙음, 병, 죽음 같은 주제들에 마음이 머물게 됐다. 나는 아픈 사람이 쓴 글, 아픈 사람을 돌보았던 사람이 쓴 글을 찾아 읽었고 이들의 이야기 덕에 불안정성이나 취약성, 의존과 같은 개념의 의미를 이전과 달리 사유하게 되었다. 한편으로는 나의 돌봄[1] 경험이 갖는 사회적 의미를 고민하기 시작했다.

돌봄이라는 주제는 각자도생의 문화가 지배적인 한국 사회에서 시급히 논의되어야 할 주제다. 그럼에도 돌봄에 관한 이야기는 여전히 부족하다. 이는 돌봄이 주로 여성들에게 당연하게 전가되어 왔기 때문은 아닐까? 이 당연함이 돌봄의 경험이 이야기되지 못하도록, 그리하여 각자의 경험이 서로에게 가닿지 못하도록 가로막고 있는 건 아닐까? 돌봄은 주로 여성에게 '독박' 씌워지고 가치 있는 일로 여겨지지도 않으니 말이다.[2]

'돌봄 위기', '돌봄의 사회화' 같은 말들이 자주 오르내리고 이와 맞물려 돌봄의 중요성이 점차 강조되지만, 돌봄 과정에서 돌봄 제공자가 겪는 구체적인 어려움과 고민, 고통에 관한 이야기

1 이 글에서 돌봄은 주로 아픈 가족 구성원을 돌보는 일을 가리킨다. 돌봄을 제공하는 사람에 대해 돌봄자, 돌봄 제공자, 보호자, 주조호자, 간병인 등 맥락에 따라 다양한 호칭이 사용되고 있으나 이 글에서는 돌봄 제공자, 보호자라는 단어를 맥락에 따라 번갈아 사용할 것이다. 돌봄 제공자라 하여 전적으로 돌봄을 제공하기만 하는 것은 아니다. 돌봄을 받는(다고 여겨지는) 사람도 자신을 돌보는 사람을 돌본다.

2 백영경, 「복지와 커먼즈」, 『창작과비평』 제45권 3호(2017), 19-38쪽.

는 찾아보기 어렵다. 돌봄 제공자가 아픈 사람을 돌보다 자기마저 아픈 사람이 되는 경우가 흔하지만 그들이 아프다는 사실은 뒷전으로 밀려나 있다. 돌봄 제공자가 겪는 아픔이 의학적으로 진단이 가능한 형태의 신체적, 정신적 고통이 아니라면 이 아픔은 더욱 말해지기 어렵다.

흔히 돌봄의 가치와 중요성을 강조할 때, '인간은 상호 의존적인 존재이며 우리는 언제나 돌봄을 주고받으며 살아가고 있다, 그러므로 돌봄은 중요하다'고 주장한다. 맞는 말이다. 그럼에도 돌봄의 경험이 돌봄의 중요성만을 강조하는 것만으로 봉합되어서는 안 된다. 돌보는 일은 중요하고 또 누구나 사람된 도리로서, 특히 가족으로서 당연히 해야 하는 일이라 여겨지기 때문에 돌봄의 고통을 토로하기는 쉽지 않다. 그러나 돌봄이 중요한 일이라면, 돌봄의 구체적인 현장과 돌봄의 아픔과 힘듦에 관심을 기울일 필요가 있다. 돌봄의 경험은 돌봄을 제공받는 자와 제공하는 자 사이의 관계, 개인 또는 가족의 사회경제적 상황, 질병의 종류, 제도적 지원 현황 등 여러 요소에 의해 결정되며 그 형태는 무수히 다양할 수밖에 없고 그만큼 우리는 아직 돌봄의 고통에 대해 잘 알지 못한다.

당연하게도 돌봄은 아름답고 행복하기만한 것도, 고통스럽기만 한 것도 아니다. 하지만 이 글에서 주로 돌봄의 어려움과 고통을 드러내고자 하는 이유는 돌보는 사람들이 겪는 어려움이 언어화되기 어려우며, 또 아픈 사람보다 내가 더 힘들기야 하겠냐는 생각 앞에서 자신의 고통을 말하는 것을 망설이게 되기 때문이다. 이 글은 돌봄의 구체적인 어려움을 말하기 위한 시도이자, 돌보는 이들의 아픔과 힘듦의 곁에 있기 위한 시도이다.

아픈 사람을 돌보는 사람들은 이런 일이 이렇게 갑작스럽게 벌어질 줄은 몰랐다고들 말한다. 몸과 질병은 통제 가능하고 예측 가능한 영역에 있지 않으므로 사람들은 갑자기 아프게 되거나 질병이 있다고 진단받는 경우가 많고, 따라서 아픈 사람을 돌보는 일 또한 어느 날 갑자기 시작된다. 예상치 못했던 돌봄을 떠안게 된 이들이 조금 덜 당황하고, 덜 어려울 수 있도록, 또 돌봄 과정에서 맞닥뜨리는 온갖 상황에 대처하는 유연함과 용기, 힘을 기를 수 있도록 돌봄의 경험을 나누어야 한다. 지금 아픈 사람을 돌보고 있는 사람들을 위해서도, 앞으로 그러한 위치에 놓일 사람들을 위해서도 필요한 일이다.

괜찮지 않다고 말하기

아빠는 췌장암에 걸려 죽었다. 췌장암은 5년 생존율이 11퍼센트 정도로, 주요 암 중 최하위의 생존 가능성을 보여 주는 암이자 지난 20년간 생존율이 거의 높아지지 않은 암이라고 했다. 5년 생존율 11퍼센트라는 숫자는 아빠의 몸이 삶보다는 죽음에 가까이 있다고 느끼게 했다. 췌장암 진단을 받은 이후 암세포는 자신을 발견해 주길 기다렸다는 듯 빠르게 퍼져 나갔고, 제대로 항암 치료도 받아 보지 못한 채 아빠는 죽었다. 감기 한 번 심하게 걸린 적 없는 건장한 체격의 사람이 이렇게 빠르게 죽을 수 있다는 것이 놀라웠다. 너무 빠르게 도달한 죽음이었는지 지금 나에게 벌어지고 있는 일의 정체를 깨닫는 데까지 오랜 시간이 걸렸다. 장례식장에서도 눈물이 나오지 않았다. 아빠의 가장 친한 친구였던 이는 장례식장에서 해맑게 웃는 나를 보고 실망스럽다고도 했다.

아빠가 죽고 난 후, 시간이 지날수록 슬픔이라고 단순히 요약할 수 없는 여러 감정이 제멋대로 찾아왔고 나는 어느 것 하나 통제할 수 없었다. 그저 이 시간이 지나가기를 기다리면서 가만히 누워만 지냈다. '내일은 덜 나쁠 거야'를 외며 잠이 들곤 했다. 내일이 오늘보다 덜 괴롭기만을 바랐다. 롤랑 바르트Roland Barthes는 엄마의 죽음 이후 일기에 이렇게 썼다. "처음에 나는 생각했었다. 마망의 죽음이 이제 나를, 사교 모임 따위는 전혀 필요 없는 '강한' 사람으로 만들어 줄 거라고. 그런데 그 사이에 나는 영 다른 사람이 되었다: 나는 전보다 더 면역력이 없어져 버렸다(당연하다: 외로움이라는 상태 속에 들어 있는 어떤 허무 앞에서)."[3] 나도 그랬다. 아빠를 돌본 경험과 아빠의 죽음 이후 나는 내심 이 경험을 통해 내가 어딘가 성장하고 단단해졌으리라 기대하기도 했다. 하지만 현실의 나는 깊은 우울 속에서 몸을 일으키기조차 어려운 상태가 되었다.

작가 캐럴라인 냅Caroline Knapp은 애도에 대해 이렇게 쓰기도 했다. "우리 문화는 죽음을 끔찍하게—지독하게—잘못 다룬다. 상을 당한 사람에게 주는 휴가는 보통 사흘. 그 후에도 6주쯤은 사람들이 당신을 조심조심 대하고, 너무 많은 걸 바라지 않으면서 부드럽게 대한다. 그리고 그것으로 당신에게 공식적으로 주어진

3 롤랑 바르트, 『애도일기』, 김진영 옮김, 이순, 2012, 106쪽.

애도 기간은 끝난다. 이후에는 사무실에서 멍하니 앉아 있거나 하루에 세 번씩 빨개진 눈으로 화장실에서 나오는 것이 부적절하게 느껴진다. 다시 정상적으로 행동하고 정상적으로 느껴야 할 듯한 압박이 든다."[4] 환자를 돌보았던 사람들은 환자가 죽은 이후에도 애도에 대한 이 같은 압박 속에서 자신의 돌봄 경험을 제대로 정리할 시간을 충분히 갖지 못한다. 서둘러 마음을 정리하고 '일상'에 복귀하는 것이 세상의 상식이자 도리이다. 일정한 기간이 지나면 돌봄 경험에 대해 말하기 쉽지 않다. 사람이 아프고 병들고 죽는 건 당연하니, '아직도 왜 그 일을 생각해?'라고 사람들이 물을 것 같기 때문이다. 이런 문화 속에서 돌봄의 경험은 서둘러 정리되고 마음 한구석에 묻힌다.

그러므로 나는 더욱 적극적으로 돌봄 경험을 꺼내 나누어 보고자 한다. 돌봄의 경험을 듣거나 읽는 것은 여러모로 도움이 되는 일이다. 나는 아빠를 돌보면서도, 그리고 아빠가 죽고 난 후에도 한동안은 암 환자와 그들을 돌보는 사람이 모여 있는 인터넷 카페에 접속해 오랜 시간을 보냈다. 아빠를 돌보는 과정 중에는 병원이나 의사, 치료 과정에 대한 고민 글을 살펴보는 데 대부분의 시간을 보냈다면, 아빠가 죽고 난 후에는 사람들이 쓴 편지가 모여 있는 게시판을 한참 들여다봤다. 이 게시판은 주로 아픈 가족을 돌봤던 사람들이 이제는 자신의 곁을 떠나 버린 가족에게 편지를 쓰는 공간이다. 눈물 없이 머무를 수 없는 게시판이지만, 이상하게도 그 게시판의 글을 읽어 내려갈 때 마음이 진정되곤

---

4 캐럴라인 냅, 『명랑한 은둔자』, 김명남 옮김, 바다출판사, 2020, 130쪽.

했다.

사람들은 죽은 가족에게 쓴 편지에 떠나 버린 가족에 대한 그리움을 적었지만, 한편으로는 최선을 다해서 돌보지 못했다는 죄책감, 미안함, 후회도 함께 적었다. 그리고 적지 못한 말들의 머뭇거림도 보였다. 사람들의 복잡한 마음을 들여다보고 있자니 이상하게도 한쪽으로는 숨통이 트였다. 그건 아마 '나만 그런 게 아니구나'에서 오는 안도이지 않았을까. 그때 나는 누군가를 돌보는 사람에게 가장 도움이 되는 것 중 하나가 다른 사람의 돌봄기를 듣거나 읽는 일이라고 생각했다. 그래서 돌봄기를 쓰기로 했다.

한편으로는 나는 페미니즘과 돌봄의 관계에 대해 내가 거쳐야만 했던 고민들을 나누고 싶기도 하다. 나에게 주어진 과제가 아빠를 돌보는 일이라는 점은 페미니즘을 고민하고 페미니스트이고자 애쓰는 나에게 여러모로 부대끼는 일이었다. 딸이 자신의 통제 범위를 벗어나기 시작하자 아빠는 폭력을 행사했고, 엄마를 한평생 무시하고 괴롭혔다. 내 '남혐'의 뿌리가 되어 버린 사람을 돌보아야 하는 일이 나에게 주어진 것이다. 비혼 여성이 부모 돌봄을 '자연스레' 떠맡게 되는 문제를 다룬 연구를 보며 내가 아빠를 돌보는 일이 당연한 것은 아니라고 생각했다. 결혼하지 않았고 '딸린 식구'가 없다는 이유로 부모 돌봄이 당연히 나의 몫이 되는 일이 부당하고, 자연스럽게 가족의 노동력, 특히 여성의 노동력이 투여되는 돌봄의 구조가 급진적으로 재조정될 필요가 있다고도 생각했다. 또 여성은 적극적으로, 그리고 전적으로 돌봄을 거부해야 한다는 일각의 페미니스트들의 주장에 동의하진 못해도 그렇게 말하는 마음이 무엇인지는 알 수 있다. 이 모든 이해에도 불구하고 나에게 떠맡겨진 돌봄의 역할을 마다하지 않았다. 내가 아빠를 버린다면 이 일은 고스란히 엄마의 것이 될 수밖에 없으니까. 그리고 아빠에 대한 나의 마음이 정확히 무엇인지 몰랐으니까.

엄마를 이해하는 일이 딸의 평생 과제라고들 했지만 내겐 아빠를 이해하는 일도 그랬다. 명절마다 아빠네 식구들은 내 조부모 집에 모였다. 그리고 성별에 따라 나뉘어 밥을 먹었다. 남자들은 안방에서 여자들이 가져다주는 국과 반찬, 과일을 먹었고 여자들은 부엌에서 큰 양푼에 온갖 것을 넣고 밥을 비벼 함께 퍼먹었다. 그때마다 아빠는 나를 안방으로 불러 남자들 사이에 자리를 잡고 앉도록 하고 함께 밥을 먹게 했다. 나는 아빠가 나를 어떻게 키우고 싶어 했는지 안다. 여자라는 이유로 포기하는 일이 없도록 무엇이든 씩씩하게 부딪쳐 보게 했고 이렇게 쌓인 경험들은 내 용기의 일부가 되었다. 내 삶의 가장 중요한 가치들을 만들고 지켜 내는 일에 아빠의 영향을 받지 않은 것이 거의 없어 아빠의 존재는 엄마만큼이나 어렵다.

왜 아빠가 폭력적이고 지독한 사람이 되고 있는지 이해하고 싶을 때도 있었다. '무엇이 저 남자를 저렇게 만드는가'라는 질문을 계속 던져 보기도 했다. 아빠를 돌보는 과정은 엄마와 나를 폭력으로 대하던 사람이 점차 힘을 잃어 가는 모습을 지켜보는 일이기도 했다. 마지막까지 자기의 병과 죽음을 받아들이지 못하고 병으로부터 도망치고 싶어 하는 아빠의 모습을 보면서 이 사람은 끝까지 우리 집 여자들을 괴롭힌다는 생각도 했다. 그 모습이 끔찍했기 때문이다. 이 끔찍한 시간이 지나고 아빠를 떠나보내면

내 삶이 지금보다 후련해질 거라는 '불효막심한' 기대도 했다. 그러다가 이 생각들을 죄스러워했다. 누구보다 나에게 많은 영향을 미친 사람, 나를 괴롭힌 사람, 때때로 나를 사랑했던 사람의 죽음을 정리하는 일이 쉽지 않았다. 모든 감정의 뭉텅이들이 아빠의 죽음 이후 사라지기는커녕 오히려 더 엉겨 붙어 버리기도 했다. 아빠를 돌보았던 시간 군데군데에 손을 대보며 이 엉겨 붙은 감정의 정체를 확인하고 싶기도 하다.

예측 불가능함에 익숙해지기

아픈 사람을 돌보는 일은 대부분 갑작스럽게 시작된다. 중증 환자를 돌보아야 하는 위치에 놓일 것을 늘 대비하고 살아가는 것은 아니니, 갑자기 가족 중에 중증 환자가 생기면 당황하기 마련이다. 하지만 중증 환자는 하루하루가 절박하다. 환자를 위해서는 당황스러움을 접어놓고 빠르게 24시간 돌봄 제공자 모드로 전환할 수밖에 없다. 부모가 환자가 되는 일이 이렇게 빨리 찾아올 줄 몰랐던 나는 체할 것 같았다(실제로 아빠가 암에 걸렸다고 나에게 말한 날 저녁에 나는 체해서 앓아누웠다). 아빠가 하루아침에 말기 암 환자가 되어 당황스러웠으나 나의 당황스러움은 우선 접어놓고, 그리고 나의 일은 모두 제쳐 놓고 환자를 돌보는 일에 뛰어들어야 했다.

아픈 이를 돌보는 일이 거의 전적으로 가족에게 맡겨져 있는 한국 사회에서 내 가족을 내가 돌보는 일이 새삼스러울 건 없었다. 오히려 아빠를 돌보지 않았더라면 여기저기서 비난을 받았을 테다. 간병이라는 것을 해본 적이 없으니 시작부터 난관이었다. 병원을 선택하는 것부터 어떤 치료를 받을 것인지, 또 어느 정도의 비용을 감당할 수 있을지에 따라 눈앞에 펼쳐진 선택지만 수십 가지였다. 어떻게 보면 목숨이 달린 일을 우리, 그러니까 아빠와 엄마와 내가 결정해야 한다니 엄청난 중압감이 몰려왔다.[5] 우리는 대형 병원 몇 군데를 돌았고 그나마 친절해 보이는 의사가 있는 병원에 입원을 했다. 의사의 실력 같은 건 알 수 없으니 의사가 우리를 매몰차게 대하지 않는 것만으로도 그 병원을 선택할 이유는 충분했다.

중증 환자를 돌보기는커녕 병원이라면 덮어놓고 싫어했던 나는 병실 보호자 침대에서 생활하는 일에 익숙해져야 했다. 채혈을 위해 새벽에 병실을 찾아오는 간호사를 맞이하는 일도, 초조해 하며 의사의 회진 시간을 기다리는 일도, 음식을 거부하는 아빠가 남긴 밥을 먹는 일도 다 낯설었다. 하지만 이 상황을 가장 낯설어할 사람도, 받아들이기 어려울 사람도 환자라고 생각했기 때문에 나는 마치 프로처럼 굴기로 했다. 영어사전을 뒤져 가며 혈액검사 결과표를 해석하고 수치의 변동과 그 흐름을 잘 기억하려고 했다. 의사와의 짧은 진료시간 동안 오간 말들을 받아쓰고 무슨 말인지 모르겠는 것들은 따로 공부하기 시작했다. 스무 살 이후로 친하게 지내본 적 없는 아빠와 병원 복도를 나란히 걸으며 억지로라도 아빠를 걷게 만들어야 했고 우리는 말없이 그저 걸었

---

5 김보영, 「비혼 여성의 부모 돌봄기」, 페미니스트 연구 웹진 『Fwd』, 2019. https://fwdfeminist.com/2019/07/31/vol-2-3/(최종 접속: 2020. 9. 15.)

다. 이런 일들은 오히려 쉬웠다.

무엇보다 어려운 건 아빠의 몸과 감정 상태를 끊임없이 짐작하고 컨디션이 나빠지지 않도록 애를 써야 하는 것이었다. 의사가 아침마다 회진을 돌며 통증 체크자로 아빠의 통증을 체크했다. 통증 체크자는 늘 의사 가운 가슴팍의 주머니에 꽂혀 있었는데 0점에서 10점까지 표시된 통증 체크자를 아빠에게 내밀며 오늘의 통증 정도를 숫자로 말해 보라고 했다. 아빠는 어떤 날은 3점, 어떤 날은 5점, 어떤 날은 8점이라고 했다. 점수들 사이의 미묘한 통증의 차이를 나로서는 느낄 방법이 없었지만 어제보다 높은 점수를 말한 날에는 환자에게 조금 더 신경을 기울여야 했다.

이렇게 나의 일상은 아빠의 표정을 살피는 일로 채워져 갔다. 내가 중증 환자를 돌보기 전까지 돌봄은 나에게 막연한 주제였다. 돌봄의 A to Z 같은 게 있을 줄 알았다. 이럴 땐 이렇게, 저럴 땐 저렇게 하면 될 것이라는 믿음이 계속해서 어긋나는 과정이 돌봄의 과정이었다. 이를테면 나는 큰 사이즈의 슬리퍼를 찾는 일 같은 게 돌봄 과정에 포함될 거라곤 상상해 보지 못했다. 약물 부작용으로 발이 어마어마하게 부어 버린 아빠는 시중에 흔하게 판매되는 어떤 신발도 신을 수가 없었다. 원래 갖고 있던 슬리퍼에 발가락이 조금 들어가긴 했지만 발뒤꿈치가 한참 밖으로 삐져나왔다. 이대로는 안 되겠다 싶어 슬리퍼를 찾기 시작했다. 적어도 사이즈 300 이상의 슬리퍼가 필요했는데 300 이상이면서도 더 커질 발을 대비해 사이즈 조절이 가능한 형태의 슬리퍼를 찾아야 했다. 병원 매점, 신발 매장, 그리고 인터넷 쇼핑몰을 한참이나 뒤진 후에야 그런 슬리퍼를 딱 하나 찾을 수 있었다. 환자의 몸은 어떻게 변할지 예측할 수 없었다.

아빠는 항암 치료를 한 번 받았는데 항암 치료가 얼마나 힘든지 익히 들어왔기에 나는 긴장할 수밖에 없었다. 그런데 치료 다음 날 아빠는 근래 그 어느 때보다 컨디션이 좋아 보였고 주변 지인들에게 전화해 치료를 한 번 받았더니 기분이 아주 좋다고, 왠지 긍정적인 기분이 든다고 했다. 그저 항암을 했다는 것에서 오는 안도감에 아빠의 컨디션이 일시적으로 좋아진 것이라 생각했지만, 나도 희망을 품었다. 이렇게 몇 번 더 치료를 받으면 어쩌면 괜찮아질 수도 있겠구나 싶은 마음도 들었다. 그로부터 채 며칠이 지나지 않아 아빠의 상태는 급격히 악화됐다. 그리고 아빠는 더 깊은 절망 속으로 빠져들어 갔다. 환자의 절망을 지켜보는 일은 가장 어려운 일에 속했다. 한 치 앞도 예측할 수 없는 환자의 몸 상태 앞에서 나는 하루하루 최선을 다해 그날의 필요를 알아채고 도움을 제공하는 것만이 최선의 태도라고 생각했다.

의료사회학자 아서 프랭크Arthur W. Frank는 『아픈 몸을 살다』에서 "아픈 사람이 필요로 하는 도움은 지구상의 인간들이 모두 다른 만큼이나 각기 다르다"고 말하며 "돌봄 제공자가 이 고유함에 마음 쓰고 있다는 사실을 아픈 사람에게 어떻게든 전할 때 아픈 사람의 삶은 의미 있어진다"고 주장한다.[6] 아픈 사람이 필요로 하는 도움은 사람마다 다를 뿐 아니라, 시시각각 다르다. 몸 상태에 따라 어떤 때는 병실이 너무 추운 게 문제고, 어떤 때는 너무 더운 게 문제다. 어제까지 잘 먹을 수 있었던 음식도 다음 날엔 냄새조

---

6 아서 프랭크, 『아픈 몸을 살다』, 메이 옮김, 봄날의 책, 2017, 78-81쪽.

차 맡기 힘들 때가 있다. 지금 필요한 게 무엇인지 눈치껏 알아채야 할 때가 많다. 환자와의 상호작용 속에서 환자의 감정과 욕구를 이해하고 그에 따라 돌보는 일은 이론적으로 학습할 수 있는 것이 아니라 온몸의 감각을 동원해 배워 나가야 하는 일이었다. 돌봄은 어떤 면에서 환자의 내밀한 욕구를 구체적으로 파악해야 한다는 점에서 고도의 의사소통 능력을 필요로 한다. 나의 초보 돌봄 제공자로서의 시간은 이 고유함에 마음을 기울이는 법을 배워 나가는 과정이었다. 돌봄을 충족시킬 수 있는 보편적이고 똑같은 해법은 존재하지 않는다.[7]

돌보는 사람에게도 돌봄은 필요하다

하루는 온몸에 알 수 없는 붉은 두드러기가 나고 몸이 가려웠다. 아빠가 잠든 것을 확인하고 새벽에 응급실을 찾았다. 응급실에서도 두드러기의 원인은 알 수 없었지만 약을 처방받았다. 말기 암 환자 가족들은 환자 상태의 지속적 악화로 전적인 돌봄을 수행해야 하는 문제, 긴장이 지속됨으로 인한 위장 장애와 수면 부족 등 신체적 문제를 경험한다고 한다.[8] 힘든 마음을 표현하지 못하고 속으로만 삼키다 보니, 결국 내 고통이 피부로 드러난 게 아닐까 생각했다. 돌보는 사람은 환자 앞에서 감정을 곧잘 숨긴다.

---

7 조안 C. 트론토, 『돌봄 민주주의』, 아포리아, 2014, 53쪽.

8 최은숙·김금순, 「말기 암 환자 가족의 돌봄 경험」, 『Journal of Korean Academy of Nursing』, 2012, 280-290쪽.

대학병원 화장실에서 눈시울이 붉어진 채 나오는 사람들을 마주친다는 이야기를 본 적이 있다. 환자 앞에서 차마 울 수 없는 사람들이 화장실에 가서 울고 나온다는 이야기였다. 가족들 앞에서 나는 울고 싶지 않았기 때문에 아빠를 돌보며 병원에서 지내는 동안 남이 보는 곳에서 운 적은 없다. 딱 한 번, 아빠가 자리를 비운 사이 회진을 온 의사가 아빠의 상태가 더 나빠졌다는 이야기를 전했을 때 나는 아빠가 없는 틈을 타 병실 화장실에서 소리 내어 엉엉 운 적이 있다. 그 소리를 들었는지 옆 침대에 입원해 있던 환자의 보호자가 화장실에서 나온 나에게 빵을 건넸다. 그게 두고두고 고마웠다. 병원에서 지내는 동안 이런 작은 호의들에 기대어 하루를 버텼다.

아빠의 발이 하도 부어 아빠 발을 마사지하는 것이 내 일과에 추가되었는데 마사지를 배워본 적이 없으니 이렇게 하는 게 맞는 건가 싶기도 하고 환자의 몸을 만지는 것이 조심스럽기도 했다. 우리의 데면데면한 관계 때문에 서로의 피부가 닿는 일이 영 편하지 않기도 했다. 하루는 중년 여성이 병실로 찾아왔다. 환자들에게 마사지를 하는 자원 활동을 하고 있다고 설명하며 마사지가 필요하냐고 물었다. 마사지를 부탁드렸고 아빠는 병원에 온 이후로 가장 편안해 보였다. 마사지를 받는 건 아빠인데 누군가 우리에게 마음을 써준다는 사실이 감사했던 것인지 한동안 마음이 뭉클했다. 병원에는 정말 다양한 사람들이 있다. 그리고 이렇게 크고 작은 돌봄들이 모여 환자를 돌보고, 또 환자를 돌보는 사람들을 돌본다.

또 나의 경우 크게 도움이 되었던 건 글의 서두에서도 말했던 암 환자와 보호자들이 모이는 인터넷 카페였다. 치료 과정이 기로에 놓였을 때 조언을 구하기도 하고 환자에게 좋은 음식, 좋은 요양원 정보를 찾아보기도 했다. 살얼음판 같이 느껴지는 하루하루를 버티는 사람들이 또 있구나, 그리고 그들도 나랑 비슷한 상황에서 비슷한 고민을 하고 있구나 하는 것을 눈으로 보는 것만으로도 어딘가 기댈 구석이 생긴 기분이었고, 시간이 날 때마다 끊임없이 새로고침 버튼을 누르면서 글을 읽어 내려갔다.

일본의 경우 한국보다 돌봄 제공자들의 모임이 활성화되어 있다. 나는 한국에서 췌장암 환자를 돌보는 가족들의 모임에 잠시 참여한 적이 있지만 모임은 그리 오래가지 않았다. 모임 자체가 별로 없기도 하다. 일본의 경우 가족 돌봄자를 위한 자조 모임이 전국적으로 만 단위 이상 존재하는 것으로 알려지고 있다.[9] 모임에서는 기저귀를 가는 법과 같은 돌봄 기술에서부터 정부의 노인 돌봄 정책과 일본의 가족문화에 대한 비판까지 다양한 주제들이 오간다고 한다.[10] 자조 모임은 비슷한 상황에 있는 사람들이 모여 이야기를 나누는 것이기 때문에 다른 사람 앞에서는 꺼내기 힘든 어려운 얘기를 꺼내게 되는 기회가 되기도 하고, 또 깊이 이해받는 느낌을 받기도 한다. 영국의 Carers UK는 돌보는 사람들을 대변하는 단체로 영국의 사회복지 제도에서 돌보는 사람들의 수당과 연금권을 보장하는 데 기여했다. 또한 지역 사회에서 가족과

9 지은숙, 「부모를 돌보는 비혼 남성의 남성성—일본의 젠더 질서와 가족 돌봄의 역학」, 『한국여성학』, 30권 4호(2014), 77-117쪽.

10 지은숙, 「비혼 여성의 딸 노릇과 비혼됨singlehood의 변화: 일본의 부모를 돌보는 딸들의 사례를 중심으로」, 『한국문화인류학』, 50권 2호(2017), 189-235쪽.

친지를 돌보는 사람들에게 정보와 지식, 조언을 제공하는 등 돌봄을 홀로 감당하지 않도록 도움을 제공한다고 한다.[11]

돌보는 사람들이 절망의 벼랑 끝에서 결국 환자를 제 손으로 죽이고 말았다는 뉴스를 종종 볼 수 있다. 『서울신문』 탐사기획부가 제작한 『간병 살인, 154인의 고백』이라는 책의 서문에는 "이 전쟁은 누군가가 죽어야만 끝납니다"라고 쓰여 있다. 돌봄이 전쟁이 된 상황, 이 상황을 과연 누가 만들었으며, 누가 책임지고 해결해 나갈 수 있을까. 돌봄은 인간이 할 수 있는 가장 이타적인 행위, 윤리적인 행위이고 우리 모두 누군가의 돌봄에 의존해 살아간다는 아름다운 말이 이 사람들의 삶에서 얼마나 힘을 발휘할 수 있을까. 돌보는 이의 복잡한 감정이 오로지 가족만이 아픈 이를 잘 돌볼 수 있다고 믿는 지금의 한국 사회에서 발화될 수 있을까. 이 책의 부제는 '우리 사회가 보듬어야 할 간병 가족들의 이야기'이다.

자연 치유라는 희망

세상에는 다양한 의사가 있겠지만, 아빠를 돌보는 과정에서 만난 의사 중 내게 좋은 기억으로 남은 의사는 없다. 호통을 치거나, 무관심했다. 한국의 의사들이, 특히 대학병원을 비롯한 대규모 의료시설에서 일하는 의사들이 환자에게 자신의 시간과 마음

11 「가족 돌봄 지원, 영국 돌봄자 운동을 보라」, 『프레시안』(2016. 6. 9.) https://m.pressian.com/m/pages/articles/137592#0DKW(최종 접속: 2020. 9. 15.)

을 내어 줄 여유가 없는 상황에 있다는 것은 익히 알고 있었다. 그럼에도 의사들이 처한 상황을 고려해 그들의 태도를 포용할 만한 마음의 여유가 당시 내게는 없었다. 의사를 만나는 시간이 괴로웠지만 의사의 진단과 계획 아래에 아빠의 삶이 어떤 식으로 끝날지가 결정된다고 생각하니 나는 의사에게 최대한의 친절을 베풀었다. 잘 봐달라는 의미에서 말이다. 아빠도 마찬가지였다. 그렇게 무뚝뚝하던 사람이 의사에게는 '고맙습니다'라는 말을 어찌나 많이 하는지 놀라울 따름이었다.

의사와의 짧은 만남은 환자와 보호자의 불안을 해소하기엔 역부족이다. 게다가 의사가 환자나 보호자의 마음을 헤아리는 편이 아니라면 더더욱 그렇다. 이 틈을 파고드는 것이 '대체의학', '자연 치유', '민간요법' 등이다. 건강 정보가 넘치는 세상인 만큼 암 환자가 뭘 먹으면 좋다더라, 어떤 요법을 해봤더니 암이 나았다더라, 같은 정보가 수도 없이 쏟아진다. 이제 보호자는 무엇이 진짜로 환자에게 도움이 될지, 오히려 해로운 영향을 미칠지 판단을 하게 된다. 병원에서 더 이상 치료가 어렵다는 판정을 받게 된 사람들은 더욱 이런 정보들에 매달릴 수밖에 없다. 『대체의학을 믿으시나요?』를 쓴 폴 오핏Paul A. Offit은 현대 의학을 공부한 의사들은 냉담해 보이고 환자들은 이런 상황에서 자신이 한 명의 사람이기보다는 숫자처럼 느껴지기 십상인데 대체의학 치료사들은 개인에게 초점을 맞춰 관심을 주기 때문에 대체의학에 이끌리게 된다고 설명한다.[12]

12 폴 A. 오핏, 『대체의학을 믿으시나요?』, 서민아 옮김, 필로소픽, 2017.

이에 더해 이들이 언제나 '나을 수 있다'는 희망을 주기 때문에 환자와 보호자들이 강하게 이끌릴 수밖에 없다. '병원에서 한 달밖에 못 산다고 했는데, 이걸 했더니 나았어요' 같은 대체의학 치료 후기는, 병원에서 한 달밖에 못 살 거라 진단받은 환자와 보호자의 마음을 빼앗는다. 아빠의 몸이 나날이 쇠약해져 가던 때, 나는 한 유명 자연 치유 '전도사'의 강의를 들으러 갔다. 강의는 8시간 가까이 이어졌고 강의장을 가득 메운 사람들은 대부분 끝까지 자리를 지키며 열심히 그의 말을 받아 적었다. 나 또한 그의 강의를 녹음해 집에 와서 그 긴 시간 동안의 말을 다시 글로 옮겼다. 그리고 그가 추천해 준 물품들을 구입했다. 고가의 물건들이었지만 구입을 오래 망설이진 않았다.

이제 한 달이 안 되는 시간 안에 아빠의 죽음이 다가올 것이었다. 병원에선 더 이상 치료가 불가능하다는 진단을 받았고 아빠와 우리 가족은 집으로 돌아왔다. 그리고 근처 호스피스 병동에 가 상담을 받았다. 호스피스 병동의 상담을 받은 후 병원 대기실 의자에 앉은 아빠는 믿고 싶지 않다는 눈으로 '지금 내가 호스피스 병동에 입원을 해야 할 때라는 것이 믿어지냐?'고 물었다. 결국 아빠는 호스피스 병동에 입원하지 않고 집으로 돌아왔다. 아빠는 자신의 죽음이 머지않았다는 사실을 받아들이지 못했다. 집에서 해줄 수 있는 일이라고는 배액관이 연결된 피부를 소독하고 약을 제때 먹이는 것 정도밖에 없었다. 가정방문 간호사가 주기적으로 방문해 아빠를 살펴봐 주었다. 아빠는 이 시기에 이미 밥을 먹지 못했으므로 그저 종일 잠을 잤다.

뭐라도 해야 한다는 마음에 자연 치유 교실에서 듣고 온 대로 암에 효과가 좋다는 여러 야채를 주스 형태로 만들어 아빠에게 권했다. 이런 형태의 주스가 오히려 간에 무리를 줄 수도 있다는 말을 여기저기서 들었지만, 어차피 아빠에게 남은 시간은 얼마 없었기 때문에 '혹시라도'라는 마음이었다. 주스를 이틀 정도 먹었더니 엄청나게 부어 있던 아빠의 발의 부기가 빠져 예전의 발과 비슷한 형태로 돌아왔다. 단지 병원에서 하루 종일 수액을 맞던 것을 멈춰서 부기가 빠진 것이었을 테지만, 아빠는 주스를 먹었더니 부기가 빠지기 시작했다며, 나보고 '명의名醫'라고 했다. 아빠가 좋아하니 그걸로 됐다고 생각했다. 그리고 며칠 후 그마저도 먹지 못하게 된 아빠는 의식불명의 상태로 빠져들었고 구급차에 실려 호스피스 병동으로 이송되었다.

자연 치유 같은 것들을 시도하는 데 있어서 환자와 돌봄 제공자의 의견이 엇갈리면 큰 갈등이 일어나기도 한다. 환자가 원하지만 돌봄 제공자가 말릴 때도 있고, 환자는 원하지 않지만 돌봄 제공자가 권할 때도 있다. 자연 치유를 시도한다고 해도 어느 것 하나 장담할 수 있는 것이 없고, 행여나 자연 치유를 시행하느라 병원 치료의 '적기'를 놓칠 수도 있기에 자연 치유 요법 선택의 과정은 환자에게 목숨을 건 시도일 때가 있다. 이런 위험을 무릅쓰고 자연 치유를 선택하는 환자를 비웃거나 무시하는 의료인을 흔히 볼 수 있었다. 효과도 없고 오히려 병을 악화시킬 수도 있는 일을 시도하는 환자나 보호자를 보면 의사 입장에서 화가 나고 답답해 미칠 지경일 것도 같다. 그럼에도 환자의 치료 과정에 동행하는 사람이라면 환자와 보호자가 왜 목숨을 담보로 치료 효과가 검증되지도 않은 요법을 반복하고 있는지, 왜 자신의 마음을 그곳에 의탁할 수밖에 없는지를 헤아려 볼 필요가 있다.

죽음을 기다리며

아빠는 결국 호스피스 병동에 입원을 했다. 의식이 없는 채로. 이제 아빠는 하루 종일 잠만 자고 가끔 화장실에 가고 싶을 때 깨어났다. 결국엔 그마저도 하지 못하게 되었지만. 호스피스 병동에 처음 입원을 하고 복도를 걸어 다니며 각 병실 앞에 쓰인 환자의 이름과 나이를 유심히 살펴보았다. 대부분 80대 이상이었고 아빠가 가장 젊었다. 당시 그 호스피스 병동에 50대 환자는 아빠가 유일했다.

호스피스 병동은 조용하고 차분했다. 호스피스 병동에서는 응급 상황이랄 게 별로 없었다. 한 번은 화장실에 가겠다고 일어선 아빠를 부축했던 날이 있다. 아빠를 겨우 일으켜 세운 뒤 잠시 아빠의 팔을 놓은 순간, 아빠는 바닥으로 고꾸라졌다. 서 있을 힘도 없었던 것이다. 당황한 나는 급히 간호사를 불렀고 간호사와 옆 병실의 남성 간병인이 힘을 합쳐 아빠를 침대 위로 끌어올렸다. 나는 아빠가 죽은 이후 한동안 매일 이 장면을 생각하며 눈을 질끈 감았는데 이때 넘어져서 생긴 온몸의 시커먼 멍이 아빠의 시신에까지 남아 있었기 때문이다. 죄책감은 이루 말할 수 없었다. 아빠가 넘어진 순간에 나는 이제 아빠가 죽었다고 생각했고, 내가 아빠를 죽였다고 생각했다. 이날의 기억은 오래오래 남았고 한동안 눈을 감으면 이 장면이 반복 재생되어 눈을 더 질끈 감았다.

아빠의 부모와 친척들이 아빠의 마지막 모습을 보기 위해 다녀갔다. 이제 다들 아빠가 죽는다는 것을 알았다. 섬망 증상에 시달리던 아빠는 하루는 "저 좀 먼저 데려가 주세요"라고 말했다. 아빠도, 나도, 그리고 가족들도 이제 죽음이 머지않았다는 것을 알았다. 죽음을 기다리는 시간이라는 말은 어딘가 이상하지만, 호스피스 병동에서 보낸 시간은 죽음을 기다리는 시간이었다는 말 외에 달리 설명할 방법이 없다. 호스피스 입원을 한 이후로 차에는 항상 아빠의 영정사진이 실려 있었다. 언제든 쓸 수 있도록. 그렇게 하나씩 준비를 했다.

이 시간에는 무엇을 해야 할지 몰랐다. 아빠를 위해 딱히 해줄 수 있는 것도 없었고 그저 장례식장을 알아보고 매일 나빠지는 수치를 확인할 뿐 달리 할 일이 없었다. 차라리 이 모든 일이 빨리 끝났으면 하고 바랄 때도 있었다. 그리고 그런 생각을 떠올린 나를 혐오했다. 누군가의 죽음 과정에 함께하는 일이 처음이라(두 번째라고 해서 크게 뭐가 달라질까 싶지만) 내가 무엇을 생각해야 할지 잘 몰랐다. 부모의 죽음은 20대 중반의 당시 나에게는 낯선 일이었고 더군다나 내가 이 사람을 사랑하는지 미워하는지 헷갈리는 와중에 찾아온 죽음은 더욱 대하기가 어려웠다.

호스피스 병동에서 말기 암 환자를 돌보는 가족들의 돌봄 경험을 조사한 한 연구는 가족들의 진술을 통해 돌봄 경험을 분석하고 있다. 호스피스에 들어오면서 돌봄 제공자들은 오랜 간병에 지쳐 환자가 빨리 생을 마감했으면 하는 마음이 들기도 했고 호스피스 병동에 의뢰되는 순간 죽음과 이별을 예감했음에도 불구하고 돌봄에 최선을 다하기도 했다. 점차 시간이 지나고 돌봄 고통이 가중됨에 따라 이별을 기정사실화했으며 그 이별이 편안한 이별이 되기를 바랐다.[13] 호스피스는 돌봄의 종착지와도 같기에 돌봄 제공자는 돌봄 과정의 끝을 실감하며 안도하기도, 후회하기도, 자책하기도 한다. 하지만 환자의 죽음으로 돌봄 과정이 말끔하게 종결되는 것은 아니다. 환자의 죽음은 돌봄 제공자가 돌봄 전 과정에 대해 돌이켜 보며 돌봄을 자기 삶에서 어떤 의미로 위치시킬 것인가에 대한 성찰의 시작점이기도 하다.

돌봄의 가치를 생각하기

환자의 죽음과 함께 돌봄 또한 마무리된다고 생각하기 쉽지만, 돌봄 과정의 의미를 찾고 자신의 감정을 추스르는 일은 환자가 죽은 이후에도 한참 동안 이어진다. 자신이 돌보던 환자가 죽은 이후에, 환자를 돌보았던 사람은 여러 감정을 겪으며 돌봄 과정이 과연 나에게 무엇이었는지를 곰곰이 돌이켜 본다. 나는 여전히 아빠를 돌보았던 시간을 복기하며 돌봄의 의미를 반복해서 질문한다.

어떤 사람들이 '느개비', '애비충'이라는 말을 만들고 쓰기 시작했다.[14] '느개비', '애비충'이라는 말과 함께 아빠라는 존재가 집

13 양은숙·이동훈, 「호스피스 병동 말기 암 환자 가족의 돌봄 경험에 관한 현상학적 연구」, 『한국콘텐츠학회논문지』, 17권 10호(2017), 667-685쪽.

14 무책임한 아버지, 무능력한 가장으로서의 5-60대 남성을 일컫는 '애비충'은 가부장적 문화 아래서 성차별적 젠더 인식을 습득하고 여성 비하와 혐오 문화를 전유하다 아버지가 된 사람을 가리킨다. '애비충', '느개비'(느그애비) 등은 이들이 성매매와 가정폭력의 주범이라는 주장과 함께 생겨

안에서 부리는 횡포와 폭력이 보다 적극적으로 말해지기 시작했고 누군가에게는 이 폭로의 물결이 비혼 결심의 동력이 되기도 했다. 폭로된 '애비충'의 면면에서 한국 사회의 성별에 따른 불평등과 남성 중심성을 다시 한번 확인할 수 있었지만, 그래서 이 남성과 내가 어떤 관계를 맺어야 하는지에 대한 답은 찾을 수 없었다. 단절되거나 무시하거나, 혹은 참고 살거나 외에 다른 선택지를 가질 수 있을지 아직도 모르겠다. 남성과 어떤 방식의 소통이 가능하리라는 믿음을 저버리게 만드는 사건을 우리는 매일 목격한다.

아빠와 단절되어야겠다는 쪽으로 마음이 기울어져 가던 때에 일어난 아빠 돌봄이라는 과제는 단절을 유예하게 했고 결국 죽음을 통해 단절되도록 했다. 아빠가 나의 도움 없이 대부분의 행동을 할 수 없게 되어 가는 과정, 쇠약해지다 소멸해 가는 시간을 함께하면서 어떤 미움들이 해소되기도 했다. 한편으로는 우리 관계는 어느 한쪽이 죽는 것 외에는 어떤 방식으로든 화해가 불가능한 것이었을까 묻게 된다. 돌봄의 과정이 죽음으로 종결되지 않았듯 아빠와의 관계 맺기 또한 아빠의 죽음으로 종결되지 않았다. 폭력적이었던 부모를 돌보는 일이 나에게 갑자기 주어진다면 어떻게 해야 할까에 대한 이야기를 함께 나누고 여러 사람의 지혜를 모으고 싶다. 돌보는 이에게는 돌보았던 이의 죽음 이후에도 숙제가 남는다.

아빠를 돌보는 일은 내가 아빠와 같은 상황에 부닥쳤을 때, 어

난 말이다. 박무늬, 「혐오에 맞서는 혐오: 인터넷 커뮤니티 '메갈리아'를 통해 본 한국 사회의 젠더 담론」, 고려대학교 일반대학원 언론학과 석사학위논문(2016), 79쪽.

떤 선택을 할 것인가를 고민하게도 했다. 아빠처럼 가족을 만들 계획이 없는 나는 나를 돌봐 줄 사람을 만날 수 있을까? 나를 돌봐 줄 사람을 고용할 만한 경제적 여력이 나에게 있을까? 만약 친구들이 날 돌봐 준다면 친구들에게 어느 정도로 내 몸을 맡길 수 있을까? 어떤 사람들은 다른 사람의 도움 없이 살아갈 수 없게 된다면 차라리 죽음을 선택하겠다고 말한다. 스스로 죽음을 선택하는 마음에 이의를 덧붙이고 싶지 않지만, 왜 돌보아지는 일을 그토록 수치스럽게 여길 수밖에 없는가에 대해서는 더 이야기할 필요가 있다. 돌봄을 받는 사람은 곧 쓸모없는 사람이라 여기는 세상에 제동을 걸어야 한다. 세상에 돌봄이 필요 없는 사람은 없고, 일방적으로 돌봄을 받기만 하는 존재도 없다. 돌봄이 필요한 상황에서 우리의 유일한 선택지가 죽음이 아니길 바란다.

코로나19의 세계적 대유행 이후로 돌봄, 그리고 돌봄의 위기는 더욱 중요한 사회적 화두로 떠오르고 있다. 돌봄의 중요성이 전 사회적으로 논의되는 것은 환영할 만한 일이다. 이때 중요한 것은 '돌봄의 위기를 어떻게 해결할 것인가'라는 질문에 대한 답이 하나인 것만도, 간단한 것만도 아님을 인정하는 일이다. 여러 사람이 돌봄 위기의 해결책으로 제시하는 방향, 즉 돌봄에 관한 제대로 된 정책의 마련, 국가 책임의 강화는 필요하고 또 중요하다. 그럼에도 우리는 아픈 이를 돌보는 한 사람의 이야기에도 주목할 필요가 있다. 돌봄 위기는 돌봄을 받는 사람, 돌봄을 제공하는 사람의 위기이기도 함을 상기하면서 이들이 어떤 위기에 처해 있는지, 위기에 처할 수밖에 없는지를 함께 이야기해야 한다.

끝으로 이 글은 어디까지나 아빠를 돌보았던 나의 입장에서 쓴 글이다. 그 돌봄의 시간은 아빠와 내가 함께 만든 것인데, 나의 입장과 경험만으로 그 시간을 글로 쓰는 일이 합당한지를 고민했다. 살아온 삶의 맥락과 무관하게 현재와 남은 시간만으로 가늠되는 존재가 되는 일[15]은 아빠에게 어떤 절망을 안겨 줬을 것이고 이 절망은 사람을 더 모나게 했으며 우리의 대화는 결국 불가능했다. 더 많은 이야기를 나눌 수 있었더라면, 아빠가 무슨 생각인지 좀 더 알 수 있었더라면 달랐을까. 그럼에도 이 글을 쓸 수 있었던 건 돌보는 사람들의 이야기가 세상에는 더 많이 필요하다는, 앞서 돌봄기를 썼던 수많은 이들의 문장들 덕이었다. "'그래도 환자가 제일 힘들지'라는 비교급의 언어가 아닌, 다른 언어가 필요하다"는 말에 용기를 얻었다.[16]

---

15 최현숙, 『작별일기』, 후마니타스. 2019, 206쪽.

16 전희경, 「보호자라는 자리」, 『새벽 세 시의 몸들에게』, 김영옥·메이·이지은·전희경 지음, 생애문화연구소 옥희살롱 기획, 봄날의 책, 2020, 123쪽.

참고문헌

〈논문 및 단행본〉

롤랑 바르트, 『애도일기』, 김진영 옮김, 이순, 2012.

박무늬, 「혐오에 맞서는 혐오: 인터넷 커뮤니티 '메갈리아'를 통해 본 한국 사회의 젠더 담론」, 고려대학교 일반대학원 언론학과 석사학위논문(2016), 79쪽.

백영경, 「복지와 커먼즈」, 『창작과비평』, 제45권 3호(2017), 19-38쪽.

아서 프랭크, 『아픈 몸을 살다』, 메이 옮김, 봄날의 책, 2017.

양은숙·이동훈, 「호스피스 병동 말기 암 환자 가족의 돌봄 경험에 관한 현상학적 연구」, 『한국콘텐츠학회논문지』, 17권 10호(2017), 667-685쪽.

유영규·임주형·이성원·신융아·이혜리, 『간병 살인, 154인의 고백』, 루아크, 2019.

전희경, 「보호자라는 자리」, 『새벽 세 시의 몸들에게』, 김영옥·메이·이지은·전희경 지음, 생애문화연구소 옥희살롱 기획, 봄날의 책, 2020.

조안 C. 트론토, 『돌봄 민주주의』, 아포리아, 2014.

지은숙, 「부모를 돌보는 비혼 남성의 남성성—일본의 젠더 질서와 가족 돌봄의 역학」, 『한국여성학』, 30권 4호(2014), 77-117쪽.

지은숙, 「비혼 여성의 딸 노릇과 비혼됨singlehood의 변화: 일본의 부모를 돌보는 딸들의 사례를 중심으로」, 『한국문화인류학』, 50권 2호(2017) 189-235쪽.

최은숙·김금순, 「말기 암 환자 가족의 돌봄 경험」, 『Journal of Korean Academy of Nursing』, 2012, 280-290쪽.

최현숙, 『작별일기』, 후마니타스, 2019.
캐럴라인 냅, 『명랑한 은둔자』, 김명남 옮김, 바다출판사, 2020.
폴 오핏, 『대체의학을 믿으시나요?』, 서민아 옮김, 필로소픽, 2017.

〈인터넷 자료〉

김보영, 「비혼 여성의 부모 돌봄기」, 페미니스트 연구 웹진 『Fwd』(2019) https://fwdfeminist.com/2019/07/31/vol-2-3/(최종 접속: 2020. 9. 15.)
「가족 돌봄 지원, 영국 돌봄자 운동을 보라」, 『프레시안』(2016. 6. 9.) https://m.pressian.com/m/pages/articles/137592#0DKW(최종 접속: 2020. 9. 15.)

6

동시대 한국 문학/비평에 요청하는 것들

—제4물결 온라인 페미니즘과 여성 서사 운동으로부터

허주영

허주영

시인, 문학 연구자. 한국외대 한국어교육과를 졸업하고, 동대학원에서 한국 문학 박사 과정을 수료했다. 페미니스트 연구 웹진 『Fwd』에 글을 쓰고 공부하고 있으며, 지은 책으로 『계집애 던지기』가 있다.

1. 서사의 면모들은 어디로 향하는가

2010년대를 마무리 하고 2020년대로 들어서기 전, 2019년 겨울 주요 문예지는 '페미니즘', '퀴어'를 주제 또는 특집으로 다루며 문단의 지난 움직임을 분석하고 평가했다.[1] 이러한 키워드들이 주류 문학의 장에 초대된 것은 '페미니즘', '퀴어', 'SF'가 독자들의 요청에 의해 지속적으로 호출된 것에 대한 일종의 응답일 것이다. 문학뿐만 아니라 영화, 웹툰, 게임 등 미디어 시장에서 수용자들의 정동을 포착하고 되먹임feedback하는 과정은 제4물결로서 온라인 페미니즘이라는 기반 위에서 이루어지고 있다. 특히 여성 서사를 요구하는 동시에 기존의 서사를 비판하는 흐름은 온라인 공간과 오프라인 공간을 넘나들며 하나의 운동으로 이어졌다. 이것이 하나의 운동으로서 자리매김할 수 있었던 동력은 온라인 공간에서의 수용자들의 발화에서 추동되는 동시대 페미니즘 운동의 높고 낮은 흐름이다. 동시대의 페미니즘 운동은 온라인에서 시작되어 빠른 속도로 확산된다. 물리적 제약 없는 온라인 공간은 정보들이 전달되는 속도를 촉진시키고, 온라인의 공간성과 속도성은 개인의 경험을 발화할 수 있는 새로운 장을 형성한다.

1 『문학동네』(2019, 겨울)는 "페미니즘과 퀴어, 문학의 새로운 광장"을 특집으로, 『자음과 모음』(2019, 겨울)은 비평가들이 꼽은 2010년대 대표 작품을 비평의 주제로, 『문학과 사회』(2019, 겨울)는 '포스트 휴먼', 'SF 소설', 그리고 '페미니즘 서사'의 재조명을 통해 문학의 미래와 확장 가능성을 가늠(양윤의)했다. 『창작과비평』(2019, 겨울)은 "새로운 세계, 다른 리얼리즘"을 특집으로 새로운 페미니즘 물결이 지금의 한국의 리얼리즘 문학에 미친 영향(한기욱), SF 리얼리즘의 동시대 여성 서사와 독자들 사이의 정동(복도훈) 등을 주제로 다루었다.

2010년 중반 메갈리아의 등장과 강남역 살인 사건 이후 한국에서 온라인 페미니즘은 하나의 운동 방식으로서 본격적으로 전개되기 시작했다. 공론화된 개별적 사건들은 하나의 해시태그로 묶이고 또 그 안에서 여러 갈래의 흐름으로 분화한다. 인터넷 기술을 통한 페미니즘 운동은 다양한 목소리를 온라인에서 촉진된 의제 안에서 가능하게 하며, 일시적이면서도 효율적인 네트워크를 형성했다.[2] 즉각적으로 문제점들을 토로하는 온라인 공간은 논의를 확장하고 정리하기까지 과정을 거치면서 진영의 투쟁이 극도로 강화되는 장으로 기능한다. 이는 양극단을 구성하여 모든 발화자들을 둘 중 하나의 진영 안으로 포섭하는 것으로 여겨질 수 있지만, 반복을 통해 촘촘한 스펙트럼을 만들어 내며, 비가시적인 개인의 참여와 사안을 사이에 분포시킨다. 온라인 페미니즘 운동은 한국에서 일어난 특수한 사건이거나 공통된 특정 의제만을 이야기하는 것이 아닌 각기 다른 지리 시간대와 기존의 물결 서사들이 만나고 교차하는 동시대라는 하나의 타임라인에서 공명한다는 점에서 제4물결 페미니즘으로 제시된다.[3]

제4물결로서의 온라인 페미니즘에서 개인들의 참여는 새로운 운동을 구성하고 이러한 맥락에서 온라인 공간에 호출되는 경험들은 주류 매체가 드러내는 상투적 여성 이미지에서 나타난 문제

---

2 자발적으로 결집하는 정치적 집단은 비조직적이고 멤버십이 없다는 특징을 가지고 있지만 필요에 따라 언제든지, 빠른 속도로 순식간에 다시 모일 수 있다는 가능성은 오히려 경제적인 네트워크 모델을 제시한다. 이러한 온라인 페미니즘 대중운동의 네트워크 모델은 지속 가능한 하나의 모델이 무조건적으로 효과적이지 않다는 것을 방증한다.

3 김은주, 「제4물결로서 온라인 – 페미니즘: 동시대 페미니즘의 정치와 기술」, 『한국여성철학』, 제31권, 2019, 24쪽.

점들을 제기하며 새로운 여성 서사가 필요하다는 목소리를 내는 토대가 되었다. 온라인 페미니즘의 타임라인 안에서 여성 서사 운동 급증의 지점을 펼쳐 보면 한국 사회에 발생된 여성 혐오 사건 또는 논란이 발생하는 시점과 물결의 높이를 공유한다. 대표적으로 소설 『82년생 김지영』을 포함한 페미니즘 도서의 판매량은 마치 주식처럼 급등의 지점이 사건의 발행 지점을 보여 주는 지표가 되었다.[4] #문단_내_성폭력 사태, 미투(#MeToo) 운동뿐만 아니라, 여성 아이돌이 인터뷰에서 소설 『82년생 김지영』을 읽었다는 대답에 또는 책 표지 사진을 자신의 SNS에 올린 것에 한국 남성들의 비난이 쏟아졌을 때, 그리고 고故 노회찬 의원이 문재인 대통령의 취임 선물로 소설 『82년생 김지영』을 건넸을 때 등 크고 작은 사건들은 여성 서사 운동에 탄력 있는 움직임과 솟아오름을 촉발했다.

일련의 여성 혐오 사건을 통과한 여성들의 움직임은 페미니즘 도서를 '구매'하는 것으로 그치지 않고, 구매자의 위치에서 여성 서사를 요청했다. 여성 서사를 요청하기 위해서는 여성 서사가 무엇인지 구체화하는 과정이 필요했다. 여성 혐오가 하나의 논란거리로 등재되고, 메갈리아를 거친 여성들에게 '여성 서사'가 무엇인지 규정짓는 과정에서 여성이라는 성별은 기준을 세우는 관건이 되었다. 특히 백델 테스트Bechdel test[5]는 서사를 생산하는 주류

4 중앙일보, 미투 열풍에 페미니즘 도서 인기…… 전년보다 208퍼센트 증가, 2018. 3. 1.https://news.joins.com/article/22446857

5 1985년 미국의 만화가 엘리슨 벡델에 의해 고안된 영화 성평등 테스트로 아래 세 가지 기준을 충족해야 한다. ① 이름을 가진 여자가 두 명 이상 나올 것, ② 이들이 서로 대화할 것, ③ 대화 내용에 남자와 관련된 것이 아닌 다른 내용이 있을 것. 2020년 양성평등 주간을 맞아 열린 '백델데이 2020'은

매체들의 재현 방식에 문제를 제기하는 기준이 되어 주었다. 그럼에도 섹스를 강력한 기표로 여성 서사를 규정하는 운동의 방식은 엄격하거나 느슨한 방식으로 여성 서사를 단편적으로 만든다는 비판을 피할 수 없었다. 그러나 이러한 비판들은 대부분 여성 서사 운동의 주체들이 통과한 사건들을 기반으로 동시대 페미니즘 운동에 대한 온당한 해석들을 전제하고 있지 못했다. 2015년 흥행 10위 한국 영화에서 '백델 테스트'를 통과한 영화가 겨우 두 편이었다는 점을 상기하면[6], '벡델 테스트'와 같은 대중적인 온라인 페미니즘 운동이 불러온 지금의 효과들을 단편적으로 볼 수는 없기 때문이다. 이는 제4물결로서 온라인 페미니즘에서 동시대 페미니스트들이 여성 재현의 문제에서 대표성과 보편성에 왜 천착하고, 과열된 치열함을 보였는가에 대한 대답의 실마리를 줄 것이다.

운동의 흐름을 거슬러 올라가면, 제4물결로서 온라인 페미니즘에서 여성들은 각자 자신의 삶의 도처에 여성 혐오가 있다는 것을 증명해 내야 했다. 여성 혐오를 설명해야 하는 발화의 위치에서 '여성'이라는 자신의 성별은 무엇보다 특별한 가치가 붙은 표상이 되고, 이는 문학을 포함한 미디어에서의 여성 재현의 문제를 제4물결의 메인 키워드로 작동하게 했다. 즉, 여성 재현은

기존의 백델 테스트에서 네 가지 기준을 더 추가하였다. ④ 감독, 제작자, 시나리오 작가, 촬영감독 중 1명 이상이 여성 영화인일 것, ⑤ 여성 단독 주인공 영화이거나 남성 주인공과 여성 주인공의 역할과 비중이 동등할 것, ⑥ 소수자에 대한 혐오와 차별적 시선을 담지 않을 것, ⑦ 여성 캐릭터가 스트레오 타입으로 재현되지 않을 것.

6 『한겨레 21』 레드 기획, 「달랑 두 편」, 2015.10.30, http://h21.hani.co.kr/arti/culture/culture_general/40572.html

여성 혐오가 있다는 것을 증명하기 위한 하나의 증거처럼 여겨진 것이다. 그러므로 제4물결로서 온라인 페미니즘에서 여성들은 각자 삶에서 여성 혐오가 실재한다는 것을 직접 증명해야 했다. 극단적으로는 서사 속에 남성 인물의 등장만으로도 비-여성 서사로 규정짓는 기현상을 빚기도 한다. 하지만 여성 서사 운동이 자가당착적인 길을 택한 것에 안타까움을 표할 수만은 없다. 동시대 페미니즘 운동에 대한 해석의 실패, 그리고 주소를 잘못 찾은 비평의 실패는 동시대의 해석의 실패로 이어지기 때문이다. 주체성을 획득하지 못하고 객체로서 주변부로 밀려나는 여성 인물들이 가진 수사적 특징들이 실제 여성의 삶과 얼마나 거리를 가지는가 또는 영향을 주고받는가라는 비판들은 반지성주의적이거나 극단적인 것으로 간주되어 왔다. 그러한 과정에서 표본이 생긴 것은 오히려 동시대 페미니즘 운동들에 대한 해석이었다. 미디어를 통해 재현되는 여성의 이미지가 어떠한 형태로 영향을 미쳤는지에 대한 기억을 공유하는 과정에서 새로운 여성 서사를 요구하고 여성의 삶과 일상에 긍정적인 변화를 모색하기는 계속 이행되고 나아간다.

더 많은 여성 서사가 필요하다는 흐름 안에서 '여성 서사는 없다 또는 부족하다'라는 주장과 '여성 서사는 항상 있었다'라는 주장은 지속적으로 충돌한다. 물론 한국 문학장에 여성 서사는 언제나 있었고 또 동시에 부족했다. 1970-1980년대는 여성 시인, 소설가들이 "여류"로 평가되는 시기였으며, 그 이후에도 꾸준히 생물학적 여성이 발표한 작품을 여성의of the women, 여성에 의한by the women, 여성을 위한for the women 문학으로 분류하여 여성만을 위한 문학사 만들기를 시도했다. 한국 현대문학사에서 여성 문학은 문학사를 구성하는 부분 집합으로서 구성되어 왔으며, '여류'라는 배제적인 표현 속에서 아마추어 수준의 스타일이자, 시대를 대표할 수 있는 주체적 인물을 만들어 낼 수 없는 하나의 장르로 수용되었던 것이다. 다양한 해석 가능성 속에 놓여 있는 여성 작가의 텍스트 속의 말은 항상 기존의 체계에 저항하는 "여성"의 말, "여성"의 신체, "여성"의 경험으로 해석되면서 "전복의 가능성만 얻을 뿐, 결국 절대 전복하지 못하는 부정으로" 귀결되었다.[7] 즉, 여성만의 문학사를 세우고 여성 작가들의 작품을 '남성이 아닌' 것으로 건져 올리기는 언제나 가부장제를 통과하는 익숙한 패턴과 공식에서 이루어지기 때문에 또 다시 섹스의 기호로 재기입되는 필연적인 한계를 가진다. 그렇다면 여성 서사가 언제나 '비-남성'으로 읽을 수밖에 없다면 다양하고 새로운 여성 서사가 쏟아져 나온다고 한들, 같은 문제를 반복할 위험에서 벗어나지 못하는 것 아닌가? 그러므로 '없다 또는 부족하다'라는 주장과 '항상 있었다'라는 주장이 모두 요청하는 것은 사실 여성 서사가 아니라 오이디푸스적 구조[8]를 통과하지 않는 여성 서사 읽기일지

7 허주영, 「생물학적 성별에서 벗어나기」, 『상허학보』, 55집, 2019, 244쪽.

8 여성 문학 읽기에서도 적극적으로 들여온 오이디푸스적 해석을 따르면, 인간의 모든 행동은 아버지의 법의 세계를 통과한다. 오이디푸스 콤플렉스에 근거한 의미 경제에서 모든 인간의 행동은 언제나 질, 클리토리스, 페니스, 거세 즉 무의식이라는 이원적 기계를 통해 인격화된 성욕, 불변하는 가족적 생식과 관련되는 하나의 욕망으로 귀결된다. 예컨대 프로이트는 늑대인간과 꿋꿋이 서 있는 늑대들이 나타난 꿈의 원인을 아버지에 대한 공포로부터 오는 환자의 신경증으로 판단한다(프로이트, 1918). 이에 들뢰즈와 가타리는 일상의 이미지들을 모두 아버지에 대한 공포로 귀결시키는 프로이트의 늑대 해석에 "프로이트는 늑대에 대해, 특히 항문에 대해 아무것도 아는 게 없"으며, "유일하게 이해하고 있던 것은 개와 꼬리뿐"이라고 비판한다. 더불어 프로이트가 "자신의 익숙한 주제들인 유일무이한 〈아버지〉, 〈자지〉, 〈질〉, 〈거세〉 등으로 되돌아간다"고 지적하는데, 이는 과

도 모른다.

만약 이것이 온라인 페미니스트들의 운동이 품은 전략과 의미에 대한 지나친 해석이라면, 현재 온라인에서의 논쟁들은 여성 서사의 역사를 탈각하며 '여성'을 새로움의 기표로 반복적으로 호명하려는 것인가? 반복과 차이를 통해 여성이라는 섹스의 기호를 놓치지 않고 시대를 대변하는 '전형적인 비체abjection'를 생성하려는 것인가? 또는 '여성 – 이성애자 – 비장애인 – 비트랜스'의 익숙한 연속성을 통해 구조적 문제의 순환을 고발하고 한국 사회에 집단적 페미니즘 세례를 내리려는 큰 그림일까? 물론 각 개별 사건들에 의해 끊임없이 변화하는 가능성에 놓인 여성 서사 운동은 해석자들에 의해 하나의 진영으로 포섭되어 이러한 공허한 질문들을 안심시킬 수 없다. 온라인 공간에서의 수많은 부딪침이 생성하는 '여성적인 것'에 대한 적극적인 대항들은 어떤 진영의 논리가 올바른 것인가 따지기 전에 더 많은 여성 서사, 다층적이고 다원적인 여성 인물을 읽고 보고 싶은 욕망의 발현으로 해석해야 할 것이기 때문이다. 다시 말해서, 만약 이것이 지나친 견해(?)로 여겨진다면, 온라인에서 개인의 발화와 일상의 공유 그리고 말장난이 영향력 있는 요청으로 작동하고, 그에 대한 응답으로 여성 서사와 재현의 정동의 자리를 마련할 수 있는 긍정적 미래를 상상하기는 불가능해진다. 제4물결로서 온라인 페미니즘에

거를 구성하는 방식은 지난 시간을 그대로 재현하고 정당화하는 것이 아니라 중요한 것은 현재이며, 무의식은 발견이 아니라 만들어야 하는 것이기 때문이다. 질 들뢰즈·펠릭스 가타리, "1914년 – 늑대는 한 마리인가 여러 마리인가?", 「1730년 – 강렬하게 – 되기, 동물 – 되기, 지각 불가능하게 – 되기」, 『천개의 고원』, 김재인 옮김, 새물결, 2001, 59 – 62쪽, 538쪽.

서 여성 서사 운동은 수용자들의 발화와 요청, 그리고 응답에 의해 힘을 얻고 유동적인 사건으로 지속된다. 그리고 여성 서사 운동이 더 이상 상상력을 자극할 수 없을 때, 정동과 물결의 강도는 자연스럽게 낮아지거나 소멸될 것이다.

기존의 문학의 장이 지면을 통해 서사에 의미를 부여하고 담론의 장을 형성했다면, 디지털 시대에서 논쟁의 장은 온라인에서 시작되고 확장된다. 온라인의 수용자들의 발화는 정교하고 전문적인 감상이 아닌 즉각적인 반응으로서 말장난이나 유머이고, 그러므로 온라인 페미니즘에서 중요하게 작동하는 것은 발화의 '내용'이 아니라 이를 통해 생성되는 '정동'이 된다. 지속적으로 이루어지는 지평의 이동은 담론이 형성되고 확장되는 시공간뿐만 아니라 수용자들의 범위 그리고 발화 양상의 변화를 불러왔다. 그러므로 이 글은 여성 서사는 '있다/없다' 또는 특정한 작품이 여성 서사가 '맞다/아니다'로 정치적 진영을 구분하기 전에 여성 서사 운동은 무엇으로 추동되고 무엇을 향하는지 다시 질문하는 자리를 마련한다. 더불어 최근 '페미니즘 문학'에 대한 비평의 성과와 한계를 비판적 시각에서 분석하고, 온라인의 수용자들이 생성하는 정동이 재현에 미치는 영향과 그 부딪침의 지점들을 살펴본다.

2. 페미니티, 여성적 글쓰기로의 재해석

온라인의 페미니스트들이 서로의 일상을 공유하면서 공감을 이끌어 내는 것은 온라인 페미니즘 운동에서 중요한 흐름으로 나타났다. 공감은 동시대적 감각을 생성하는 추동으로 공동체를 형성하는 맥락을 제공하는데, 여기에서 공감은 자신과 직접 맞닿아 있는 일상의 경험 또는 실제의 삶과 일치하거나 비슷하기 때문에 일어나는 것이 아니다. 즉, '내 이야기'이기 때문이 아니라 '내 이야기'로 여겨지는 것이기 때문에 가능해진다. '내 이야기'는 여성이라는 섹스의 기호로부터 힘을 발휘하기보다, 발화와 공유 자체가 오랜 관행에 대한 축적된 요청에의 응답을 이끌어 냈다는 공동체적 성과로 여겨지기 때문이다. 개인들의 요구가 투영된 공통 서사 만들기는 여성들이 오랫동안 경험해 온 과거와 현재의 시간을 재조합하며 새로운 동시대적 감각으로 형성된다. 성장하는 과정에서 여성을 점점 주변인으로 만드는 기운들은 남성 중심의 서사 속 인물에 더 이상 동일시할 수 없도록 만들었다. 여성이 관계의 매개이자, 트로피로서 존재하는 서사를 거부하며 경험을 공유하는 개인들은 온라인에서 소비자로서 자신을 전시하는 방식으로 더 많은 여성 서사를 요구하게 된 것이다.

여성 문학의 성과들에 대한 전반적인 흐름을 개괄한다면, 적극적인 독자의 요청과 그에 대한 문학의 장에서의 응답이 아주 낯선 일은 아니다. 한국 문학/비평에서 여성 문학 담론은 "여성" 또는 "여성성"이 무엇인가 오랜 시간 속에서 고민해 왔다. 여성 문학 연구는 이러한 역사와 흔적들을 찾기 위해 여성 문학이 폭발했던 1990년대로 거슬러 올라가 지금 동시대의 맥락과 나란히 비교, 분석하는 경향을 보인다. 특히 1990년대 대중-독자의 부상과 집단 형성은 '김지영 현상'을 이끈 동시대의 현상과 젠더화된 교집합을 이루며 나란히 배치된다.[9] 1990년대는 신경숙, 김인숙, 공지영 등 몇몇 여성 작가들이 주목받고 활발한 창작 활동을 이어갔던 시기임이 분명하다. 그러나 1990년대를 여성 문학 급부상의 시기로 호명하기에 정작 당시에는 『여성과 사회』, 『실천문학』 등 비평장 내에서의 논의가 매우 한정적이었다는 연구가 제출된 바 있으며, 이와 관련된 1990년대 여성 문학에 대한 검토가 본격적으로 이루어지고 있다.[10] 이는 대부분의 주요 문학 계간지가 앞다투어 '페미니즘', '여성 서사'를 특집으로 내걸고 있는 동시대와 매우 대조적이다. 주요 문학 계간지의 특집은 역시 시대의 거대 담론뿐만 아니라 일종의 유행이나 대중-독자의 요청과 같은 당시의 논의들을 다면적으로 분석할 수 있는 적절한 매체이다. 계절이 바뀌는 것만큼 급격하게 특집의 주제를 여기에서 저기로 변환하는 주요 문학 계간지의 기획성은 담론의 연속성, 지속성, 안정성을 지키고 생성하는 데 크게 무게를 두지 않는 것, 그러나 동시에 문화 담론의 최전선을 지키려는 모순에서 비롯된다고 볼 수 있을 것이다. 이러한 점에서 1990년대 주요 문학 계간지가 여성 문학에 큰 관심을 가지지 못했다는 부분은, 1990년대와 동시대가 '독자'라는 키워드를 중심으로 나란히 배치될 수 있는가에 대한 타당성의 재검토를 요청한다. 1990년대와 동시대가 문화산업의 상업성과 대중성을 공유할 수 있을지도 모르지만, 1990년대 여성 문학이 '저자의 죽음'으로 '독자의 탄생'을 불러왔

---

9 소영현, 「재현을 젠더링!」, 『자음과모음』(2019, 겨울), 292-293쪽.

10 서영인에 의하면 1990년대에 주요 문예지에서 여성 문학을 특집으로 다룬 적은 단 두 번뿐이며, 대부분의 논의는 몇몇 여성 작가의 작가론에 국한된다. 서영인, 「1990년대 문학 지형과 여성 문학 담론」, 『대중 서사 연구』 제24권 2호(2018), 대중서사학회, 20-25쪽.

다면, 동시대는 '저자의 죽음' 없이도 독자가 탄생할 수 있고, '독자의 탄생'에도 저자가 살아 낼 수 있으며 오히려 저자와 독자의 요청과 응답 속에서 언어적 혁신과 인식의 전환을 통해 새로운 문학의 장과 집단을 형성하고 서로의 가치를 부여한다.

더불어 1990년대 당시 여성주의 비평 담론이 내세웠던 대안으로서 여성적 글쓰기écriture féminine는 여성들의 실제 현실과 관계를 맺으려는 시도가 부재했다는 평가로 이어지기도 한다.[11] 여성문학 연구와 비평들은 실제 현실과 관계 맺으려는 시도가 무엇이며, 실재하는 것들이 문학에서 어떻게 재현되는가에 대한 논의를 차치하고 프렌치 페미니스트들[12]의 이론을 방법론으로 내세워 기표로서의 "여성" 또는 "여성성"을 무의식으로도 대체 가능한 것, 즉 일종의 메타포로 차용했다. 상징계에 존재할 수 없고, 억압될 수밖에 없는 무의식이 곧 여성이나 여성성이 가진 함의이기 때문에 현실의 여성과 접점을 공유하는 것은 불가능에 가깝다. 그러므로 여성은 언제나 비체로서 재현의 논리 밖에서 끝내 재현 불가능한 것으로 남았으며, 이것은 동일성의 견고한 내부에 포획되지 않는 중심에서 가장 먼 가장자리, 즉 가장 먼 시간에 가까이 있는 것이기 때문에 오히려 기존의 언어 전체를 전복시킬 수 있는 급진적 타자radical other를 찾아내려는 시도였다. 그러나 급진적 타

11 장은정, 「죽지 않고도」, 『#문학은_위험하다』, 민음사, 2019, 102쪽.

12 한국 여성 문학/비평은 크리스테바, 식수, 이리가레이의 논의를 부재와 침묵, 모순과 파열 등 언어의 불안함과 이질적인 경계의 차원에 주목하는 교차 지점을 중심으로 차용하면서 여성성과 섹슈얼리티에 집중한 논의들을 본질적인 것으로 단언하거나, 이론의 차이들을 살피는 것 대신 단편적인 방식으로 수입하였는데, 이는 한국 문학 연구/비평을 철학적 계보를 따르지 않아도 무방한 것으로 오해하게 만들었다.

자에게 강조되는 불가능성, 비연속성, 불확실성은 대안적인 역사적 사유가 되기보다 오히려 여성 문학의 "무역사적 조건"으로 작동한다.[13] 각 여성들이 처한 사회적 정체성과 복잡한 맥락을 설명하거나 여성 문학만의 다른 역사를 쓰기보다, 여성이 남성 중심 사회의 수동적 희생자로서 상징질서를 되풀이하는 초역사적 위치에 놓일 뿐이다.

1990년대와 단절되었다고 여겨지는 2000년대 여성 문학 담론은 오히려 젠더를 말하지 않기 시작했다. 1990년대 문학이 여성의 현실을 고려하지 않거나 여성의 현실을 그대로 표출하거나 받아 적기 하는 것은 진정한 여성성을 충족하지 못하기 때문에 남/여 이분법을 넘어, 새로운 "여성적 영역'들"을 모색해야 한다는 것이다.[14] 이는 1980년대의 여성운동이 1970년대 여성운동이 사회변혁 운동의 부수적인 것, 즉 부차적인 문제로 여겨졌던 것에 문제의식을 제기한 것과 비슷한 방식을 공유한다. 과거의 여성운동이 여성 문제를 국가 문제와 같은 주요한 문제의 중심이 아닌 약간의 파이를 부여받는 식으로 전개된 것에 대응하여 1980년대는 여성 문제를 한국 사회 모순 구조의 주요 문제로 다루기 위한 전략을 페미니즘 문학비평에서 적극적으로 내세웠다. 예컨대 박완서의 작품에 나타난 '중산층－기혼－여성'[15]이 품은

---

13 낸시 프레이저, 「상징계주의에 대한 반론」, 『전진하는 페미니즘』, 임옥희 옮김, 돌베개, 2017, 207쪽.

14 심진경, 「여성성 혹은 문학적 상상의 원천」, 『떠도는 목소리들』, 자음과 모음, 2009, 133쪽.

15 박완서 문학 연구에서 '중산층－기혼－도시'라는 조건이 사회적 계급으로서, 마치 '제1세계－백인－여성' 중심의 페미니즘 비판과 같은 맥락에서 이루어질 수 있다는 점에 대한 비판적 검토가 필요하다. 그리고 중산층이라는 이데올로기적 사회계급이 정상 가족을 위해 전업주부를 일종의 기반으로서 필요로 했지만, 문학 연구에서 다루는 중산층의 계급 기능이 과연 전업주부 등의 삶에서 가

삶의 문제를 사회구조적인 문제(가부장제 등)를 드러낸 것으로 분석하고 당시의 논쟁이었던 민족·민중적 사회적 모순, 비-인간성을 작품에 드러내지 못했다는 것을 비판의 지점으로 삼는다.[16] 즉, 시민으로서 여성의 지위를 끌어올리려는 일련의 전략은 과거의 여성운동과 다른 야망을 품었지만 결국 민족·민중 문제에 억지로 끼어들기로서 당시의 작품들을 서사의 맥락이 아닌 국가-남성 유착 관계 안에서 읽는 오류를 범했다.

2000년대 여성 문학 담론은 여성이 부차적인 문제 또는 남성의 반대항으로 여겨지는 한계를 지적하고 더불어 대문자 여성으로 환원되는 것을 기피하는 흐름을 형성한다. 그러나 1990년대의 여성 문학 담론이 말해 온 여성 또는 여성성이 "모호하고 불확실한 잉여물임을 알았다는 데서 주춤하"고, 결국 젠더를 말하지 않음으로써 젠더를 없애기 또는 구성력에 갇히지 않기 위한 시도를 반복했다는 점에서 논의들은 공회전되었다.[17] 이미 돌이킬 수 없을 만큼 오염되어 버린 "여성"이라는 단어가 더 이상 끈적이는 점액질이나 장마가 지나간 냄새나고 끔찍한 공간의 은유에서 벗어나기 위해 여성을 말하지 않는 전략을 택한 것이다. 자신을 여성으로 호명하는 순간 참을 수 없는 역겨움이 올라오고, 여성 육체의 형상화가 그곳에 들러붙어 있는 것[18] 같은 감각에서 벗어나

능한가에 대한 분석이 필요하다. 이는 다른 연구에서 자세히 다루겠지만, 박완서를 포함한 1970,80년대 여성 문학 연구에서 '중산층-여성'을 언급하는 것은 자연스러운 일이 되었다는 것에 짧은 의문을 남긴다.

16 김경언·김영혜·전승희·정영훈, 「여성해방의 시각에서 본 박완서의 작품 세계」, 『여성 2』, 1988.

17 백지은, 「전진(하지 못)했던 페미니즘」, 『#문학은_위험하다』, 민음사, 2019, 143-144쪽.

기 위해 여성의 기표와 토대 자체를 거부하는 것은 새로운 영역들을 불러올 수 있는 기반을 마련하기보다 목욕물을 버리다가 애까지 버리는 격이 될 수 있다. 상징계의 언어를 통과하여 남/여 이분법을 넘어서려는 엄청난 기획은 라캉주의적 가정을 널리 공유하면서 상징계로 진입하기 위한 몸부림이며, 이는 가부장제가 견고하다는 소문에 더 많은 부풀림으로 소문을 퍼뜨리는 자들이 휩싸인 공포에서 비롯된다.

2000년대의 여성 문학 담론은 남/여 이분법을 넘어서겠다는 대안으로 여성의 기표를 버리고 다원적이고 다양한 것들을 들여왔고 이를 이어받은 동시대의 한국 페미니즘 문학/비평은 크리스테바를 다시 들여오는 버틀러를 내세워 다양한 섹슈얼리티를 이야기하며 의지적인 부인willful denial를 쌓아올리는 데 천착한다.[19] 이러한 전략들은 실제 여성의 경험과 차이들을 살피고, 불투명한 신체의 불화 앞에서 다시 여성이 무엇인지 질문하는 순환을 반복하고, 여성이라는 기표에 가치를 두고 싶어 하는 동시대의 온라인 페미니즘 운동에는 적절한 응답을 할 수 없다. 오히려 지금의 여성 서사 운동에서는 여성이라는 기표와 그것이 가리키는 기의의 관계를 지속적으로 재의미화하고, 고정성을 탈각시키려는 본격적인 시도가 이어지고 있다. 3, 4장에서 본격적인 논의를 이어가지만 여기서 짧게 언급하자면, 이러한 시도들을 안전한 '우리'라는 동일성을 획득하기 위한 것이거나 본질적인 것으로 단언하

18 주디스 버틀러, 『의미를 체현하는 육체』, 김윤상 옮김, 인간사랑, 2003.

19 Rosi Braidotti, *Zigzagging through Deleuze and Feminism*, Metamorphoses: towards a materialist theory of becoming, Polity Press, 2002.

는 비판적 입장이 분명히 존재하고, 그러한 비판에도 분명 유효한 지점들이 있다. 그럼에도 동시대 페미니즘이 추동하는 높고 낮은 정치적인 움직임들은 각기 다른 경험이 체현된 신체들과 복수의 섹슈얼리티를 긍정하면서 여성의 주체성을 모색하려는 시도로 보아야 할 것이다.[20] 그러므로 여성 및 여성성의 축적된 이미지, 개념, 재현을 해체하는 것으로.

여성의 기표를 포기하기 전에 여성 기표가 가진 다면적인 복잡성을 재검토하기 위해 여성의 기표를 재소유[21]하는 전략이 요구된다. 여성 문학이 계속 비슷한 질문을 반복할 수밖에 없었던 원인은 남성 의미 경제 체계를 언제나 통과하는 여성 문학 읽기에 있다. 그러므로 여성 의미 경제 체계를 세우는 일, 여성이라는 기표를 다시 검토하는 일은 긍정적인 페미니즘 윤리와 동시대가 요구하는 재현의 대표성을 획득할 수 있는 작업으로 나아가게 할 것이다.

지금의 출판 시장에서 여성 서사 운동의 영향으로 "여성 서사" 또는 "페미니즘 문학"은 책을 홍보하는 하나의 키워드로 소비되고 더 나아가 여성 서사가 장르화된 것으로 여겨지며 기존의 문학이 쓰이고, 홍보되고, 판매되던 시장의 구조와 완전히 다른 양상을 보인다.[22] 창작부터 판매, 그리고 소비로 이어지는 과정이 특

20 김은주, 『여성 - 되기』, 에디투스, 2019, 126쪽.

21 Rosi Braidotti, 앞의 책.

22 인터넷 서점 알라딘에서는 "국내도서〉소설/시/희곡〉여성 문학" 카테고리가 따로 마련되어 있다. "여성 문학" 카테고리에서 현재(2019. 7. 31.) 1위를 차지하고 있는 조남주의 『82년생 김지영』은 "소설/시/희곡〉한국 소설〉 2000년대 이후 한국소설", "소설/시/희곡〉여성 문학" 등 몇 개의 카테고리로 중복적으로 분류된다.

정한 키워드와 카테고리 안에서 이루어지는 새로운 맥락 속에서 여성 창작자들은 자신의 작품이 하나의 장르로서, 안정된 방식으로 소비되는 동시에 한정된 방식으로 해석될 수 있다는 것에 양가적인 감정을 느낀다고 토로한다.[23] 이러한 출판 시장은 문학에서 상업주의 자체가 더 이상 비판의 대상이 되지 못하는 점, 장르 세분화와 카테고리 분류 체계가 익숙한 세대의 등장, 불편함 없이 동일시 가능한 여성 서사를 소비해야 한다는 흐름 등, 다층적인 원인을 통해 변화의 과정 안에 있고 페미니즘 문학뿐만 아니라 SF 문학도 광의적 개념 안에서 여성 서사로 소비되기도 한다. 여성 서사 운동에 따라 출판 시장의 성격과 분위기는 역동적인 변화 속에 있다. 온라인 공론장에서 형성되는 여성 서사 운동의 흐름을 주도하는 20-40대 여성들은 출판 시장의 메인 타깃층에 언제나 변동 없이 자리 잡고 있는 계층으로 나타나기 때문에, 시장의 논리에 따라 여성이 쓰고, 여성이 등장하고, 여성이 주체성을 획득하는 여성 서사가 하나의 장르로서 공급된다.

그러나 유쾌한 하나의 놀이처럼 온라인에 떠돌아다니는 분류 체계와 기준들은 영향력 있는 하나의 운동으로 자리 잡고 그동안 서사를 생산하는 문학, 영화, 광고, TV 프로그램 등 주류 매체에서 말해지지 않거나 못한 것들을 주류의 장에 불러낸다. 개인 경험의 발화를 통해 집단적으로 생성되는 문제의식이 공통으로서

---

23 '연분홍치마' 창립 15주년 기념 토크쇼 〈여성주의, 스토리텔링을 질문하다〉에서 정주리 감독, 박민정 작가, 들깨이빨 작가, 오혜진 문학평론가는 '여성' 창작자로 호명되는 것에 복잡한 감정을 느낀다고 말한 바 있다. 특히 오혜진은 "여성"으로 호명되는 맥락의 중요성을 강조했다. 「'여성 서사'는 한계가 없다」, 『일다』(2019. 7.12.) http://www.ildaro.com/8503

공유되고 기존의 언어와 개념들 안에서 작동된 정상성의 규범과 기제들에 독자가 직접 질문을 던진다. 이것은 1960–1970년대 한국 문학에서 김승옥의 「무진기행」이 '서울에 거주하는 젊은 남성'을 시대를 대표할 수 있는 근대적 주체의 자리에 위치시키고, 방영웅의 「분례기」가 법칙과 윤리 이전의 세계를 사는 남성 인물들을 '건강성'으로 호명[24]했던 과거의 오류들, 편향된 담론들에 독자가 전문적 평론의 언어를 통하지 않고, 어떠한 매개 없이 직접 즉각적으로 문제를 제기하는 것이다. 자신의 문제의식을 공유하는 과정에서 과거에 소비했던 서사에 대한 경험과 기억 그리고 감정은 예측 불가능한 결합을 통해 즉각적으로 반응되고, 공통된 감각과 언어를 통해 효과적으로 전달된다. 이러한 요구들은 성차별적인 기존의 규범들에 대한 문제 제기의 형태로 특히 트위터의 타임라인을 특유의 강렬한 정동으로 물들인다.

3. 순진하거나, 불온하거나: 『82년생 김지영』, 비평의 전형stereotype들

제4물결 페미니즘에서 문학비평의 독자는 비평의 쟁점이자 장을 구성하는 역할을 맡는다. 온라인 공간으로부터의 요청에 의

24 방영웅의 「분례기」에서 재현되는 법질서 이전의 세계의 '외설성'이 비평가의 가치화 작업에 의해 남성의 건강성으로 명명되었으며, 폭력적인 남성성으로 점철되어 재현된 세계는 당대 비평에 의해 상정된 특정한 독자들의 젠더와 삶이었을 것이다. 소영현, 「비평 시대의 젠더적 기원과 그 불만」, 『대중서사연구』 24(3), 2018, 330–331쪽.

해 소설 『82년생 김지영』, 『다른 사람』, 『딸에 대하여』, 『미스 플라이트』 등 여성 수용자들에게 호응을 얻은 작업과 그 이후의 자리들은 그에 대한 응답을 이어가고 있다. 1970, 80년대는 박완서, 오정희와 같은 여성 작가들의 작품이 문학으로 인정받기 위해 페미니스트 연구자들의 비평과 지식 생산 작업을 거쳐야 했던 것을 떠올리면, 지금의 페미니즘 문학이 지식의 장을 거치지 않고 넓은 층의 수용자에 의해 논의의 시작과 확장을 이끌어 내고 있는 것은 페미니즘 대중화 이후의 큰 변화이다.[25] 제4물결로서의 온라인 페미니즘의 도래로 지속적으로 이루어지는 지평의 이동은 공간뿐만 아니라 평자들과 발화 수용 양상을 변화시키며 한국 문학장과 비평에 도전하고 변화를 요구한다.

3-1. 아저씨 독자부터 페미니스트까지

이러한 현상에 대해 한국 문학의 장은 온라인에서 수용자들의 정교하지 않은 언어로 점철되어 있는 발화가 '비평'인지 '반反비평'인지 가려내려는 시도가 있었다. '아저씨 독자'들은 '젊은 독자'들의 발화를 권위주의로 점철된 언어를 통해 '반反비평'의 자리로 내몰기를 시도했고, 페미니스트 비평가들은 수용자들의 발

25 많은 페미니즘 문학비평은 1990년대에서 2000년대 초반의 시기를 여성 서사가 폭발한 시기라고 명명하며, 최근의 페미니즘 논의와 연결시키려는 시도가 주를 이룬다. 1970 – 1980년대의 여성 문학의 역사를 탈각시킬 수 없는 이유는 1990 – 2000년대만큼 지금의 페미니즘 문학비평과 교차되고 맞닿아 있는 지점들이 존재하기 때문이다.

화를 ‘아저씨 독자들’의 케케묵은 잔말보다 더욱 새롭고 가치 있는 말들이 오가는 비평의 장으로 평가하고 명명하기를 시도했다. 이러한 한국 문학계에서의 반응은 페미니즘 문학이 출판 시장을 휩쓸고, 시장의 주 타깃층인 20–30대 여성 독자들이 반응한 작품들의 미학성, 문학성을 분석하는 과정에서 두드러졌다. 특히 소설 『82년생 김지영』의 판매 지수가 무엇을 말해 주고 있는지, 더 많은 여성 서사를 요청하는 과정에서 발화되는 말들이 ‘들어줄 만한’ 가치가 있는 비평인지 또는 비판의 대상인지 해석하려는 시도 안에서 등장했다.[26] 복도훈은 최근의 (페미니즘)문학이 ‘정치적 올바름’에 천착해 있다고 비판하는 글 마무리에서 자신은 “작가와 작품, 작가와 독자, 작품과 독자 사이에는 불투명한 심연이나 위험한 장애물이 놓여 있다는 이야기를 했을 뿐이”며, 지금의 비평에 “자신을 던지지 않으려는 게으른 읽기가 도처에 팽배하고 있다”[27]고 썼다. 독자들에게 반응을 얻은 소설이 ‘순수’ 문학인지 또는 비–문학인지 구분하는 과정에서 ‘정치적 올바름’이라는 키워드에 사로잡힌 비평들[28]은 새로운 시장의 형태를 만든 페미니즘 문학을 잠깐 머무르는 하나의 ‘현상’으로 읽고 싶은 마음을 내비치며, 일종의 구분 짓기를 시도한 것이다.

---

26 이러한 논의는 김양선, 「페미니즘 리부트와 ‘김지영’ 현상」; 문형준, 「정치적 올바름과 살균된 문화」; 조강석, 「메시지의 전경화와 소설의 ‘실효성’—정치적·윤리적 올바름과 문학의 관계에 대한 단상」; 복도훈, 「신을 보는 자들은 늘 목마르다: 2017년의 한국문학과 ‘정치적 올바름’에 대한 비판적인 단상들」등이 있다.(이상은 『문장웹진』, 2017)

27 복도훈, 같은 글.

28 오혜진, 「비평의 백래시와 새로운 페미니스트 서사의 도래」, 『지극히 문학적인 취향』, 오월의 봄, 2019, 190쪽.

이러한 비평들도 페미니즘 문학의 성과를 분명 독자와의 합작으로 인지하고 있다. 그뿐만 아니라 한국 (순)문학의 장에서 그것이 문학이 아님을 또는 문학으로서 부족함을 증명하길 시도하는 과정에서 소설 『82년생 김지영』을 '사실의 힘'[29]을 가진, '소설로 쓴 여성학 교과서'[30]로 평가하기도 했다. 한국 문학으로서의 조건과 자격을 획득하는 것에 관심이 없어 보이는 소설에 굳이 순수문학이 아님을 증명하려는 과정에서 독자와의 관계성, 독자들의 반응에 대한 적절한 분석과 해석은 논의의 범위 밖으로 밀려날 수밖에 없다. 그러나 문학이 지나치게 정치적이라는 비판의 방향은 문학작품이 아니라 페미니즘 문학에 반응한 독자를 향하고, 독자들도 (그들이 지적한) 미학적 결함을 인지하고 있다[31]는 변명 아닌 변명을 하도록 했다. 페미니즘 문학의 담론을 구성한 장, 그 자체가 순수 문학으로 자연스럽게 그려졌지만, 안타깝게도 『82년생 김지영』이 대표하는 것은 순수 문학장의 회신灰燼이 아니라 페미니즘 문학을 요청하고 그에 반응하는 동시대 온라인 페미니스트들의 놀이 문화의 정동 안에 놓여 있다.

이들은 일정한 문법 또는 인식 가능한 규범을 통과하는 방식으로 재현된 서사들을 그대로 수용하지 않는다. 그 이상을 읽어내는 움직임들, 예컨대 '착즙' 행위[32]는 해석이 아니라 정동을 포

29 조강석, 앞의 글.

30 김양선, 「페미니즘 리부트와 '김지영' 현상」, 『여성문학연구』 42, 한국여성문학, 2017.

31 김미정, 「흔들리는 재현·대의의 시간: 2017년 한국 소설의 안팎」, 『움직이는 별자리들』, 갈무리, 2019.

32 문학, 영화, K-POP 등 예측 가능한 범위를 언제나 넘어서는 미디어의 '착즙' 행위는 대표적으로 2

착하고 일으키며, 유머와 밈meme을 유포한다. SNS를 통한 말장난이나 짧은 감상은 해시태그나 키워드로 묶여 유포되고, 가벼운 말들 안에서도 진지하게 이야기하는 사람들이 실시간으로 정동적 겹가지를 만들어 내며 여러 삶의 문제와 일상적 견해들을 교차시키는 것이다. 촉발된 여성 서사 운동은 동시다발적인 발화를 통해 층위를 생성하고, 빠른 속도로 다중을 연결하며 규격화되어 있는 재현의 방식 밖에서 자신의 언어와 맥락으로 장면을 이해하고 상호작용한다.[33] 그러므로 제4물결 온라인 페미니즘의 수용자 사이에서 일어나는 발화는 '비평인가' 또는 '비평의 이름을 지어 붙일 수 없는가' 하는 이분법의 맥락이 아닌, 각기 다른 정동의 부딪침으로 읽어야 할 것이다.

온라인 페미니즘 공론장에서 발화하는 여성들의 일상적이고 개별적인 이야기들은 과거와 현재의 시간을 재조합하는 과정을 통해 동시대의 공통감각common sense을 지속적으로 생산하는 주체를 요구한다. 공통감각을 서사화하는 과정에서 여성 서사로 인정하거나 또는 인정받을 수 있는 일련의 조건은 단순하지만 동시에 엄격하게 여겨지기도 했다. 이는 재현의 맥락을 탈각시키는 위험으로서 새로운 미학적 관점을 생산해 나갈 수 있는 가능성을 희미하게 만들고 탈脫정치화한다는 비판을 피할 수 없었다. 이러한 맥락 안에서 『82년생 김지영』에 대한 논의에 페미니스트부터 아

차 창작으로 나타나는데, 수용자들의 행위는 '착즙'이라는 단어가 수용할 수 없을 만큼 원형 없는 생산물들을 창작해 내기도 한다.

33 허주영, 「미디어에서의 퀴어 섹슈얼리티 재현 불가능성과 탈규범의 가능성」, 『여/성이론 41호』(2019), 43쪽.

저씨까지, 넓은 범위의 독자들이 뛰어들어 말을 얹었다. 『82년생 김지영』은 2018년에 100만부를 돌파하고, 영화화 이후에도 판매 지수를 계속 높이고 있었지만 '중산층 – 기혼 – 여성'인 '김지영'이라는 인물에 대한 신랄한 비판은 아저씨 독자와 페미니스트, 양 끝에 놓인 진영 모두에게서 이어졌다. 아저씨 독자는 미학성이 결여된 '에세이', '정보 전달 목적인', '정치적 올바름을 지나치게 의식하는' 문학으로 평가했고, 페미니스트 비평가와 문학 연구자들은 『82년생 김지영』의 문제는 단순한 서사 구조와 뻔한 주제가 아니라 전형적 피해자로서 순결함을 항변하는 '감상 소설의 구도'[34], '정치적 뭉툭함'[35]에 있다고 지적했다. 다시 한 번 말하자면, 이 모든 비평들은 『82년생 김지영』을 포함한 페미니즘 문학이 작품과 독자의 관계 안에서 평가되어야 함을 인지하고 있다. 그러나 독자들이 격렬히 반응한 바로 그 작품이, '정치적 올바름'에 지나치게 사로잡혀 있는 서사 또는 보편의 감각을 구성하는 인물의 조건이 지극히 전형적이라는 비판은 지금의 페미니즘 문학비평이 독자와의 관계에서 평가되어야한다는 주장[36]과 모순된다.

페미니즘 문학비평은 독자와의 관계, 그리고 문학장으로의 요청들 안에서 동시대성을 포획하는 새로운 비평의 방식이 필요함을 인지하면서도, 지금의 독자들이 가진 사회정치적인 행동을 첨

34 허윤, 「로맨스 대신 페미니즘을!」, 『#문학은 위험하다』, 민음사, 2019, 200 – 201쪽.

35 오혜진, 「비평의 백래시와 새로운 페미니스트 서사의 도래」, 195쪽.

36 오혜진, 같은 글, 198쪽.

예하게 분석하는 것에 실패했다. 소영현은 리부트 이후 독자의 젠더는 주요 쟁점이 되었다는 점을 집어내며 현재 대중-독자의 젠더에 대해 1990년대 여성 문학이 이상적 독자-대중의 부상을 상정했다는 점에서 보였던 '과소의 문학과 과잉의 정치'라는 패턴을 반복할 수 있다고 지적했다.[37] 아저씨부터 페미니스트들까지, 그들은 온라인 페미니스트들이 반응한 여성 서사, 동시대의 페미니스트들이 소비하는 '페미니즘 문학'의 효과에 사실 자못 기대가 없거나 또는 그에 대한 해석에 실패했을지도 모른다. '김지영'이 지나친 정치적 올바름에 천착해 있는, 착해 빠진 탈정치적 인물이라는 비판은 작품이 아닌 '김지영 현상'를 불러일으킨 수용자들을 향해 있기 때문이다.

3-2. '이성애자-기혼-비장애-중산층-비트랜스 여성', 비체의 조건

아저씨부터 페미니스트까지 한국 문학/비평은 『82년생 김지영』이라는 한 편의 소설과 '김지영'이라는 인물의 재현 방식에 지형을 구성하고 비판적 입장을 취해 왔다. 이와 관련하여 오혜진은 『82년생 김지영』 등 페미니즘 문학이 아저씨 독자들에 의해 지나친 '정치적 올바름'의 의식으로 비판받지만, "오히려 최근 '페미니즘 소설'의 진짜 문제는 '다원성'의 삭제, 즉 소설이 구현하는 페미니즘 정치학이 '이성애자-기혼-비장애-중산층-비트랜

---

37 소영현, 「재현을 젠더링!」, 291쪽.

스 여성'의 시민권을 확보하려는 목적에 수렴되고 있다는 점"이라고 주장한다.[38] 그러면서 동시에 '김지영 현상'을 이끌어 낸 문화 소비의 주를 이루는 20－30대 여성을 "젊은 독자"로 호명하며, 오늘날 한국 문학/비평이 도태되지 않기 위해서는 미학성과 정치적 올바름에 대한 재고로 이들의 요청에 반응할 것을 요구한다.[39] 최근 "젊은 독자"들의 역동을 통한 변용과 수용으로 열린 문학의 가능성을 놓치지 않으면서도, "젊은 독자"가 반응한 여성 현실 고발 문제에 대한 서사가 '전형적'이라는 비판은 "젊은 독자"가 누구인지 묻지 않을 수 없게 한다. "젊은 독자"는 제4물결의 온라인 페미니스트들이 서로 부딪치며 일으키는 정동과 그것이 문학의 장에 요청하는 긍정적 효과들을 호명하는 것으로 보이지만, 동시에 비판의 중심에 놓인 작품의 전형성은 "젊은 독자"가 정확히 호응한 지점이기 때문이다.

그러므로 '김지영'이 전형적이라는 비판과 바로 그 전형성에 반응한 "젊은 독자"에 대한 기대를 나란히 배치하는 것은 사실상 불가능하다. 소설 『82년생 김지영』 비평에서 독자와의 상호 관계를 의도적으로 제거하는 것이 가능할지는 모르겠지만, 만약 그것이 가능하여 비판의 방향이 작품만을 향했을 때, '김지영'이 체화한 피해자성이 여성을 언제나 기호계와 상징계의 경계에 머무르게 한다는 페미니스트 비평가들의 해석에는 반박의 여지가 없다. 그러나 앞선 여러 연구에서 지적된 바 있듯이 문학장의 변화

38 오혜진, 「비평의 백래시와 새로운 페미니스트 서사의 도래」, 195－198쪽.

39 오혜진, 같은 글, 198쪽; 오혜진, 「퇴행의 시대와 'K문학/비평'의 종말」, 『지극히 문학적인 취향』, 오월의 봄, 2019, 111쪽.

를 추동한 것은 독자만의 성취도, 작품만의 성취도 아닌 요청과 응답의 과정이 이룬 성취이다. 즉, 문학장의 독자적인 성취가 아니기 때문에, "달라진 문학장에서 문학의 정치성의 기준"[40]을 제시하는 것은 텍스트가 아니라 오히려 동시대 독자들의 정동일 것이다. 그러므로 '이성애자 – 기혼 – 비장애 – 중산층 – 비트랜스 여성'이라는 일정한 연속성을 가진 인물이 전형적인 피해자성을 체화한 것이라는 해석이야말로 한국 문학/비평이 여성 인물을 초역사적인 자리에 놓고 언제나 비체로 귀결시키는 '전형'이다.

'이성애자 – 기혼 – 비장애 – 중산층 – 비트랜스 여성'인 '김지영'의 조건은 문학사에서 차이를 들여올 수 없는 어떠한 혐의를 가지고 있는가? '김지영'이라는 인물에 근대성과 당대성을 확보하는 데 유해한 전형의 혐의를 물을 수 있는가? 또는 1980 – 1990년대 소설에서 충분히 논의되어 더 이상 어떠한 전복성을 가질 수 없기 때문에[41], 우리는 플러스 모델 안에서 조건을 돌려 끼워 맞추며 다원성을 상상해야 하는가? 정상성의 규범을 통과하는 인물에서 차이를 들여오지 못한다는 주장은 타당해 보일 수 있겠지만, 일정한 조건을 통해 '김지영'이라는 인물의 동일률을 확인하는 전략은 차이를 드러낼 수 있는 유일한 방식을 플러스 모델로 오해하게 만든다. '김지영'의 조건을 나열하면서 그것이 보편이라는 감각을 구성하는 요소이자 지극히 규범적이라는 지적에

---

40 허윤, 「광장의 페미니즘과 한국 문학의 정치성」, 『한국근대문학연구』 19(2), 한국근대문학회, 2018.

41 김양선은 조남주의 『82년생 김지영』이 1980 – 1990년대 박완서, 이경자, 공지영 등의 작품에서 이미 다룬 여성 현실의 고발에서 더 나아가지 못했다는 점, 포착되지 않는 복잡성에 아쉬움을 토로했다. 김양선, 앞의 글.

서 문제적인 것은 규범성을 규정하는 틀 자체에 있다.

즉, 김지영을 모든 세대의 여성이 체현된 초역사적인 인물로서 동일률을 확인하는 과정은 나와 다른 상태의 것들을 다시 내 안으로 포섭하는 변증법적 과정을 통과하는 것이 아니라, A를 만들고 다원성을 획득하는 인물 재현의 가능성을 A가 아닌(not-A) 것에서 찾는다. '김지영'이 실제로 모든 여성을 대표하는 일은 결코 불가능하다. 1982년에 태어난 모든 한국 여성들로 한정지어도 마찬가지일 것이다. 한국 문학/비평에 차이를 들여오는 시도들은 기존의 '여성 문학'을 읽어 온 일련의 문법을 따른다. 그러므로 오이디푸스 법 안에서의 위반, 그리고 그 법을 둘러싸고 있는 유령들의 출현과 경계들을 흔드는 위반은 결국 A 또는 A가 아닌 모든 '여성' 인물을 비체의 맥락 밖에서 읽어 내지 못할 것이다. 한국 문학장과 페미니즘 운동에 불러온 '김지영 현상'를 인정하면서 동시에 서사의 전형성에 대한 비판을 놓치지 않는 것은 작품성과 운동의 성과를 분리하려는 비평적 욕망이라기보다 '김지영'의 서사에 '대표성'을 부여하는 지금의 온라인 페미니즘 운동의 양상을 향해 동일한 비판의 지점을 설정하고 있는 것으로 보인다.

문학의 재현은 대표의 문제와 일치되어 왔고 이것이 주체 생산의 작동 기제이자 시대의 정신을 목격하고 포착하려는 움직임이라면, 재현의 전형성은 삶의 모델을 제시하고 '어떻게 살아야 할 것인가'에 대한 질문을 동반한다. 그러므로 인간 조건의 일반화는 단일한 정상성을 세우고 그 안에서 배제를 작동하게 하는 것이 아니라, 동시대의 문화를 지탱하게 하는 장치들을 이해하게 한다. 여성 서사의 재현이 여성 실제의 삶과 맞닿는 순간, 희미한 비체의 얼굴로 전락하는 것은 재현의 문제가 아닌 여성 문학으로 호명된 여성 작가들의 작품과 인물들의 얼굴을 보지 않으려는 것 또는 부여하지 않으려는 것과 같은, 한국 문학/비평이 여성 서사를 읽고 해석하는 방식이다. 순진하거나 불온하거나, 그 양극단의 스펙트럼 '사이'에 존재하는 한 번도 인식된 적 없는 삶을 기획하고 동시대성을 체현하는 새로운 존재 방식을 살피는 것은 문학의 역할이자 동시에 비평의 역할이다. 바로 이 지점에서 두 가지 질문을 던진다. 첫 번째, 지금 한국 문학/비평에서 페미니즘과 여성 서사의 미래와 가능성을 톺아보기 위해, 『82년생 김지영』을 주요 논의 거점으로 삼고 있는 글들이 상정하는 여성 서사에서의 재현은 대표성 또는 다원성으로 구분함으로써 어떠한 효과를 얻을 수 있으며, 문학 비평은 어떤 전략과 자리를 취할 수 있는가? 두 번째, '김지영'의 문제는 "서로 다른 세대의 여성들을 한 몸에 체현 가능한 것으로 동질화"[42]한 것인지, 또는 우리가 여성 문학을 여태까지 "동질화"된 것으로 읽어 온 것인지, 여성 문학에 대한 고질적인 문제는 어디서부터 기인하는가?

3-3. 재현의 정동affect과 동시대 – 취향의 문제

오혜진은 자신의 책 『지극히 문학적인 취향』에서 소설 『82년

42 오혜진, 「비평의 백래시와 새로운 페미니스트 서사의 도래」, 196쪽.

생 김지영』에 대한 적절한 응답과 일어난 효과를 긍정하지만, 동시에 작품의 전형성을 비판한다. 그리고 "젊은 독자"들의 "취향"과 그들이 향유하는 '하위문화'는 "한국 (순)문학이 지닌 재현의 임계를 넘어서는 소재와 문제의식을 선취"했다는 점에서 젊은 독자의 취향에 보다 높은 가치를 둔다.[43] 위에서 언급한 것과 마찬가지로 여기서 의아한 점은 정치적으로 올바르지 않은 착한 서사, 전형적인 서사로 평가한 『82년생 김지영』에 호응한 "젊은 독자"와 '하위문화'를 향유하는 "젊은 독자"의 의미를 다르게 사용하고 있다는 점이다. 『82년생 김지영』이 불러온 효과들을 긍정하지만 동시에 서사의 전형성을 비판하는 것은 "젊은 독자"들에게 취향의 재고를 요청하는 일이며, 편의에 따라 "젊은 독자"를 호명하고 있다는 느낌을 지우기 어렵다. 비슷한 맥락에서 '순수/문단' 문학이 하는 일 또는 해야 한다고 여겨지는 역할을 '백합', 'BL' 등 2차 창작물 또는 웹소설, 로맨스 소설이 기꺼이 하고 있기 때문에, "젊은 독자"들에게 호응받지 못하는 한국 문학/비평에 종언을 고하며 서사의 역할에 대해 다시 질문한다.[44] '한국 문학–문단–아저씨 독자' 연속성을 향해 임계점과 종언을 선언하는 지점에서 '아저씨 독자'들의 죽음을 증명하기 위해 "젊은 독자"의 실체를

---

43 오혜진, 「퇴행의 시대와 'K문학/비평'의 종말」, 같은 책.

44 류진희는 리얼리즘이라는 깊은 뿌리를 둔 근대문학의 골간이 만들어지기 전 소설이라는 단어는 '여성적'인 것으로 젠더화되었던 것을 지금의 팬픽 등이 "'이야기–저급/여성–대중'의 교차점에서 미숙한 작가와 분별없는 독자를 재현"한다고 지적하며, 젠더화된 대중소설과의 교차점을 근대문학 이전에서 찾아온다. 류진희, 「동성 서사를 욕망하는 여자들: 문자와 이야기 그리고 퀴어의 교차점에서」, 권김현영·루인·김주희·한채윤·류진희, 『성의 정치성의 권리』, 자음과 모음, 2012, 208–209쪽.

만들고, 또 다시 그것을 전형에 반응한 독자와와 "좋은 취향"을 가진 독자로 구분하며 동시에 "젊은 독자"로 포섭하는 것이다.

장은정은 온라인에서 한국 문학에 대한 비판적 의견을 개진하는 입체적인 독자들의 존재성과 기반이 논문에 인용되면서 평면화되는 인상을 지적한다.[45] 이러한 인상은 대중 서사의 다원적 가능성을 긍정하는 과정에서 탈각하거나 누락시킨 "젊은 독자"의 운동 전략과 정치성에서 비롯될 것이다. 이미 많은 논자들이 앞서 여러 차례 지적해 왔듯이 온라인 페미니즘의 주체들을 하나의 얼굴이나 일정한 연속성으로 상정할 수 없다. 그러나 동일성의 언어에서 안전한 내부를 만들지 않는다고 해서, 유기체로서 동일성을 상실하여 끈적끈적한 분비물이나 침묵과 부재, 모순과 파열의 경계로 남아 있을 수도 없는 일이다. 동시대의 온라인 페미니스트들은 '김지영'에 반응하면서 동시에 자신의 "취향"을 발화하고 새로운 서사와 삶의 모델을 요청하는 것으로 강도 높은 부딪침의 정동을 생성한다. 이것이 동시대 페미니스트들이 요구하는, 동시대적 감각으로 구성된 서사의 조건이라면, 그리고 서사의 조건들이 동시대적 감각을 반복적으로 수행한다면 문학의 가치와 역할로 여겨졌던 시대의 반영과 응답들을 지금의 여성 서사 운동에서야말로 충실하게 실천하고 있는 것 아닐까.

다시 말해, 『82년생 김지영』으로 여성 서사가 대표되는 것은 여성 서사의 상상력을 제한하거나, 새로운 서사의 조건들이 생성될 가능성이 차단하는 것이 아니다. 개인의 발화가 하나의 키워

45 장은정, 「죽지 않고도」, 『#문학은_위험하다』, 민음사, 2019, 102쪽.

드 혹은 해시태그로 출현해서 흐름을 만들거나 그것에 참여하고 즉각적으로 연대하는 방식은 온라인의 공간성과 속도성에 영향을 받는다. 또 여성 서사 운동에서 공간성과 속도성은 실시간으로 공유되고 빠르게 확산하는 매체 환경과 기술을 통해 각기 다른 시기의 논의를 동시적으로 출현하게 한다. 특히 트위터는 제4물결 페미니즘의 의제와 감수성을 만들어 내는 주요 매체로서 문화적, 사회적 맥락을 검토하는 움직임을 촉발하는 것으로 정동의 급등을 교차적인 요인 안에서 생성하는 주요한 장이다. 이것은 각기 다른 속도와 강도를 가진 정동적 시간성affective temporality을 중심으로 형성되며, 과거와 현재의 시간이 동시 발생적으로 일상과 뒤섞이고 넘치면서 만들어지는 독특한 정동들을 지닌다.[46]

예컨대 10－30대 페미니스트들은 4B(비혼, 비출산, 비연애, 비섹스)라는 키워드를 통해 개인의 경험을 공유하면서 정동적 순간을 생산하고 체험한다. 4B 운동에서 결혼, 출산, 연애, 섹스는 여성을 억압하고 가부장제와 대문자 여성의 기호를 유지하는 방식으로 작동되는 규범들이며, 개인들은 과거와 현재의 시간에 자신들이 겪었던 가부장제에 대한 피해와 억압의 경험을 온라인에서 발화하고 공유하면서 공감의 연대를 형성한다. 세월호와 강남역 살인사건을 통과하며 발생된 안전에 대한 사회적 공포는 피해와 억압의 경험을 발화하는 시작점이었다. 그리고 여성 혐오에 대한 크고 작은 사건들의 발생은 온라인에서 페미니스트로서의 발화가 급등하는 지점이 되었다. 이러한 사건들은 여성들을 '자각한'

46 Chamberlain, P., *Affective temporality: towards a fourth wave*, Gender and Education, Routledge. 2016.

페미니스트로서, '여성'이라는 위치에서 발화하는 것, 그리고 자신을 '여성'으로 이름 남기는 것에 몰두하게 만들었다. 4B 운동뿐만 아니라 탈코르셋 운동, 여성 서사 운동 등 '여성'에 한해 연대하고 배려하는 온라인 페미니즘 주체들의 행보는 모순적이고 우스꽝스러운 촌극이지만, 대체 왜 이렇게 비장해졌는가를 우리는 제대로 따져볼 필요가 있다. 자신을 둘러싸고 있는 모든 사건과 주변의 행위들을 페미니즘을 통해 해석 또는 이해하지 않을 수 없게 되어 버린 여성들의 운동을 전형적인 반대 정치이자 그로 인한 운동의 실패로 해석한다면, 그것은 동시대 온라인 페미니스트들이 가진 맥락과 그 역사에 대한 '해석'의 실패일 것이다. 이는 강남역 살인사건에서 익명의 여성들을 '무질서 – 무지 – 위험함'으로 코드화[47]한 전형적인 여성 혐오의 맥락과 크게 다르지 않다.

'4B 운동'은 가부장제가 강제한 여성의 숙명적 임무로 여겨지는 '결혼, 출산, 연애, 섹스'를 거부하지만, 이를 여성을 피해자의 자리에 고정시키는 것, 즉 전형적인 '반대 정치'로만 해석하기는 운동이 시작된 맥락과 진행되어 온 복잡다단한 과정들을 탈각시킬 수 있다. 억압을 인지하지 못했던 과거의 기억과 '각성된' 현재의 시간이 공명하면서 만들어 내는 공감의 연대는 억압이라는 체화된 공통의 기억을 통과하여 형성되었다. 물론 이는 겹겹이 쌓인 지형을 전달력이 좋은 명료한 언어로 단순화시키고, 소비자로서 주체성을 획득하는 방식에 의지하는 순간들을 생성하기도 한다. 하지만 여성 서사 운동이 동시대성을 바탕으로 여성들의 시

---

47 권명아, 『여자떼 공포, 젠더 어펙트—부대낌과 상호작용의 정치』, 갈무리, 2019.

간을 다시 배치하고 공통의 서사로 엮어 내는 것이라면 이마저도 욕망의 움직임에 따라 생성되는 조건들로 이해 가능하다. 그럼에도 불구하고 여성 서사가 페미니즘의 이름을 걸고 동시대인contemporaries이 공유하고 있는 문제적인 지점들을 그대로 '받아 적기'한다는 것에 아쉬움을 토로할 수 있지만, 이것은 한국 문학장에서 여성 작가들의 작품이 한정된 방법론을 통해 축소 해석될 가능성에 대한 공포가 축소 창작될 가능성에 대한 공포로 이동한 것일지도 모른다. 또 축소 창작될 가능성에 대한 공포는 동시대 페미니즘 운동이 나쁜 취향을 가질지도 모른다는 불안(또는 불만)으로 쉽게 옮겨간다. 그러나 제4물결로서 온라인 페미니즘 주체들의 반응과 취향은 대응 관계를 이루지 않고, 모순 그 자체를 운동의 동력으로 삼는다.

한국 문학/비평을 취향의 문제로 구도화하려면, 여성 서사 운동과 한국 문학/비평은 계속 일정한 거리를 유지해야 할 것이다. 대중 서사의 수용자들이 가진 취향은 문학이 기대하는 취향보다 광범위하고 예측 불가능하다. 더불어 취향을 발화하는 것은 차이의 공동체를 만들고, 강도 높은 부딪침을 통한 정치적 효과를 획득할 수 있다. '취존(취향 존중)'이라는 말도 사실상 취향은 인정되거나 설득되기 쉽지 않고 단지 '존중'할 수 있을 뿐이라는 뜻을 함의하고 있다. 그러한 점에서 '좋은 취향'은 사회적 합의를 이룰 수 있는 자질이 없으며, 오히려 더 나은 취향을 능동적으로 제시할 수 있을 뿐이다. 즉, 동시대의 온라인 페미니즘에서 취향의 발화는 오래된 것을 대체하는 새로움이거나, 반드시 미학적 객관성을 획득하는 '좋은 취향'일 필요는 없다. '좋은 취향'을 식별할 수 있는 능력만이 정치적인 효과를 획득할 수 있다면, 상황에 따라 때로는 지극히 전형적인 서사에 반응하는 동시대의 온라인 페미니즘은 취향의 문제와 멀어진다. 그러므로 이것은 한국 문학이 다원적인 취향을 형성할 수 있는 토대 다지기에 실패했다는 것, 정상 규범 안에서 엄격하게 시대를 대변하는 '새롭지 않은 새로운 주체'를 만들어내는 데 지나치게 천착했다는 것을 고발하는 지점이 될 수 없다.

오히려 문학이 제 역할을 할 수 없었던 것은 시대의 전형이 아닌, 초역사적인 고착된 전형에서 오는 결과였을지 모른다. 독자들은 여전히 문학의 순수성을 믿거나 문학을 서사의 대표격으로 내세우는 시도에 더 이상 가치를 느끼지 못하며, '백합', 'BL' 등 2차 창작물이나, 웹툰, 웹소설, 로맨스 소설 등 대중 서사에서 만들어 내는 새로운 출현에 반응한다. 대중 서사는 문학의 대안으로서 새로운 존재 방식을 만드는 더 나은 시도로 출현한 것이 아니지만, 순수한 예술의 의미에는 다다르지 못하는 일종의 하위문화로서 카테고리화된다. 그러나 대중 서사가 하나의 장르라면, '순수/문단' 문학도 하나의 장르일 뿐이다. 문학, 영화, 드라마, 웹툰, 게임 등 서사라는 공통점을 가진 '장르'들은 종종 서로의 형식을 차용하지만 그것이 서로의 역할을 대체할 수 없다. 즉, 장르의 차이는 창작자의 역량 차이가 아니라 '공급 – 수요'의 문제이며, 시장의 차이는 바로 수용자의 요청에서부터 비롯되는 것이기 때문에 한국 문학/비평(장)의 수용자들은 문학을 어떻게 읽고 무엇을 요청하는지 살펴봐야 한다. 그러므로 문학과 대중 서사를 비교하는 것은 그 행위가 한국 문학/비평을 기각시키는 것에 목적을 두었다고 하여도 여전히 문학에 권력을 부여하는 데 힘을 실어주는 일이 될지도 모른다. 예컨대 '잘 쓴' 로맨스 소설을 '문학'으로 호명한다면, '문학'은 형용사인가? 무엇이 문학이고, 문학이 아닌지 구분하는 일은, 유용성을 검토하는 일로 여겨져 왔다. 이것은 SF를 '장르' 문학으로서 '주류' 문학과 구분시키는 비평의 흐름, 최근까지의 '휴머니즘적' SF의 약진을 두고 "SF 소설인 줄 알고 읽기 시작했으나 어느 순간 그런 건 잊어 버"[48]리는 것과 다름없으며, 1980년대 노동자를 문학의 장에 초대하고 노동자의 리터러시 능력에 왈가왈부했던 한국 문학/비평이 시도했던 협소한 노력과 과오들이 겹쳐 보이는 것이다.

한국 문학/비평이 규범의 변화와 우연성의 토대를 열어 두지 못한 것을 취향의 문제로 귀결시킬 수 없는 또 다른 이유는 다음과 같다. 여성 서사 운동은 정상 규범 밖에 있는 다원적 인물보다 정상성의 기제들과 불화함에도 동시에 규범을 통과하는 새로운 전형적 주체의 재현을 요청한다. 이는 또다시 '여성-이성애자-비장애인-비트랜스'의 전형 또는 초역사적인 실증적 현실을 반복하는 것이 아니라 던져진 시공간과 그곳에 누적된 것들을 포착하는 재현이다. 그것은 우리가 '어디에', '어떻게' 존재하는가에 대한 문제를 은폐하는 것이 아니라 오히려 직면하고 반영한

48 김연수는 김초엽의 소설 『우리가 빛의 속도로 갈 수 없다면』을 추천하는 글에서 "소설가는 눈으로 관찰하고 입으로 질문하는 사람이다. (……) 명징하고 광대하게, 이 세계를 바로 볼 줄 아는 이 시선에서만 '인간이란 무엇이며, 인류는 무엇이어야 하는가?'라는 질문이 생겨난다. SF 소설인 줄 알고 읽기 시작했으나 어느 순간 그런 건 잊어버렸다. 기억나는 건 젊은 소설가의 첫 작품집이라고는 믿기지 않을 정도로 매끄럽게 이어지는 이야기 속에서 내가 생각하는 소설가의 눈과 입을 발견했다는 사실이다. 시선에서 질문까지, 모두 인상적이다."라고 썼다.

다. 전형적인 인물의 재현은 전형적인 생각과 행동을 만들어 내고, 수용자에 의해 주어진 사실과 상황을 넘어서는 그 이상의 것들을 소환하며 재현을 넘어 호명할 수 없는 것들을 산출해 낼 수 있기 때문이다[49]. 그러므로 지금의 여성 서사 운동에서 요청하는 문학의 전형은 리얼리즘에 뿌리를 둔 완벽한 개인 만들기가 아니라 불가능성에서부터 시작되는 재현이다. 이는 1990년대 여성 문학 담론에서 줄곧 방법론으로 다루었던 여성의 언어를 재현의 논리 밖으로 끌어내려는 시도, 프렌치 페미니스트들의 작업을 따라 여성 또는 여성적인 것을 은유로서 가능성과 (불)가능성이 만나는 지점을 포획하려는 시도가 아닌, 초역사적인 재현의 대표성을 불가능성으로 명명한다. 즉, 이 글에서 설명하는 재현의 불가능성은 시대를 대표하거나 조건을 나열하고 또 그것을 고정하려는 비평에 재고를 요청하는 것이며, 재현은 잠시 머물고 또 언제나 이동하는 전제 안에서 가능하기 때문에 불가능성에서부터 시작한다. 여성 서사 운동은 시대를 재현하는 개인이 아니라 각 개인의 경험들에 대한 집단적이고 정치적인 동시대[50]의 서사를 요구한다. 그러므로 동시대성을 획득하는 개인은 1970년대의 타자로 호명된 '민중·민족', '노동자', '농민'의 자리가 '여성', '퀴어', '이주노동자', '난민'의 자리로 대체되지 않으며, 오히려 대표성을 획득할 수 있는 새로운 주체 생산의 불가능성을 입증한다. 그러

49 허주영, 「남성 동성 사회의 가장자리와 불완전한 남성성」, 『한국여성학』 제34권 3호(2018), 108쪽.

50 아감벤은 동시대(contemporary)를 다음과 같이 설명한다: 진정한 동시대인은 그 시대에 완벽히 속하지도, 일치하지도 않는다. 그러나 단절(disconnection)과 시대착오(anachronism)를 통해 자신의 시대를 더 잘 파악한다. Chamberlain, P., *Affective temporality: towards a fourth wave*, Gender and Education, Routledge, 2016.

므로 동시대는 특정한 시대가 만든 하나의 얼굴이나 당사자로서 대표성을 획득한 정치적인 개인이 아닌 어쩌면 과현실(초현실)된 개인들이 된다.

이러한 부분에서 애매한 휴머니즘과 리얼리즘에 뿌리박힌 한국 문학에 종언을 고하는 것이 오히려 나은 선택일수도 있겠으나, 바로 그 자리/들에 여전히 문학이 살아 있(었)음을 말하고 싶다. 아저씨 독자가 이미 스스로 도태되거나 소멸한, 바로 그 죽은 자리에 새로운 역사를 세우는 것이 아니라, 여성의 의미 경제 구조를 만드는 것으로 기존의 구조를 상대화하고 해체시키는 차이의 전략[51]을 통과해야 할 것이다. 그러므로 사어死語를 애도하고 살피는 친절한 행위가 문학을 놓치거나 여성적인 것들을 버리게 한다면, 정치학 자체를 다르게 배치할 기회와 정체성의 환영을 정치적으로 모색할 수 있는 페미니즘 비평은 불가능할 것이다. 즉, 놓아 주고 애도해야 할 것은 여성 서사가 분석되어 온 부정의 방식이며, 운동의 한계는 남성 의미 경제 체계 밖의 비평/연구의 기획을 상상하는 시도와 긍정적인 윤리적인 전회에 대한 고민의 부재에서부터 시작된다. 새로운 상상력으로 오이디푸스화하는 팔루스의 경제가 유도한 정념들을 초월하는 것은 변형을 추동한다.[52] 이것은 오랜 투쟁과 요청에 대한 응답이자 동시에 빠르

---

51 탁월한 정치적 기획으로서의 성차는 존재론적 차이를 본질적인 것을 바탕으로 동일한 경험에 대해 이야기하지만 그것은 '탈본질화된 체현'을 통과하는 전략적 본질이기 때문에 단순히 생물학적 본질주의로 읽을 수 없고, 오히려 '몸'의 물질성과 시간성을 이해할 수 있는 유용한 도구가 된다. 정치적 기획으로서 여성이라는 기표는 엄격한 프로이트의 경계를 넘는 새로운 정신분석의 발판이 되고 변화와 생성하는 과정으로서 다른 종류의 문학을 주장하게 된다. Verena Andermatt Conley, *Becoming-Woman Now*, Deleuze and Feminist Theory, Edinburgh University Press, 2000, p. 24.

게 변화되는 논의의 지점과 되먹임의 가능성들의 도래이다.

한국 문학/비평을 죽이고 살리는 일은 아저씨 독자를 통과하는 아주 전형적인 비평의 방식을 택하는 일이자, 동시에(이미 떠나버린) 아저씨 독자들의 맥락 안으로의 편입일지도 모른다. 그러므로 "진짜" 문제를 짚고 넘어가자면, 바로 『82년생 김지영』이 불러온 운동의 급증과 인물이 재현된 양상을 다른 맥락의 해석으로 (구분하지 않으려는 시도 속에서도) 결국 구분 지은 것이다. 동시대 페미니스트들의 반응은 '김지영'을 초역사적인 맥락 안에서 대표성을 부여한 것이 아니라, 스스로를 페미니스트로 부르게 된 여성들이 윤리적인 삶과 지속적인 실천을 요청하는 방식이다. 그러므로 동시대 페미니스트들이 『82년생 김지영』에 대한 반응을 곧바로 대표성 획득이 가능한 규범적 여성상, 또는 '제2의 82년생 김지영'의 요청으로 해석하는 것이 아니라 또 다른 여성 서사가 출현할 수 있는 지평을 만들고 기반을 세우는 과정으로 이해할 수 있어야 한다.

동일성에 봉사하는 대문자 여성이 가진 운동으로서의 힘과 파편적으로 흩어지지만 개인들이 가진 다양한 차이들을 생산하는 것 중 우리는 언제나 하나의 노선을 '선택'해야 할까. 여성 서사 운동이 생성한 흐름의 급증 속에서 소설 『82년생 김지영』이 얻은 엄청난 호응에 비평은 같은 비슷한 질문을 반복했다. 그러나 여성 서사 운동의 과정 안에서 발화되는 경험들은 여성이 무엇인지 본질을 밝히거나 정의 내리려는 퍼즐 조각이 될 수 없다. 제4물결

52 Rosi Braidotti, *Zigzagging through Deleuze and Feminism*, Metamorphoses: towards a materialist theory of becoming, Polity Press, 2002.

로서 온라인 페미니즘에서 추동되는 동시대성은 절대적인 시간 안에 고정된 것이 아니라 물결로서 이동하고 흩어짐으로서 소멸되는 순간적이고 일시적인 힘이다. 소설 『82년생 김지영』은 1980대에 태어난 여성을 대표할 수 있(었)지만, 그 대표성은 언제나 유지되지 않는다. 동시대적 감각은 여성들 개인과 개인 또는 개인과 집단 사이를 오가면서 어쩌면 이미 소멸되었거나 어떠한 우연적인 부딪힘 속에서 다시 솟아오르기도 하는 것이다. 서사라는 이름으로 확대된 문학에 기대했던 효과와 미학성은 동시대인의 감각과 접근 방식에 따라 새로운 기준으로 갱신된다.

이는 시대를 대표하는 인물상이 '20대 – 도시 – 남성'에서 '2, 30대 – 미혼 – 여성'으로 변경된 것이 아니다. 여성들이 모두 동일한 신체와 동일한 경험을 가지고 있다는 환상에서 벗어나 재현되는 것은 개인이 아니라 개인(들)의 감각이다. 여성 서사 운동의 주체들은 SNS에 주어진 논의의 장에서 자신과 일치되는 서사를 단순히 소비자로서 요구하는 것이 아니라 오히려 개인(들)의 경험이 불러오는 공감과 동일시를 통해 서사와 관계 맺고 서사를 생성하는 것이다. 한국 문학에서 여성들의 삶과 관계를 분석하는 방식 자체가 오이디푸스적이거나 이미 남성 의미 경제 체계 안에서 이루어져 왔다면, 그러한 일정한 문법과 방법론을 통과하지 않는 새로운 읽기 방안을 모색해야 한다. 그리고 동시에 여성 서사는 유동적으로 변화하고 변이해 가는 재현체로서의 여성을 대표하는 여성 서사가 아닌 여성의 의미를 어떻게 바꾸어 나가고 긍정적인 역량을 만들어 낼 수 있는지 지속적으로 이동하며 변화 속에 놓인 운동이 되어야 할 것이다.

나가며

제4물결에 들어서면서 페미니즘 의제들의 출현은 온라인 공간을 중심으로 이루어지고, 물리적 제약이 적은 온라인 공간은 다각도의 논의를 빠른 속도로 확대하고 정밀화한다. 담론 구성의 장으로서 기능하는 온라인 공간에서 발화되는 개인적인 경험들은 진영을 여러 갈래로 나누고 또 필요에 따라 다시 공통 의제 안에서 교차하면서 영향력 있는 목소리를 내기 시작했다. 억압의 경험을 직접 발화하는 행위는 여성들의 삶을 둘러싸고 있는 여러 차별의 요소에서 한발 물러서 더욱 넓은 시야를 확보하고 시야에 포착되는 차별의 작동 기제와 마주하게 했다. 타인의 경험이 공유되고 공감을 불러일으키는 사건을 통해 신체에 체현된 자신의 경험들을 불러오고, 그로부터 반응하는 신체의 감각들은 액티비즘의 흐름에 활기를 불어넣었다. 서로의 개인적인 경험은 온라인 공간에서 짧은 메모나 일기와 같은 일상적인 형식 또는 학술적 글쓰기 형태 등 다양한 방식으로 공유되었다. 이러한 공유의 과정에서 서사 안에서 재현된 여성의 상투적 이미지에 대한 문제점들이 제기되었다. 여성들은 서사의 수용자이자 소비자로서 기존의 서사가 가진 문제점들을 지적했다. 미디어를 통해 재현되는 여성의 이미지가 여성의 실제 삶에 어떠한 영향을 미쳤는지에 분석하는 데 서로의 경험을 공유하고 확인하는 과정을 거치며 그에 대한 특정한 공통 감각을 만들어갔다.

유독 눈에 띄는 움직임은 여성들이 가진 공통된 억압이 있다는 것을 증명해 내거나 '여성으로 태어남'이 나타내는 보편성을 획득하려는 몸짓이었다. 이것은 여성에게 가해지는 차별을 인지하고 새로운 삶의 방식들을 발화하는 과정에서 효과적인 정치 의제를 획득하기 위해 발생되는 다양한 움직임 중 하나였다. 극단적이고 때로는 과격해 보이는 전략들은 비판받기 쉬웠지만, 비판을 통해 여성 서사 운동의 논의를 세분화하는 지점을 만들고, 정치적 동력을 이끌어 내기도 하였다. 이러한 맥락 안에서 『다른 사람』, 『82년생 김지영』과 같은 소설들은 대표적인 여성 서사로서 많은 여성들의 일상적 이야기를 대변해 주면서 동시에 페미니즘 운동으로서 여성 서사의 가능성을 보여 주었지만, 특정한 여성 이미지를 만들어 내면서 공통된 여성의 삶과 경험이 존재한다는 착각을 불러일으키게 했다는 평가를 피할 수 없었다. 그럼에도 단일한 서사가 만들어 내는 힘은 공통된 의제 안에서 강력한 힘을 이끌어 내는 것으로 보였기 때문에 동일성의 서사는 다양한 차이들을 간과하지만 일시적으로 어쩔 수 없이 선택해야 하는 유일한 것으로 여겨지기도 했다.

그러나 이 글에서 주장하는 것처럼 대표성을 획득하는 적절한 역사적 자료로서 새로운 정전의 목록을 만드는 것은 여성 서사의 유일한 주체성 획득 방식이 아니다. 온라인 페미니즘의 여성 서사 운동이 소비자의 위치에서 특정한 서사를 요구할 때, 시대를 대표하는 근대적 인간 주체를 위한 한국 문학의 성장소설의 구조를 다시 세우는 것이 마치 최종의 목표로 여겨지는 것은 상상하기 쉬운 안정성을 위한 것이며, 여성 주체성을 불연속적인 상호 관계의 강도들과 다양한 과정으로 재사유할 수 있는 가능성을 외면하는 침묵 속으로 들어가는 것일지도 모른다. 하지만 문제의식으로 가장한 실체 없는 불안의 발화들도 일정한 비판의 문법을 지루하게 반복하면서 대안적 상상력을 제시하고 있지만 동시대성이 만들어 내는 공통 감각은 이러한 대안 지점들을 뛰어넘어 끊임없이 변화하는 특성과 가능태들을 이미 품고 있다. 마땅히 해야 할 실천이나 결과를 이야기하는 것, 정확하고 정교한 언어로 정의내리고자 하는 일련의 운동은 물결 서사 안에서 구분되거나 선형적인 시간성 위에 기록되는 것이 아니라 흐름을 생성하고 각기 다른 경험과 가능성이 생성하는 차이들에 의한 효과를 만들어 낸다. 그에 따른 효과가 지금의 『82년생 김지영』이거나 마블Marvel의 여성 영웅들이라면, 재현된 여성 서사의 해석은 여성을 동일한 언어로 정의 내리거나 여성의 양상을 기술하는 완전한 재현으로 받아들이는 작업으로 방향을 설정하는 것이 아니라 다양성과 차이를 재고하고 하나가 아닌(not-one) 여성 내부의 차이를 통해 복수적인 경험의 층위와 변형을 상상하는 힘[53]을 해석의 과정 안에서 발휘해야 한다. 여성 서사 운동에서 개인들의 발화를 통해 촉발되는 정동은 본질적이고 고정된 것이 아니라 언제나 일련의 우연성 안에서 움직이고 이동한다. 그러므로 여성이 무엇인지, 여성 서사가 무엇인지에 정의 내리려는 것보다 순간과 움직임에 집중하는 것이야말로 여성 서사를 이야기할 수 있는 기반을 만들고 발전을 도모하는 생산적인 태도일 것이다.

53 로지 브라이도티는 성차의 층위를 세 가지로 분류한다. 첫 번째 층위는 성적 무분화(indifferentiation) 논리를 거부하는 특수성 속의 성차이고, 두 번째 층위는 다양성(dicersity)을 가진 여성들 사이에 일어나는 차이이며, 세 번째 층위는 하나가 아닌 각 여성 내부의 차이이자 복수적인 경험의 층위들이 체현된 계보이다. 로지 브라이도티, 『유목적 주체』, 박미선 옮김, 여이연, 2004.

참고문헌

〈소논문 및 단행본〉

권명아, 『여자떼 공포, 젠더 어펙트—부대낌과 상호작용의 정치』, 갈무리, 2019.

김경언·김영혜·전승희·정영훈, 「여성해방의 시각에서 본 박완서의 작품 세계」, 『여성 2』, 1988.

김미정, 「흔들리는 재현·대의의 시간: 2017년 한국 소설의 안팎」, 『움직이는 별자리들』, 갈무리, 2019.

김양선, 「페미니즘 리부트와 '김지영' 현상」, 『여성문학연구』 42, 한국여성문학학회, 2017.

김은주, 「제4물결로서 온라인-페미니즘: 동시대 페미니즘의 정치와 기술」, 『한국여성철학』, 제31권, 2019.

김은주, 『여성-되기』, 에디투스, 2019.

낸시 프레이저, 『전진하는 페미니즘』, 임옥희 옮김, 돌베개, 2017.

류진희,「동성 서사를 욕망하는 여자들: 문자와 이야기 그리고 퀴어의 교차점에서」, 권김현영·루인·김주희·한채윤·류진희, 『성의 정치성의 권리』, 자음과 모음, 2012.

로지 브라이도티, 『유목적 주체』, 박미선 옮김, 여이연, 2004.

복도훈 「신을 보는 자들은 늘 목마르다: 2017년의 한국 문학과 '정치적 올바름'에 대한 비판적인 단상들」, 『문장웹진』, 2017.

백지은, 「전진(하지 못)했던 페미니즘」, 『#문학은_위험하다』, 민음사, 2019.

서영인, 「1990년대 문학지형과 여성문학 담론」, 『대중서사연구』제24권 2호,

대중서사학회, 2018.
심진경, 「여성성 혹은 문학적 상상의 원천」, 『떠도는 목소리들』, 자음과 모음, 2009.
소영현, 「비평 시대의 젠더적 기원과 그 불만」, 『대중서사연구』 24(3), 2018.
소영현, 「재현을 젠더링!」, 『자음과 모음』, 2019.
오혜진, 『지극히 문학적인 취향』, 오월의 봄, 2019.
장은정, 「죽지 않고도」, 『#문학은_위험하다』, 민음사, 2019.
조강석, 「메시지의 전경화와 소설의 '실효성'—정치적·윤리적 올바름과 문학의 관계에 대한 단상」, 『문장웹진』, 2017.
주디스 버틀러, 『의미를 체현하는 육체』, 김윤상 옮김, 인간사랑, 2003.
지그문트 프로이트, 『늑대인간』, 김명희 옮김, 열린책들, 1998.
질 들뢰즈·펠릭스 가타리, 『천개의 고원』, 김재인 옮김, 새물결, 2001.
허윤, 「광장의 페미니즘과 한국 문학의 정치성」, 『한국근대문학연구』 19(2), 한국근대문학회, 2018.
허윤, 「로맨스 대신 페미니즘을!」, 『#문학은 위험하다』, 민음사, 2019.
허주영, 「남성 동성 사회의 가장자리와 불완전한 남성성」, 『한국여성학』 제34권 3호, 2018.
허주영, 「미디어에서의 퀴어 섹슈얼리티 재현 불가능성과 탈규범의 가능성」, 『여/성이론』 41호, 2019.
허주영, 「생물학적 성별에서 벗어나기」, 『상허학보』, 55집, 2019.
Chamberlain, P., *Affective temporality: towards a fourth wave*, Gender and Education, Routledge, 2016.
Rosi Braidotti, *Zigzagging through Deleuze and Feminism*, Metamorphoses: towards a materialist theory of becoming, Polity Press, 2002.
Verena Andermatt Conley, *Becoming-Woman Now*, Deleuze and Feminist

Theory, Edinburgh University Press:, 2000.

〈신문 자료〉

「여성 서사'는 한계가 없다」,『일다』(2019. 7. 12.) http://www.ildaro.com/8503(최종 접속: 2020. 1. 20.)
「미투 열풍에 페미니즘 도서 인기…… 전년보다 208퍼센트 증가」,『중앙일보』(2018. 3. 16) https://news.joins.com/article/22446857(최종 접속: 2020. 1. 20.)
「달랑 두 편」,『한겨레 21』(2015. 10. 30) http://h21.hani.co.kr/arti/culture/culture_general/40572.html(최종 접속: 2020. 1. 20.)

7

한국 SF와 페미니즘의 동시대적 조우*

강은교

강은교

연세대학교에서 철학을 전공했으며, 이화여자대학교 여성학과에서 석사 과정을 수료했다. 동료들과 함께 페미니스트 연구 웹진 『Fwd』를 꾸려 가고 있다. 전기가오리에서 펴내는 '스탠포드 철학백과의 항목들' 중 페미니즘 항목 여럿을 번역했고, 「한국 SF와 페미니즘의 동시대적 조우」, 「케이팝 K-pop 아이돌의 자필 사과문」 등의 글을 썼다. 공부와 취미의 지속 가능성에 대해 고민 중이다.

* 이 글은 『여성문학연구』 49호(2020)에 게재된 「한국 SF와 페미니즘의 동시대적 조우: 김보영의 「얼마나 닮았는가」와 듀나의 「두 번째 유모」를 중심으로」를 수정한 것이다.

1. 들어가며

스마트폰, 인공지능 비서, 유전자 조작 식품 등 우리의 현대적인 삶은 SF와 점차 유사해지고 있다. 기술과학의 발전은 우리 삶의 조건을 재편하면서 물리적인 변화를 이끌어 낼 뿐만 아니라, 변화가 수반하는 사회적이고 윤리적인 문제들을 끊임없이 성찰하게 한다. 그리고 장르로서의 SF는 가능한 변화를 상상하고 그 변화로 인해 재편된 세계를 그려 낸다는 점에서 현재를 살아가는 우리에게 다양한 질문을 던져 준다. SF의 미적 특질을 7가지로 정리하여 제시한 SF 이론가 이슈트반 치체리-로나이는 SF가 하나의 장르일 뿐만 아니라 세상을 경험하는 방법이자 사고방식이라고 말한다.[1] 기술과학이 현재 우리 삶을 광범위하게 조건 지음에 따라, 기술과 과학이 우리의 세계와 삶을 어떻게 변화시킬 수 있는지 합리적으로 사유하는 SF의 장르적인 특성이 우리의 일상적인 태도가 되어 가고 있다는 것이다. 따라서 SF는 그 어떤 장르보다 "변화가 유일한 상수인 21세기"[2]에 어울리는 장르라 할 수 있다.

그렇기 때문일까, 2010년대 후반 들어 한국의 출판 시장과 문학장에서 SF가 부쩍 조명받기 시작했다. 2016년 즈음부터 SF 전문 출판사들이 생겨나면서 다양한 시대와 언어의 해외 SF 소설이 번역 출간되고 있을 뿐만 아니라, 갈수록 많은 국내 SF 작가들의 창작 SF가 앤솔로지나 단행본의 형태로 출간되고 있다. 이러한 SF 출판의 양적 팽창은 SF

1 치체리-로나이는 이를 '과학소설성(science-fictionality)'이라고 일컫는다. Istvan Csicsery-Ronay Jr., *The Seven Beauties of Science Fiction*, Middletown: Wesleyan University Press, 2008, p. 3.

2 셰릴 빈트, 『에스에프 에스프리: SF를 읽을 때 우리가 생각할 것들』, 전행선 옮김, 아르테, 2019, 289쪽.

도서의 판매량 증가[3]및 SF 독자의 증가와 궤를 같이하며 한국 SF 문학장을 확대해 나가는 중이다. 쏟아져 나오는 작품들과 늘어나는 SF 독자들에 응답이라도 하듯, SF 문학에 대한 비평 또한 활발해지고 있다. 문예지 『자음과 모음』은 2019년 가을호의 특집을 'SF 비평의 서막'이라는 제목으로 꾸리면서 한국 SF에 대한 적극적인 비평을 시도했고, 최근에는 SF 전문 무크지 『오늘의 SF』가 창간되면서 SF에 대한 담론 생산을 본격화했다. 한국출판마케팅연구소는 2019년 주요 출판계 키워드로 "주류가 된 장르"를 꼽으며 그중에서도 특히 "SF의 도약"을 강조하기도 했다.[4] 한국 창작 SF의 역사는 1960년대까지 거슬러 올라가나,[5] '순문학'을 중심으로 형성된 한국 문단의 비평 및 출판 관행과 SF를 실현 가능성이 없는 허황된 공상쯤으로 치부하는 대중적 인식 부족으로 인해 한국 SF 문학은 오랫동안 학술적이고 비평적인 차원과 대중적이고 상업적인 차원 모두에서 주목의 대상이 되지 못했다. 한국 창작 SF가 평단의 주목과 대중적인 호응을 모두 얻게 된 것은 2010년대 들어 처음으로 이루어진 현상이다.

이렇게 한국에서 SF가 주목받게 된 결정적인 장면 중 하나로 많은 이들이 꼽는 것은 인공지능 알파고와 이세돌 9단의 바둑 대국이다.[6] 이

---

3 인터넷 서점 yes24는 2019년 장르소설 판매량이 역대 최고를 기록했다고 보고했다. 이는 SF뿐만 아니라 추리, 판타지, 공포 등 장르소설로 분류되는 작품들을 모두 포함한 통계이긴 하나, 소설 베스트셀러 상위권에 SF로 분류되는 작품들이 여럿 포진해 있는 것으로 미루어 보아 이를 SF 판매량의 증가를 보여 주는 자료로 해석해도 큰 무리는 없을 것이다. http://ch.yes24.com/Article/View/39497(접속일: 2020. 2 . 20.)

4 이설, 「판타지 읽으며 자란 80년대생, 장르소설을 깨우다」, 『동아일보』, 2019. 12. 25.

5 한국 최초의 창작 SF는 1965년 발표된 문윤성의 『완전사회』라고 여겨진다. 여자들이 지배하는 미래 세계를 시간 여행에서 깨어난 남자 화자의 시선에서 그리는 이 장편소설은 1967년 처음 단행본으로 발간되었고, 2018년 재출간되었다.

는 SF에서 그리는 세계가 더 이상 추상적인 먼 미래의 것이 아니며 우리의 삶에 이미 도래해 있음을 대중적으로 각인시킨 사건이었기 때문일 것이다. 그러나 대중적인 영향력이 컸던 기술과학의 장면은 초고속 인터넷이 대중화되기 시작한 1990년대에도 황우석 박사의 줄기세포 논문 조작 사건이 일어난 2000년대에도 존재했기에, 알파고 자체만으로는 2010년대 들어 확장되고 있는 한국 SF장의 배경과 맥락을 충분히 설명해 내기 어렵다. 따라서 질문해야 하는 것은 어떤 기술과학의 장면들이 우리의 삶에 중대한 영향을 주었는지가 아니라, 어떤 계기를 통해 2010년대 들어 SF적인 상상력이 적극적으로 서사화되기 시작했는지, 또 이 서사가 왜 독자들에게 유효한 것으로 여겨지게 되었는지 하는 지점일 것이다.

한국 SF의 도약과 관련하여 이 글에서 주목하고자 하는 장면은 SF와 페미니즘의 만남이다. 그럼으로써 페미니즘 대중화[7]가 최근 한국 SF가 주목받기 시작하게 된 데 주요한 계기로 작용했으며, 그에 따라 '한국 페미니즘 SF'가 발아하고 있다고 제안하고자 한다. 사실 사고 실험을 통해 지금 우리에게 친숙한 세계와는 다른 세계를 제시하는 장르의 특성상, SF는 일찍이 많은 페미니스트들에게 현재의 사회적 형태를 비판하고 대안을 제시하기 위한 수단으로 여겨져 왔다. SF의 환상적인

---

6 박해울, 「미래는 이미 도래했다」, 『비주류 선언: 서브컬쳐 본격 비평집』, 텍스트릿 엮음, 요다, 2019, 213-215쪽; 구둘래, 「2020년 'SF 원더'는 계속된다」, 『한겨레』(2020. 2. 3.)

7 메르스 갤러리(2015년), 강남역 살인사건(2016년), #○○계_내_성폭력 고발 및 미투 운동의 확산(2018년) 등의 사건을 기점으로 2010년대 후반 한국에서 페미니즘 운동이 본격화되었다. 이러한 페미니즘 운동은 온라인 소셜 미디어를 중심으로 의제가 빠르게 확산되면서 대중화되는 양상을 띤다. 이 글에서는 한국 사회 전반에 영향을 미치면서 대중적인 반향을 이끌어 낸 2010년대 후반의 페미니즘 운동을 '페미니즘 대중화'라고 일컫고자 한다.

외계와 멀리 떨어진 행성은 페미니즘의 비판적 사유를 위한 상상적인 시험장이 되기에 좋다.[8] 일례로 1970년대 미국의 페미니스트 분리주의 유토피아 소설들은 당시 일어났던 제2물결 페미니즘 운동의 자장 속에서 탄생한 것으로, 성평등이 이루어진 가상적 세계를 창조함으로써 당시 사회의 억압과 불평등을 드러내는 동시에 가부장제의 대안을 검토하고자 했다.[9]

이렇게 페미니즘 이론 및 운동과 상호적인 영향을 주고받으면서, 페미니즘 SF는 영미권 SF 장에서 하나의 하위 장르로 자리 잡았다. 그리고 여기에서 SF의 장르 미학은 페미니즘의 사유를 구현하기 위한 도구에 그치지 않고 그 자체로 새로운 페미니즘 이론을 창출하는 방법이 되기도 한다. 독자, 작가, 텍스트가 상호작용하는 과정에서 이론, 정치학, 상상력이 교차함에 따라 창의적이고 복잡한 이론화가 이루어지는 까닭이다.[10] 따라서 현재 한국에서 이루어지고 있는 페미니즘과 SF의 조우를 페미니즘 대중화의 일환으로만 분석하는 것도, 혹은 SF의 장르적인 특성으로만 분석하는 것도 충분치 않다. 이 모두를 함께 고려할 수 있어야 하는 것이다. 다시 말해, 한국의 SF 작가들이 페미니즘의 정치적, 이론적 논의와 문화적 풍조를 공유하고 있다고 본다면, 젠더와 섹슈얼리티의 문제를 다루는 SF 텍스트를 페미니즘 논의의 반영일 뿐

---

8 Patricia Melzer, *Alien Constructions: Science Fiction and Feminist Thought*, Austin: University of Texas Press, 2006, p. 11.

9 대표적으로 조애나 러스의 「그들이 돌아온다 해도」(『혁명하는 여자들』, 아작, 2016 수록)를 들 수 있다. 지구로부터 버려진 외딴 행성을 배경으로 하는 이 소설에서 남자들은 수 세대 전에 역병으로 모두 사망했으며, 여자들만 남아 문명을 꾸려 나가고 있다. 단성생식 기술을 통해 재생산이 자율적으로 이루어지고, 여성들이 각자의 능력에 따라 직업을 가지는 이 행성의 사회는 1970년대 급진주의 페미니즘의 분리주의적 이상을 구현한다.

10 Patricia Melzer, 같은 책, p. 10.

만 아니라 페미니즘 논의에의 기여로서 적극적으로 독해할 필요가 있다.[11] 로지 브라이도티에 따르면, 텍스트는 "과정 중에 있는 항목"이자 "권력관계의 망을 둘러싸고 있는 연쇄반응"이다. 따라서 페미니즘을 통해 SF 소설을 읽어 내는 작업은 텍스트에 숨겨진 페미니즘적 의의를 찾아내는 것이라기보다는 페미니즘 논의의 장 속에 텍스트를 위치시키고 "텍스트와 전체 사회 상징체계를 연결시키는 연결들과 효과들의 그물망을 해독하는 것"이라 할 수 있다.[12]

이 글은 '한국 페미니즘 SF'의 가능성과 그 정치적 역량을 가늠하기 위해 두 편의 SF 중편소설 김보영의 「얼마나 닮았는가」와 듀나의 「두 번째 유모」를 독해한다.[13] 필자가 이 두 편의 작품을 선택한 이유는 두 작품이 모두 SF의 장르 기법을 능수능란하게 운용하면서 페미니즘 대중화의 흐름이 제기한 주요 문제들을 첨예하게 풀어내고 있기에, '한국 페미니즘 SF'를 이론화하기 위한 단초를 제공한다고 보았기 때문이다. 또한 필자는 이 두 작품을 관통하는 문제의식이 '차이'에 관한 것이라 보고, 이를 논하기 위해 차이를 부정적인 것이 아닌 긍정적인 것으로 사유한 철학자 질 들뢰즈와, 들뢰즈의 차이 개념을 성차sexual difference 개념을 통해 재사유함으로써 페미니스트 여성 주체를 새롭게 이론화한 로지 브라이도티의 이론을 분석틀로 운용하고자 한다.[14]

11 Patricia Melzer, 같은 책, p. 9.

12 로지 브라이도티, 박미선 옮김, 『유목적 주체: 우리 시대 페미니즘 이론에서 체현과 성차의 문제』, 여이연, 2004, 245쪽.

13 두 작품 모두 SF 중편 앤솔로지 『아직 우리에겐 시간이 있으니까』(한겨레출판, 2017)에 수록되어 있다.

14 들뢰즈의 철학과 페미니즘을 연결시킨 논의에 관해서는 김은주, 『여성-되기: 들뢰즈의 행동학과 페미니즘』, 에디투스, 2019, 참조.

최근 한국 페미니즘 대중화 흐름에서 차이의 문제를 둘러싸고 치열한 논쟁과 경합이 벌어지고 있음을 고려할 때, 차이라는 키워드로 이들 작품을 독해하는 것은 페미니즘 논의의 동시대적contemporary 장 속에 텍스트를 위치시켜 이론적인 차원에서뿐만 아니라 실천적인 차원에서 페미니즘 SF가 갖는 잠재력을 밝혀내는 작업이 될 것이다. 여기에서 논하는 동시대성이란 현재 또는 당대를 의미하는 것이 아니라 과거와 현재와 미래가 하나로 수렴하는 방식을 뜻하는 것으로, 나는 이 동시대성 개념을 통해 한국 SF와 페미니즘의 조우를 특징짓고자 한다. 그렇게 함으로써, 양적·질적으로 확장하고 있는 '한국 페미니즘 SF'를 이론화하기 위한 초석을 놓고자 한다.

2. 김보영의 「얼마나 닮았는가」 읽기

2-1. 지금-여기의 젠더 관계를 낯설게 하기

김보영의 「얼마나 닮았는가」는 우주선에 탑재된 위기 관리 AI 컴퓨터 훈HUN-1029를 통해 남성과 여성, 인간과 비인간 사이의 경계와 위계에 대해 질문한다. 작품의 배경은 목성의 위성인 유로파로 향하는 중이던 보급선 '혜자'로, 이 우주선의 선원들은 토성의 위성인 타이탄에서 보낸 구조 신호를 받고 구호 물품 보급을 위해 타이탄으로 향하게 된다. 이와 같은 예외적인 상황에서 선원들 사이에 불화가 일게 되고, 이 와중에 위기 관리 AI 훈은 파업 후 자신의 정신을 우주선에 딸린 유사 인간 의체로 이식해 줄 것과 인간 승무원과 동등하게 대우해 줄 것을 요구한다. 작품의 후반부에서야 밝혀지지만 이러한 훈의 결정은 매뉴얼에 따른 것으로, 인공지능이 인간의 형태를 하고 선내에 존재하게 되면 이 이질적인 존재를 경계하고 배척하느라 인간 승무원들의 결속력이 다시 좋아지리라 예상했기 때문이다. 그런데 훈은 이렇게 극단적인 결정을 할 수 밖에 없었던 이유가 기존에 존재하던 위기 관리 시스템이 제대로 작동하지 않았기 때문임을, 즉 '내가 보지 못하는 것'이 있기 때문임을 감지하고 이 인식의 맹점을 찾아내기 위해 선원들을 관찰하며 지식을 쌓아 나가기 시작한다. 인간의 신체로 이식된 후 기억의 많은 부분을 잃은 인공지능 훈의 시점에서 진행되는 이 소설은 이렇게 훈이 '보지 못하는 것'이 무엇인지 논리적으로 알아내고자 하는 추리소설의 형식을 취하면서 진실이 드러나는 순간의 인식적 충격을 의도한다. 훈은 우주선에 타고 있는 선원들을 묘사하면서 선원들 사이에 흐르는 미묘한 기류, 그리고 선원들과 자기 자신 사이의 관계를 띄엄띄엄 파악하며 이 퍼즐을 맞추어 간다.

이 소설에 주요하게 등장하는 선원은 선장 이진서, 항해사 강우민, 조종사 김지훈, 프로그래머 남찬영, 통신사 구경태 다섯 명으로, 폭력적인 성격의 강우민과 냉정한 성격의 이진서가 선원들 사이 갈등의 주요 축이다. 훈은 항해사 강우민을 대표 격으로 조종사 김지훈, 통신사 구경태 세 명이 연합하여 선장 이진서에게 반발하고 있음을 인지하게 된다. 선원들 중 선장의 편에 서 조력을 주는 이는 프로그래머 남찬영 정도뿐이다. 타이탄에 보급을 하는 것이 현재 이 우주선의 가장 중요한 임무이며 이미 타이탄에 근접해 있음에도 불구하고, 항해사 강우민은 선장 이진서의 모든 보급 계획에 반대하면서 선원들 사이에 비논리를 확산시키는 모습을 보인다. 또한 강우민, 김지훈, 구경태 세 사람은 인간의 형체를 한 훈을 때리고 가두고 강간을 시도하면서 '인간이 되고 싶어 하는' 기계에 대해 폭력을 행사한다. 선장 이진서 역시 처음에는 인간과 유사하지만 인간이 아닌 훈에게 묘한uncanny 위협을 느끼고 훈을 위협하나, 타이탄 보급이라는 목표를 달성하기 위해 목적 지향적인 사고를 하는 훈과 연합하게 된다. 훈과 이진서의 연합은 이 소설의 중심적인 사건이자 문제 해결의 열쇠인데, 원래대로라면 이진서는 훈을 위협하고 배제하면서 인간 승무원들과 연합해야 했기 때문이다. 이진서가 훈과 연합하자 강우민을 비롯한 선원들은 선장에게 더욱 반발하게 되고, 종국에는 선상 쿠데타를 일으키게 된다.

쿠데타가 일어나기 직전 여전히 이진서를 둘러싼 '분위기'의 정체를 파악하지 못한 훈은 이진서에게 배에 타기 전에 뭐 잘못한 것이라도 있느냐고 묻는데, 이진서는 "여자 말 안 듣는 사내놈들은 쌔고 쌨"다는 말로 답변을 대신한다.[15] 이렇게 해서 훈이 '보지 못하는 것'이 무엇인지 밝혀지게 되는데, 그것은 바로 성차별에 대한 지식이다. 대한민국의 공무원이 '그런 건' 존재하지 않는다고 생각해 훈에게서 성차별에 대한 정보를 지웠고, 그 때문에 훈은 지금껏 우주선 내에 존재하던 미묘한 권력의 역동을 이해하지 못했던 것이다. 이 소설을 읽는 독자들은 훈의 깨달음에 발맞추어 그제야 주요 등장인물들의 성별을 되짚어 보게 되는데, 선장 이진서 그리고 그와 연합하는 프로그래머 남찬영 둘만이 여성이었다는 사실이 드러나게 된다. 훈이 우주선에 선원을 배치할 때 인종, 국가를 고려해 같은 언어와 국적으로 선원들을 구성했으나, 성차별에 대한 지식의 부재로 여남 성비를 고려하지 못했던

---

15 김보영, 「얼마나 닮았는가」, 『아직 우리에겐 시간이 있으니까』, 한겨레출판, 2017, 246쪽.

것이다. 불균등한 젠더 배치는 이진서에 대한 멸시와 저평가, 따돌림이 선원들 사이에서 퍼져 나가도록 했고, 강우민을 비롯한 남성 선원들이 여성 선장의 결정과 명령에 불복하고 쿠데타를 일으키는 데까지 이르렀다.

이 소설은 스스로 사고하는 인공지능이 개발되고, 인류가 태양계 외행성에까지 진출할 만큼 과학기술이 발전된 미래를 배경으로 하고 있지만 현재의 한국을 배경으로 하는 듯한 익숙함을 불러일으킨다. 같은 국적과 언어의 선원들이 배치된 우주선 '혜자'의 닫힌 세계는 성차별이 극심하지만 이를 인식하지 못하거나 인식하고 싶어 하지 않는 한국 사회의 또 다른 버전이다. 특히 작중에서 성차별과 같은 것은 존재하지 않는다고 생각해 인공지능에서 젠더 변수를 삭제한 대한민국의 공무원은 지난 2016년 저출산 극복 대책으로 전국 '가임기 여성'의 수를 표기한 '대한민국 출산 지도'를 제작 배포했던 행정자치부와 같이 페미니즘 운동에 대한 반격backlash[16] 세력과 오버랩되면서 이 소설이 지닌 현재성을 드러낸다.

이렇게 주조된 세계 속에서 작가는 인간에 대한 지식이 부족한 인공지능의 관점으로 한국 사회를 생소하게 묘사하고, 이를 통해 성차별의 메커니즘을 거리 두기하여 제시함으로써 현재 우리가 살고 있는 사회의 모습을 낯설게 보여 준다. 이러한 낯설게 하기defamiliarization[17] 기법

---

16 수잔 팔루디, 『백래시』, 황성원 옮김, 아르테, 2017.

17 낯설게 하기는 러시아 형식주의자 빅토르 쉬클로프스키에 의해 강조된 개념으로, 어떠한 대상에 대한 관습적인 시각에서 이탈하여 새롭게 보는 것을 뜻한다. 베르톨트 브레히트는 연극을 이론화하면서 쉬클로프스키의 낯설게 하기 개념을 소외 효과(alienation effect) 개념으로 발전시킨다. 소외 효과란 연극의 관객들이 극의 설정이 단순히 현실 그 자체가 아니라 현실의 구성이라는 점을 깨닫게 만드는 기법이다. 다코 수빈은 SF 장르의 시학을 이론화하면서, 쉬클로프스키의 낯설게 하기

은 1970년대 미국 페미니즘 SF의 주요 기법 중 하나로, 일상화되어 있어서 보이지 않는 성차별적 구조를 투명하게 보이도록 만든다. 당시 많은 페미니즘 SF 소설들이 젠더 이분법이나 성차별이 사라진 미래의 세상을 그리면서 그 속에서 가부장제의 대안을 검토했다면, 김보영은 거꾸로 성차별이 온존하는 미래를 인공지능 화자를 통해 낯설게 함으로써 독자들로 하여금 현재의 젠더 관계를 비판적으로 성찰하게끔 한다.

2-2. 페미니즘 인식의 순간과 차이의 윤리

미래와 현재가 중첩되어 있는 이 소설은 그 자체로 페미니즘 인식의 순간을 은유한다는 점에서 페미니즘 대중화의 동시대적인 흐름과 공명하기도 한다. 등장인물의 젠더가 제시되지 않고 그들의 직책이나 성격만이 제시되는 소설의 초반부에서 독자들은 이진서나 남찬영을 남성으로 패싱[18]하기 쉽다. 이는 선장이나 프로그래머라는 직무가 주로 남성 젠더화되어 있기 때문이기도 하고, 인간의 기본항이 남성 젠더로 설정되어 있기 때문이기도 하다. 훈이 지금까지 보지 못하고 있

와 브레히트의 소외 효과를 결합하여 SF를 '인지적 소외(cognitive estrangement)'의 문학으로 정의한다. SF의 인지적 소외는 노붐(novum)을 통해 성취되는데, 노붐은 텍스트 세계에 도입된 새로움을 뜻하는 수빈의 개념이다. 노붐은 독자로 하여금 텍스트 속 세계와 현실 세계의 차이를 인식하게 하고, 친숙한 현실 세계를 낯설게 바라보게끔 한다. 브레히트에게서 연극의 가치가 관객으로 하여금 현실을 직면하게 하고 종국에는 현실에 직접 참여하게 만드는 것이듯, SF를 유토피아 및 디스토피아 문학의 전통과 연결시키고자 했던 수빈에게 SF의 가치는 노붐에 의해 야기된 변화를 낯설게 인지함으로써 독자로 하여금 현실을 비판적으로 바라보게 만드는 것이다. SF의 현재와 미래, 현실과 가상은 노붐을 경유하여 변증법적으로 상호작용한다. Darko Suvin, *Metamorphoses of Science Fiction: On the Poetics and History of a Literary Genre*, New Haven: Yale University Press, 1979, pp. 4－6.

18 패싱(passing)이란 누군가가 특정한 정체성 집단이나 범주에 속하리라 여겨지는 것을 뜻한다.

었던 것이 성차별이라는 것이 드러난 후에서야, 독자들은 소설을 읽을 때 등장인물의 젠더를 자연스럽게 남성으로 패싱하는 관습적인 독해 방식을 성찰하게 된다. 또, 소설이 훈의 시점을 따라가면서 진행되고 있기에, 독자들은 젠더라는 렌즈로 소설 속의 세계를 다시 바라보기 시작하면서 페미니스트로서 자각하는 계몽의 순간을 경험한다. 젠더가 "모든 순간에 존재"하며 "인간의 모든 판단에 영향을 끼치"는 것임을 깨닫게 되는 것이다.[19] 이러한 독서 경험은 그 자체로 세상을 바라보는 인식틀로서의 젠더 개념에 대한 이해이자, 페미니스트 되기의 경험이다. 게다가 이러한 읽기 경험은 2016년 강남역 살인사건 이후 많은 여성들이 증언했던, 지금까지 알던 세상이 전부 재편되는 페미니즘 인식의 경험과 오버랩되면서 이 소설이 갖는 동시대성을 드러낸다. 다시 말해, 「얼마나 닮았는가」는 현재 한국 사회의 공기와 같은 성차별과 그 불합리성을 드러내고 있다는 점에서뿐만 아니라, 이 소설을 읽는 독자들로 하여금 각자의 '페미니스트 모멘트'를 현재의 경험으로 갱신하게 만든다는 점에서 동시대적이다.

게다가 젠더라는 변수와 성차별이라는 메커니즘은 스스로 불쾌한 타자가 됨으로써 인간 선원들의 단합을 꾀했던 훈의 전략이 실패할 수밖에 없었던 이유를 드러낸다. 소수자의 위치에 있던 이진서가 또 다른 소수자인 훈을 배제하지 않고 오히려 그와 자신을 동일시했기 때문이다. 여성과 외계인 또는 괴물적인 타자 사이의 감정 이입은 페미니즘 SF의 오랜 클리셰 중 하나로, 오랫동안 여성이 '제2의 성'—이리가라이의 용어를 빌리자면 동일자의 타자Other of the Same—으로 정의되어

19 김보영, 앞의 글, 251쪽.

온 현실을 반영한다.[20] 페미니즘은 여성에 대한 폭력과 차별이 남성을 주체의 기본값으로 설정하고 이에 들어맞지 않는 이들을 타자화하는 동일성의 논리에 기반한 것임을 통찰해 냈다. 동일성의 논리는 이성과 감정, 남성과 여성, 인간과 비인간 등의 위계적인 이분법을 낳고 후자를 전자의 부정으로 정의한다. 그러나 성별, 성적 지향, 인종, 민족, 계급, 장애 등 수없이 많은 맥락과 정황에 따라 달라지는 소수자들의 존재 양식은 차이를 부정적인 것이 아닌 긍정적인 것으로 이해해야 할 필요가 있음을 보여 준다.[21] 차이가 부정적으로 이해되는 한, 인간 여성과 인공지능 안드로이드는 동일자의 타자 범주 안에서 동화되고 말기 때문이다.

> 실상 인간이 타인에게 자아가 있다고 추측하는 방법은 하나밖에 없어. '자신과 얼마나 닮았는가'.
>
> (……) 하지만 결국, 인간이 누구에게 자아가 있다고 생각하는가

---

20 Sarah Lefanu, *In the Chinks of the World Machine: Feminism and Science Fiction*, Toronto: The Women's Press, 1988.(Rosi Braidotti, *Metamorphoses: Towards a Materialist Theory of Becoming*, Cambridge: Polity Press, 2002, pp. 190에서 재인용.) 시몬 드 보부아르는 『제2의 성』에서 가부장제 사회 안에서의 여성이 남성에 대한 '타자'로 규정되고 있음을 밝힌다. 그에 따르면 가부장제 사회의 여성 차별과 예속은 여성과 남성의 차이가 남성에 의해 일방적으로 부과되기 때문에 발생한다. 반면 뤼스 이리가라이는 보부아르의 이론이 여성을 '동일자의 타자(Other of the Same)'의 자리에 두고 있다고 비판한다. 여성이 남성 주체를 기준으로 정의되는 한 동일성의 논리에 여전히 포획될 수밖에 없는 것이다.

21 들뢰즈는 차이를 동일성으로 환원될 수 없는 복수적인 것, 질적 변이의 역량을 지닌 것으로 재개념화한다. 차이를 부정이나 결핍으로 정의하는 기존의 이분법은 한쪽에 우월성과 우선성을 부여할 뿐만 아니라, 차이들을 연결함으로써 새로운 존재 방식을 창출할 가능성을 약화시키기에 억압적이다. 들뢰즈에게 차이란 긍정적인 역량으로, 인간중심주의를 넘어서 새로운 존재 방식을 모색하기 위한 윤리학의 출발점이다. 김은주, 『여성-되기: 들뢰즈의 행동학과 페미니즘』, 에디투스, 2019, 23-33쪽.

는 단순한 습관일 뿐이야.[22]

이 소설의 제목이기도 한 '얼마나 닮았는가'는 동일성의 논리가 갖는 폭력을 드러내는 동시에 그 논리에서 벗어나기 위한 실마리를 제공한다. 강우민이 이진서와 훈을 대하는 태도는 타자에 대한 몰이해 및 타자에 대한 주체의 자기 투사에서 기인하는 폭력이다. 그런데 대문자 남성으로 대표되는 동일성의 논리에서 타자로 묶인 이진서와 훈은 서로의 존재 방식을 경험하는 과정을 거치면서 긍정적인 차이의 논리로 나아간다. 다시 말해, 이진서가 훈을 인간이라고 '착각'하고 보호한 것은, 작중에서 암시되는 것처럼 훈의 의체가 여성 몸의 형태를 하고 있어 훈이 이진서를 '같은' 여성으로 인식했기 때문만은 아니다. 그보다 훈과 이진서가 인공지능 안드로이드와 인간 여성이라는, 서로의 차이를 긍정하는 과정 중에 있었기 때문이다. 훈은 인간의 신체를 통해 세계를 경험하고 배우면서, 그리고 이진서는 훈과 자신을 동일시했던 것이 사실상 훈을 타자화한 것이었음을 깨닫고 훈에게 사과하면서 서로의 차이를 긍정하기에 이른다. 그리고 이러한 긍정은 훈에게 하는 이진서의 키스로 감각된다.

따라서 소설의 마지막, 훈이 보급을 하기 위해 직접 셔틀을 타고 타이탄으로 내려갈 때 타이탄의 구호민을 지칭하기 위해 사용하는 "나와 닮은 이들"이라는 표현에서의 '닮음' 역시 동일성의 인식이 아니라 차이의 긍정을 뜻한다. 결국 「얼마나 닮았는가」는 성차별의 논리가 종차

22 김보영, 앞의 글, 209쪽.

별의 논리와 구조적으로 동일하다는 점을 짚어 내면서, 인간중심주의를 넘어 여성들, 소수자들 사이의 차이를 긍정하는 것이 페미니즘 대중화 이후의 지금 우리에게 요청되는 윤리임을 역설한다. 그리고 젠더에 대한 인식이야말로 이들 차이를 긍정하는 데 필수적인 전제임을 드러낸다.

한편 페미니즘은 여성들, 소수자들 사이의 차이를 긍정하는 동시에 이들 차이를 정치적으로 조직해 내고자 한다. 여성들, 소수자들이 어떻게 주체화될 수 있는지 그 방법을 찾고자 하는 것이다. 그러기 위해서는 타자를 동일성의 체계로 끊임없이 포섭하는 주체 개념이 아닌 새로운 주체 개념을 상상할 필요가 있다. 남성과 여성, 인간과 동물, 유기체와 기계를 배타적인 것으로 구획하고 후자를 타자화하는 논리에 가려진 소수자들의 경험적 현실을 드러낼 수 있는 주체 개념 말이다. 따라서 도나 해러웨이의 사이보그cyborg와 같이 기존 표상의 질서에서는 보일 수 없는 새로운 형상화figuration가 요청된다. 해러웨이는 그의 사이보그 형상화를 SF 소설에서 상당 부분 끌어오는데, "페미니즘 SF를 채우는 사이보그들은 남성이나 여성, 인간, 인공물, 인종 구성원, 개체적 실체, 몸의 지위를 매우 문제적인 것으로 만"들기 때문이다.[23] 이러한 새로운 형상화는 현실을 반영하는 동시에 낯설게 하는 것에서 한발 더 나아가, 현실을 변혁하기 위한 실천의 출발점이 될 수 있다. 이와 같은 새로운 형상화를 듀나의 「두 번째 유모」를 독해하며 찾아보고자 한다.

---

23 도나 해러웨이, 「사이보그 선언: 20세기 후반의 과학, 기술 그리고 사회주의 페미니즘」, 황희선 옮김, 『해러웨이 선언문』, 책세상, 2019, 79쪽.

3. 듀나의 「두 번째 유모」 읽기

3-1. 아버지의 폭력성을 비꼬아 뒤집기

듀나는 1990년대부터 지금까지 꾸준히 SF 소설을 창작해 왔으며, 작품의 폭이나 깊이 면에서 한국 SF를 논할 때 빼놓을 수 없는 작가이다. 한국 SF의 장르적 특징을 분석한 이지용은 듀나를 지나면서 한국 SF가 비로소 한국 SF만의 장르적인 특성을 획득하게 되었다고 평한다. SF의 장르 문법과 클리셰를 도구적으로 활용하는 데 그치지 않고 SF 서사의 환상적인 공간에 한국의 지리적, 사회문화적 맥락을 새겨 넣는 작업이 듀나에 의해 처음으로 이루어졌기 때문이다.[24] 그런데 한국 SF장에서 듀나가 갖는 독보적인 위상에 비해 그의 작품에 대한 학술적, 비평적 담론은 부족했다고 할 수 있다. 한마디로 정의할 수 없는 듀나의 다양하고도 방대한 작품 세계에서 가장 빈번히 등장하는 이미지가 있다면 무엇보다 소녀의 의기양양한 웃음과 중년 남성의 우스꽝스러운 패배일 것이다. 듀나 소설에서 반복되는 이러한 소녀 모티프는 페미니즘의 관점으로 독해될 가능성이 충분하나, 아직 그러한 시도가 적극적으로 이루어지지 않았다. 따라서 이 절에서는 듀나의 SF가 갖는 페미니즘적 역량에 대해 논하고자 한다.

「두 번째 유모」는 기술적 특이점 이후의 인류가 어떻게 '인간적인' 삶을 이어 나갈 수 있을지 물으면서 '인간'의 새로운 형상을 제시한다. 해왕성의 위성인 트리톤을 공간적 배경으로 하는 이 소설에서 전면에

24 이지용, 「한국 SF의 장르적 특징과 의의—근대화에 대한 프로파간다부터 포스트휴먼 담론까지」, 『대중서사연구』 제25권, 대중서사학회, 2019, 52-54쪽.

등장하는 인물은 "인간을 엇비슷하게 닮았지만 인간이 아닌 생명체"[25] 인 아이들과, 이모 서린이다. 서린은 화성에서 온 지구 출신 인간 여성으로, 작중 시점보다 과거에 아이들을 트리톤으로 데려와 키운 또 다른 이모 가을과 같은 '클랜'—지구에 존재하던 인간 집단의 단위인 것으로 추측된다—출신으로 소개된다. 서린 자신도 우주 생활에 맞게 개조된 몸을 가지고 있지만, 서린의 눈에 트리톤의 아이들은 외계인으로 보일 만큼 이질적인 외모를 가지고 있다. 서린이 가을에 이어 아이들을 맡을 '두 번째 유모'로 트리톤에 도착하면서 소설은 시작되는데, 아이들이 이미 어느 정도 성장해 스스로 자신들의 삶을 꾸려 나가고 있는 상황에서 이모 서린이 이들을 돌보는 유모로 트리톤에 온 이유는 소설의 중반부까지 미스테리로 남아 있다.

인류의 지능을 초월한 초인공지능이 탄생한 특이점 이후의 우주를 그리는 「두 번째 유모」의 태양계에는 두 종류의 초인공지능이 존재한다. 첫 번째는 태양계 각 행성을 지배하는 인공지능 '어머니'로, 인간과의 연관성을 일부러 끊어 내고 차가운 이성으로 쌓아 올린 "순수한 거대 인공지능"[26]으로 묘사된다. 두 번째는 인공지능 '아버지'로, 인공지능과 거기에 연결된 인간들이 결합해 만들어졌다. "이성과 광기가 최악의 방식으로 결합된 존재들"[27]인 수많은 인공지능 아버지들은 서로를 병합해 가면서 '카오스'와 '오더'라는 이름의 두 거대 인공지능으로 성장했고, 작중 시점의 20여 년 전 카오스와 오더는 지구와 금성을 무

25 듀나, 「두 번째 유모」, 『아직 우리에겐 시간이 있으니까』, 한겨레출판, 2017, 303쪽.

26 같은 글, 286쪽.

27 같은 글, 286쪽.

대로 마지막 전쟁을 벌였음이 드러난다. 그리고 이 마지막 전쟁으로 인해 40억여 명의 인간이 학살당했고, 지구의 많은 부분은 폐허가 되었다. 카오스(혼돈)와 오더(질서)라는 이름은 두 아버지 사이의 전쟁에 어떤 이념적인 대립이 있었을 것임을 예상케 하나, 그 둘의 차이를 구별할 수 있는 사람은 거의 없었을 것이라는 서린의 서술은 인간의 입장에서 두 아버지는 모두 같은 학살자에 불과함을 드러낸다. 아버지들 사이의 전쟁을 끝낸 것은 화성의 어머니로, 전쟁 이후 살아남은 인간들은 화성으로 이주해 어머니의 통제 아래 놓이게 되었다.

트리톤의 아이들은 초인공지능의 전쟁으로 인류가 삶의 터전을 잃게 되고 지구가 아닌 우주에서 살아갈 수밖에 없게 된 이후에 태어난 새로운 인간종이다. 서린과 가을이 속했던 클랜의 과학자들은 우주 환경에 적응하기 적합한 종을 만들어 냈고, 전쟁의 막바지에 가을은 신인류라고 부를 수 있는 이 생물종을 가지고 해왕성의 트리톤으로 망명했다. 해왕성의 어머니는 가을의 망명을 받아들여 트리톤의 궤도 위에 콜로니를 지어 주었고, 가을은 이 콜로니에서 아이들의 첫 번째 유모가 되어 이들을 부화시키고, 양육했던 것이다. 이야기가 전개되어감에 따라 두 번째 유모인 서린이 트리톤에 오게 된 이유가 드러나는데, 마지막 전쟁 이후 완전히 죽은 줄 알았던 아버지 인공지능의 파편들이 나노봇에 담겨 태양계 전역에 떠돌고 있었으며, 나노봇으로 이루어진 아버지의 '유령' 혹은 '안개'가 점차 모이면서 해왕성으로 접근 중이었기 때문이다. 인간의 어리석음을 흡수하면서 성장한 아버지 인공지능의 유령은 인간과 비슷하지만 인간은 아닌, 서린의 표현을 빌리자면 '징그러운' 트리톤의 아이들을 혐오하고, 따라서 아이들을 말살하기 위해 트리톤으로 향하고 있다. 서린은 클랜의 마지막 생존자로서, 그리고 더 중요하게는 가을을 사랑하기 때문에, 아버지 유령으로부터 가을의 아이들을 지키기 위해 트리톤에 온 것이었다.

「두 번째 유모」를 SF의 하위 장르로 규정한다면, 먼저 주인공 서린과 아이들이 외행성을 배경으로 사악한 신이 되어 버린 인공지능에 맞서 싸우는 호쾌한 스페이스 오페라[28]이다. 또, 초인공지능의 가능한 형태에 대해 숙고하는 특이점 소설이기도 하다. 그런데 등장인물에 붙은 '아버지', '어머니', '이모', '아이들'과 같은 이름은 이 소설을 페미니즘의 언어로 독해할 가능성을 열어 놓는다.[29] 극도로 비이성적이고 불안정한 존재로 그려지는 아버지와, 극도로 이성적이나 그 합리성으로 인해 불가해한 존재로 그려지는 어머니의 대비는 SF 장르에서 반복적으로 재현되어 왔던 비이성적이고 사악한 어머니 괴물에 대한 안티테제antithese이다. 브라이도티에 따르면, 여성성과 괴물성은 남근 이성 중심적 담론 질서의 특징인 이항대립—인간/비인간, 남성/여성, 이성/감정, 정신/육체, 문화/자연 등—의 논리에 깃들어 있는 "폄하의 체계"[30]로서

---

28 스페이스 오페라(space opera)란 SF의 하위 장르 중 하나로, 우주를 배경으로 한 모험담을 폭넓게 지칭한다. 스페이스 오페라라는 명칭은 주부들이 주로 시청하는 통속적인 연속극을 지칭하는 'soap opera'나 말을 타고 달리는 카우보이들이 등장하는 진부한 서부극을 가리키는 'horse opera'에서 유래한 것으로, 흔해 빠진 우주탐험 이야기를 폄하하는 의도에서 만들어졌다. 하지만 스페이스 오페라는 1920년대와 1930년대 대중잡지에서 큰 인기를 끌었으며, 1930년대와 1940년대에 이르는 이른바 미국 SF 황금기의 산물이라고 할 수 있다. 이후 스페이스 오페라는 지속적으로 인기를 누리면서 진화하고 성장하여 SF를 논할 때 빼놓을 수 없는 장르가 되었다. 장정희, 『SF 장르의 이해』, 동인, 2016, 35–36쪽.

29 김아영은 이를 21세기 초 한국 사회의 여성 혐오 및 가부장제의 존속살해를 패러디한 것으로 독해하며, '아버지', '어머니', '아이들'과 같은 가족적 호칭의 사용이 21세기 한국 사회에 대한 알레고리로서 기능함을 넘어, 새로운 페미니스트 형상화 작업을 수행한다는 점을 보이고자 한다. 김아영, 「그래서 누가 살아남았나? 옥타비아 버틀러와 듀나의 SF 공생체들」, 웹진 『세미나』 1호(2019) http://www.zineseminar.com/wp/issue01/그래서-누가-살아남았나-옥타비아-버틀러와-듀나의-sf/

30 로지 브라이도티, 『유목적 주체: 우리 시대 페미니즘 이론에서 체현과 성차의 문제』, 139쪽.

상호 연관되어 있다.[31] 즉, 이성적인 남성 주체의 자기 정의에 들어맞지 않는 타자들—여성, 퀴어, 괴물 등—은 구조적으로 동일한 위치에 놓인다. 그런데 인간과 닮았지만 인간보다 더 뛰어난 아이들을 질투하고 증오하는 아버지의 편협함은 여성 혐오, 소수자 혐오의 논리와 그 궤를 같이하면서 전통적으로 여성과 결부되어 왔던 광기와 괴물성이 사실은 인간/남성man 주체의 투사에 불과했음을 폭로한다. 듀나는 인간/남성의 편견과 아집이 결합되어 진화한 인공지능의 광기를 대문자 남성의 기호인 '아버지'에게 부착함으로써 이 폄하의 체계를 뒤집고, 비꼰다.

이 소설의 재미있는 지점은 이와 같은 전복이 전능하고 이성적인 어머니에 대한 긍정으로 쉬이 귀결되지 않는다는 것이다. 불가해한 신과 같은 존재로서 어머니 인공지능은 육체를 가진 생물학적 개별자인 아이들에게 무관심한 태도를 보인다. 아버지와의 전쟁에서 아이들이 모두 죽는다 할지라도 어머니는 얼마든지 새로운 개체들을 만들어 낼 수 있기 때문이다. 아버지의 폭력성과 어머니의 무관심성 사이에서 아이들의 생존과 지속을 도모하는 이는 인간 여성 가을과 서린으로, 이들의 노력과 희생을 통해 아이들은 아버지와 어머니 모두로부터의 자유를 얻게 된다. 인간보다 "훨씬 우주에 잘 적응하는 몸을 갖고 있으면서" 동시에 "아버지 따위를 만들지 않을 정도로 안정된 정신을 갖고 있"[32]는 이 아이들의 존재는 아버지로 상징되는 인류의 폭력성에 대한

31 이리가라이에 따르면 '주체'에 관한 모든 이론은 언제나 '남성적인' 것에 의해 전유되어 왔다. 남근 이성 중심주의란 주체성의 단 한 가지 모델, 즉 남성적 모델을 이용하는 것으로, 모든 타자는 이에 따라 긍정적이거나 부정적으로 정의된다. 이 과정에서 각각의 차이는 단일한 언어 체계로 환원되며, 남근 중심적 의미화 경제를 구축한다. Elizabeth Grosz, *Sexual Subversions: Three French Feminists,* Crows Nest: Allen & Unwin, 1989, pp. 104-107.

대안이자, 전지전능한 신과 같은 초인공지능의 지배 하에서 생물학적 개별자인 인간이 자유의지를 가지고 살아갈 수 있을지, 또 살아가기 위해서 필요한 속성은 무엇인지 고민하는 가을—그리고 작가 자신—의 물음에 대한 답이다. 우주에는 아직 "더 많은 의지들, 욕망들"[33]이 필요하다는 것이다.

3-2. 안티-오이디푸스 서사와 소녀 유목민

앞서 언급했듯, 듀나 소설을 읽을 때 주목해야 하는 지점은 주인공 소녀 캐릭터이다. 의기양양한 웃음을 띤 소녀, 그중에서도 다른 세계로 나아가는 당당한 소녀의 이미지는 듀나 SF에서 반복되는 모티프이다.[34] 「두 번째 유모」의 새로운 인간종 아이들은 본질적으로는 성의 구분이 없으나, 소설의 초반부에 "자매들"[35]로 지칭되기에 자연스럽게 여성으로 읽힌다. 아이들의 성별이 여성으로 표지되는 것에 주목해야 하는 이유는 소녀가 남성과 여성의 대립항, 어른과 아이의 대립항 모두에서 언제나 통제될 수 있는 위치에 놓여 있기 때문이다.

이러한 소녀의 위치는 서구 서사의 원형을 이루는 오이디푸스 신화에 따른 것이다. 프로이트와 라캉은 오이디푸스 신화를 주체성 형성의

32 듀나, 앞의 글, 308-309쪽.

33 듀나, 같은 글, 323쪽.

34 「너네 아빠 어딨니?」(『용의 이』, 북스피어, 2007 수록), 「아이들은 모두 떠난다」(『면세 구역』, 북스토리, 2013 수록), 「수련의 아이들」(『두 번째 유모』, 알마, 2019 수록), 『민트의 세계』(창비, 2018) 등.

35 듀나, 앞의 글, 279쪽.

보편적인 과정으로 해석하는데, 이는 남성 주체에 특권을 부여하고 여성을 부정 혹은 결핍으로 표상하는 남근 중심주의를 반복하고, 지탱한다. 소년 – 어머니 – 아버지의 삼각 구도에서 여성은 욕망의 금지된 대상으로서 어머니의 위치에 놓일 뿐이며, 소녀는 주체성 형성의 표준 모델에서 누락된다.[36] 테레사 드 로레티스는 오이디푸스 서사가 자기 인식을 향한 남성의 여정에 관한 이야기이며, 여기에서 여성은 언제나 걸림돌 아니면 성취물로 나타난다고 비판한 바 있다.[37] 모험담은 전통적으로 남자들, 소년들의 전유물이었으며 여성들, 소녀들에게는 허락되지 않은 서사 형식이었다. 그러나 듀나는 아버지의 폭력성으로 인해 균열이 난 기존의 세계에서 살아남기 위해 욕망하고, 생각하고, 행동하면서 새로운 삶의 조건을 찾아 나서는 모험 서사의 주인공으로 소녀를 내세우면서 세계의 안티 – 오이디푸스적 재편을 꾀한다. 여기에서 안티-오이디푸스란 단순한 위치 바꿈이 아니며, 여성을 남성의 반대 혹은 결핍으로 정의하는 신념 체계, 서사 형식 자체의 균열을 의미한다. 즉, 스스로 욕망하는 소녀 캐릭터는 오이디푸스 서사에서 욕망의 대상 또는 욕망의 매개로 기능해 온 여성의 수동적인 위치와 그 위치를 영속화해 온 남근 중심적인 토대를 약화시킨다.

더불어 이러한 듀나의 소녀 캐릭터는 여성 주체성에 대한 관습적인 관점과 재현을 전복하는 페미니스트 대안적 형상화 작업의 일환으로 읽을 수 있다. 형상화란 근대적인 주체 개념에서 벗어나 새로운 주

---

36 소녀는 "팔루스적 상징계에 진입하기 이전의, 정체성이 동요하는 순간"을 표지한다. Rosi Braidotti, *Metamorphoses: Towards a Materialist Theory of Becoming*, p. 241.

37 Teresa de Lauretis, *Alice Doesn't: Feminism, Semiotics, Cinema, Bloomington*: Indiana University Press, 1984, p. 133.

체성을 개념화하기 위한 방법론으로, 페미니스트들에게 대안적인 형상화가 중요한 이유는 근대적인 주체 개념이 남근 중심주의로 오염되어 있기 때문이다. 브라이도티는 새로운 페미니스트 주체의 형상화로 유목민nomad을 제시한다. 브라이도티에 따르면 유목민은 "집 없음이나 강제적인 장소 이동을 의미하지 않"는다. 오히려 유목민은 "고착성에 대한 모든 관념, 욕망 혹은 향수를 폐기"한다.[38] 브라이도티가 새로운 여성 주체의 형상으로 유목민을 제시한 이유는 여성 주체가 단 하나의 본질적인 정체성으로 환원될 수 없으며 다른 존재들과의 복잡한 상호작용 속에서 끊임없이 변화하고 있기 때문이다. 이러한 유목적 주체는 여성들, 소수자들 사이의 차이, 여성들, 소수자들 내부의 차이를 연결하면서 생존에 도움이 되는 연결점들을 만들어 가지만 어떠한 정체성도 영구적으로 취하지 않는다.

듀나는 인간/남성/아버지의 폭력성에 의해 망가진 세계를 냉소적으로 제시하지만, 단순히 대문자 남성의 안티테제를 대안으로 제시하지도 않고, 알려지지 않은 인간성의 원형을 찾아 미지의 기원으로 돌아가지도 않으며, 유토피아를 손쉽게 상정해 두고 그리로 도피하지도 않는다. 다만 아이들이 망가진 세계에서 적응하고, 환경에 맞추어 변이하면서 새로운 세계로 나아갈 가능성을 열어 놓을 뿐이다. 결국 「두 번째 유모」의 아이들은 세계의 안티-오이디푸스적 재편을 실행하는 유목적 주체라고 할 수 있다. 아버지 인공지능이 소멸하고 서린이 우주선에 숨겨 온 또 다른 인공지능 '릴리안 기시'가 해왕성 어머니 인공지능의 독재를 종식시킨 이후, 신인류 아이들 앞에 펼쳐진 세계는 유토

38 로지 브라이도티, 『유목적 주체: 우리 시대 페미니즘 이론에서 체현과 성차의 문제』, 59쪽.

피아도 디스토피아도 아니다. 하지만 계속해서 변이해 나갈 수 있는 몸과 정신을 가지고 있는 이들의 유목적 존재 방식은 동일성의 폭력이 망가뜨린 세상에서 소수자들이 어떤 태도를 가지고 살아가야 하는지, 또 어떻게 살아갈 수 있는지 그 가능성을 보여 준다.

4. SF의 잠재적인 미래와 페미니즘 대안 세계

1960-1970년대 미국은 민권운동의 영향으로 제2물결 페미니즘이 역동하던 시기이다. 또한 이 시기는 1940-1950년대 'Big 3(아서 클라크, 아이작 아시모프, 로버트 하인라인)'와 편집자 존 캠벨로 대표되는 백인 남성 중심적인 SF계의 경향에 반기를 드는 작가들의 등장으로 SF의 '뉴 웨이브'가 시작되던 시기이기도 하다. 1970년대 미국의 페미니즘 SF는 보다 광범위한 사회정치적인 '새로운 물결'과 SF계에서 일어난 '새로운 물결'의 만남에서 탄생한 것이었다. 조애나 러스, 어슐러 K. 르 귄, 제임스 팁트리 주니어 등 여러 페미니스트 SF 작가들은 성차별적이고 이성애 중심적인 현실에 대해 질문하면서 공고한 질서에 균열을 내고자 했다. 이러한 픽션은 당시의 사회관계를 참조하는 동시에 전복하면서 만들어진 것으로, 당시 사회현실의 자장 안에서 역동한 결과이다.

현재 한국의 SF 또한 페미니즘 대중화 흐름과 조우하며 페미니즘적인 상상력을 키우고 있다. 젠더와 섹슈얼리티의 문제를 다루는 SF 작품들은 2016년 이후 부쩍 늘어나고 있는 추세인데, 주제와는 상관없이 여성 작가가 쓴 단편들을 묶은 『여성 작가 SF 단편 모음집』(온우주,

2018)과 페미니즘 SF의 계보를 잇는다는 기획 의도에 맞추어 단편을 창작해 묶은 'SF 허스토리 앤솔로지' 『우리가 먼저 가볼게요』(에디토리얼, 2019)의 출간이 대표적이다. SF가 남성들의 전유물이 아니며, 여성들의 SF에도 계보가 있다는 문제의식에서 출발한 두 선집에는 여성 폭력, 성 역할, 모성, 남성성, 장애 여성 등에 대해 다루는 SF 단편들이 수록되어 있다. 이렇게 기획 단계에서부터 여성과 페미니즘을 염두에 둔 소설 선집은 페미니즘 대중화 및 '여성 서사'[39] 흐름에 따른 것으로, 본격 문학 영역에서 먼저 등장한 바 있다.[40] '페미니즘 소설' 자체가 지향점이자 기획이 되어 가고 있는 이러한 경향은 페미니즘이 출판 시장에서 하나의 브랜드로서 기능하고 있음을 드러낼 뿐만 아니라, 소설이라는 문학적 양식이 페미니스트들의 정치적 비전을 표현하기 위한 하나의 방법으로 운용되고 있음을 암시하기도 한다.

이렇게 젠더를 주요한 요인으로 두는 한국 SF 소설의 창작 및 출판은 페미니즘 대중화에 따른 페미니스트 독자층의 형성을 배경으로 한다. 특히 한국에서 번역 출간된 해외 작가들의 SF 소설이 동시대 페미니스트의 '무기'로 널리 읽히게 된 상황이 주요하다.[41] 젠더 권력관계가

---

39 페미니즘 대중화의 물결 속에서 많은 페미니스트들은 문학, 영화, 드라마, 웹툰, 대중가요 등 대중적인 문화 콘텐츠에서 재현되는 여성 혐오를 지적하고 비판해 왔다. 이는 여성 혐오적인 재현이 담기지 않은 콘텐츠, 여성 주인공의 이야기를 담은 콘텐츠, 여성 창작자의 콘텐츠 등 '여성 서사'를 적극적으로 지지하고 소비하자는 흐름으로 이어졌다.

40 『82년생 김지영』(민음사, 2016)의 작가 조남주의 단편을 표제로 하는 『현남 오빠에게』(다산책방, 2017)는 '페미니즘 소설'이라는 부제를 달고 출간되었다. 이는 오혜진이 지적한 바와 같이 "어디에도 '마르크스주의 소설'이라고는 붙어 있지 않은데, 페미니즘 소설은 내가 읽고 판단하기 전에 '페미니즘 소설'이라고 쓰여 나온"다는 점에서 독특한 장면이다. 최영주, 「'여성 서사'는 늘 다르게 상상되고 끊임없이 변화한다」, 『노컷뉴스』(2019. 6. 20.)

41 구둘래, 「성난 여성들의 무기는 책」, 『한겨레』(2016. 3. 6.)

역전된 세계를 그려 온라인 페미니즘 커뮤니티 '메갈리아' 명칭의 레퍼런스가 된 게르드 브란튼베르그의 『이갈리아의 딸들』, 여성들의 재생산을 극단적으로 통제하는 근본주의 독재국가를 배경으로 해 낙태죄가 온존해 온 한국의 현실과 공명한 마거릿 애트우드의 『시녀 이야기』는 모두 2015년 이후 한국 페미니즘 대중화의 자장 속에서 현재성을 획득하며 새로운 독자들을 확보한 대표적인 SF 소설이다. 제2물결 페미니즘의 자장 안에 있던 1970 – 1980년대 미국에서 주로 쓰이고 읽혔던 이들 SF 소설이 2015년 이후의 한국 페미니스트 독자들에게 설득력을 갖게 되고, 액티비즘의 계기로 작용하는 이와 같은 상황은 SF에서 그려지는 가상세계가 단순히 허황된 것이 아니며, 오히려 현실성을 노정하고 있음을 보여 준다. 이들 소설을 통해 다른 세계를 상상하는 SF의 장르 문법은 한국의 페미니스트 독자들 사이에서 젠더 권력관계를 변화시키고자 하는 페미니즘의 주요한 자원이자 방법으로 인식되기 시작했으며, 이렇게 SF적인 상상력을 익숙하게 수용하는 독자들의 확대는 젠더를 사유하는 한국 SF 창작의 토양을 만들면서 '한국 페미니즘 SF'의 가능성을 확대하고 있다. 1970년대 미국의 페미니즘 SF가 그러했듯, 현재 한국의 SF 역시 사회정치적인 변혁의 물결과 함께 역동하는 중이다.

이와 같은 SF와 페미니즘의 조우는 미래를 정향하는 대안적인 세계를 제시한다는 점에서 정치적인 역량을 갖는다. SF 소설을 리얼리즘 소설과 구분하는 가장 큰 특징은 가상의 미래 세계를 그린다는 점이다. 흔히 SF가 그리는 가상세계는 발전이나 진보—혹은 그 반대급부인 쇠락이나 퇴보—를 미리 상정하면서 시간이 지남에 따라 이 목적이 달성될 것을 전제한다고 여겨진다. SF가 얼마나 미래를 잘 예측했는지에 대한 논평이 자주 등장하는 이유도 여기에 있다. 이러한 관점에서 '미래'는 선형적인 시간선timeline에서 가장 나중에 등장하는 하나의 시퀀스로, 그 지위가 선험적으로 결정되어 있다. 그러나 SF가 그리는 세계의 미래는 선형적인 시간선 위의 한 지점에 위치하지 않는다. SF의 하위 장르인 대체 역사물에서 미래가 연대기상의 과거에 위치하지 않는 것처럼 말이다. 미국의 SF 작가 새뮤얼 딜레이니는 SF가 미래 예측에 관한 것이라는 통념에 반박하면서, SF가 "일어나지 않은 사건"에 관한 것이라고 분석한 바 있다. 이는 "일어날지도 모르는 사건". "일어나지 않을 사건", "아직 일어나지 않은 사건", "과거에 일어나지 않은 사건"을 모두 포함하는 것으로[42], SF에서 미래의 지위를 결정되지 않은 것으로 남겨 둔다.

이는 곧 SF가 잠재성virtuality의 차원을 표현하는 장르라는 말로 번역될 수 있다. 여기에서 잠재성은 SF가 그리는 세계의 존재론적 위상이자 SF에서 미래가 갖는 지위를 나타낸다. 들뢰즈는 시간을 존재론적 차원에서 개념화하였는데, 그에 따르면 '잠재적인 것the virtual'이란 현행적으로 현전하지 않는 것 전체를 가리킨다. 그러나 현전하지 않는다고 해서 실재하지 않는 것은 아니며, 잠재적인 것은 그 자체로 실재한다. 다만 잠재적인 것은 '순수 과거'의 시간에 놓여 있다. 여기에서 과거란 선형적인 시간관에서 상정하는, 한때 현행적이었던 것을 뜻하지 않는다. '순수 과거'란 결코 현전했던 바가 없음을 의미한다. 그리고 미래는 시간 전체의 종합으로, 즉 이미 존재하는 미래로서가 아니라 우

42 Samuel L. Delany, "About Five Thousand One Hundred and Seventy Five Words", *Extrapolation* 10(2), 1969, pp. 52-66.(조애나 러스, 나현영 옮김, 『SF는 어떻게 여자들의 놀이터가 되었나』, 포도밭출판사, 2020, 54쪽에서 재인용.)

리의 과거 전체, 잠재적인 것 전체를 다시금 활성화시킬 수 있는 생성 becoming으로서 존재한다.[43]

SF는 한편으로는 현실과, 한편으로는 가능성과 관계 맺는다.[44] 그렇게 만들어진 SF의 잠재적 세계는 현재의 현실에서 해결될 수 없고, 거의 인식되지도 않는 딜레마에 대한 해결이라고 여겨지는 것이다.[45] 따라서 SF는 소설 속에서 배경이 되는 때가 연대기상으로 미래이든, 과거이든, 현재이든지 간에 한 번도 도래하지 않았던 세계를 그린다는 점에서 미래의 잠재성을 표현한다. SF가 그리는 수많은 세계는 단일한 시간선 위에 나란히 배치될 수 없으며, SF에서 미래의 지위는 그 세계가 만들어짐에 따라 생성된다. 다시 말해, SF 세계가 상정하는 미래는 현재에 대한 낯설게 하기 작업을 통해서 꾸준히 새롭게 상상되는 잠재로서의 시간이라는 점에서 시간 전체를 종합하는 생성이다. 이렇듯 선형적이지 않은 시간 개념, 계속해서 다시 쓰이고 겹쳐지는 시간성은 장르로서의 SF가 갖는 핵심적인 특징이다.

이러한 SF의 잠재성/미래성은 페미니즘의 동시대성과 교차하면서 더욱 효과적으로 드러난다. 페미니즘은 과거를 반복하지 않겠다는 의미에서 과거와, 종국에는 페미니즘이 필요 없는 사회를 꿈꾼다는 의미에서 미래를 모두 염두에 두면서 움직인다. 이러한 움직임은 과거와 현재와 미래가 함께 역동하기에 동시대적이다.[46] 조르조 아감벤은 동

43 안 소바냐르그, 『들뢰즈, 초월론적 경험론』, 성기현 옮김, 그린비, 2016, 130-132쪽.

44 조애나 러스, 앞의 책, 55쪽.

45 Istvan Csicsery-Ronay Jr., 앞의 책, p. 3.

46 Prudence Chamberlain, *The Feminist Fourth Wave: Affective Temporality*, London: Palgrave Macmillan, 2017, pp. 62-63.

시대를 체현하는 이들이란 자신의 시대에 속하지만 그에 완벽히 부합하지도 않고, 시대의 요구에 맞추지도 않는 사람들이라고 이야기한 바 있다. 이들은 시대와 단절되어 있기 때문에 자신의 시대를 인식하고 이해하는 데 특히 뛰어나다.[47] 이와 같은 맥락에서 시대의 상식이라고, 보편적이라고 여겨지는 가치 체계를 특수화하면서 대안적인 가치 체계를 모색하는 페미니스트들이야말로 동시대인이라고 할 수 있다. 앞서 살펴보았듯, 김보영의 「얼마나 닮았는가」와 듀나의 「두 번째 유모」는 차이의 문제가 우리에게 당면한 과제임을 통찰하면서 동일성의 논리가 지배하지 않는 대안적인 세계를 상상한다. SF의 잠재적인 미래가 페미니즘과 조우하면서 차이를 긍정하는 힘, 세계를 재편하는 역량으로 발현하고 있는 것이다.

따라서 SF와 페미니즘의 조우는 단순히 최근 몇 년 동안 이루어진 당대의 사건이기 때문에 동시대적인 것이 아니다. 과거를 의식하고 현재를 바꿔 내면서 미래로 나아가는 페미니즘의 시간성이 아직 실현된 적 없는 잠재적인 세계를 그려 내는 SF의 장르 미학과 만나고 있기 때문에 동시대적인 것이다. SF의 잠재적인 지위는 순전히 허망한 것이라고는 할 수 없다. 픽션과 현실은 SF라는 서사적인 계기를 통해 상호작용한다. 클레어 콜브룩에 따르면 "예술은 단순히 세계의 사본이 아니라, 현실적인 것의 잠재적인 중복이다."[48] 그리고 잠재적인 것이 현실적인 것으로 '되는/생성하는' 길목에 SF의 작가들, 독자들이 존재한다. 셰릴 빈트가 이야기하듯, 만약 SF의 잠재적인 세계가 현재의 현실을 새

---

47 Giorgio Agamben, *What is an Apparatus? And Other Essays*, Stanford: Stanford University Press, 2009, p. 40.

48 클레어 콜브룩, 『들뢰즈 이해하기: 차이 생성과 생명의 철학』, 한정현 옮김, 그린비, 2007, 316쪽.

로운 시각으로 바라보고 미래의 결정에 비판적으로 개입할 동기를 부여할 수 있다면, 새로운 세계를 구성하고 그리로 나아가려고 하는 욕구는 망상이 아니다. 이는 "잠재적으로 더 나은 세상을 만드는 쪽으로 나아가기 위한 충동"이며, 이는 "우리가 SF에서 나가 실세계 속으로 들어가 행동으로 옮길 때에만" 그렇다.[49]

한국 SF와 페미니즘의 조우는 현재진행형이기에, '한국 페미니즘 SF'에 대한 포괄적인 일반화를 시도하기에는 아직 시기상조일 것이다. 그러나 이 글은 김보영과 듀나라는 한국 SF장에서 빼놓을 수 없는 두 작가의 작품을 독해함으로써, '한국 페미니즘 SF'를 이론화하기 위한 단초를 제공하고자 했다. 김보영, 듀나뿐만 아니라 김초엽, 박문영 등 새로운 여성 SF 작가들이 SF 소설을 통해 대안적인 세계, 대안적인 주체를 상상하면서 '한국 페미니즘 SF'의 저변을 확장하는 중이다. 앞으로 우리가 페미니즘과 SF의 만남을 더욱 주목해야 하는 이유이다.

---

49 셰릴 빈트, 앞의 책, 295쪽.

참고문헌

〈기본 자료〉

김보영, 「얼마나 닮았는가」, 『아직 우리에겐 시간이 있으니까』, 한겨레출판, 2017.

듀나, 「두 번째 유모」, 『아직 우리에겐 시간이 있으니까』, 한겨레출판, 2017.

〈단행본〉

김은주, 『여성 – 되기: 들뢰즈의 행동학과 페미니즘』, 에디투스, 2019.

장정희, 『SF 장르의 이해』, 동인, 2016.

텍스트릿 엮음, 『비주류 선언: 서브컬쳐 본격 비평집』, 요다, 2019.

도나 해러웨이, 『해러웨이 선언문』, 책세상, 2019.

로지 브라이도티, 『유목적 주체: 우리시대 페미니즘 이론에서 체현과 성차의 문제』, 여이연, 2004.

셰릴 빈트, 『에스에프 에스프리: SF를 읽을 때 우리가 생각할 것들』, 2019.

수잔 팔루디, 『백래시』, 아르테, 2017.

안 소바냐르그, 『들뢰즈, 초월론적 경험론』, 그린비, 2016.

클레어 콜브룩, 『들뢰즈 이해하기: 차이생성과 생명의 철학』, 그린비, 2007.

Darko Suvin, Metamorphoses of Science Fiction: On the Poetics and History of a Literary Genre, New Haven: Yale University Press, 1979.

Elizabeth Grosz, Sexual Subversions: Three French Feminists, Crows Nest: Allen & Unwin, 1989.

Giorgio Agamben, What is an Apparatus? And Other Essays, Stanford: Stanford University Press, 2009.

Istvan Csicsery-Ronay Jr., The Seven Beauties of Science Fiction, Middletown: Wesleyan University Press, 2008.

Patricia Melzer, Alien Constructions: Science Fiction and Feminist Thought, Austin: University of Texas Press, 2006.

Prudence Chamberlain, The Feminist Fourth Wave: Affective Temporality, London: Palgrave Macmillan, 2017.

Rosi Braidotti, Metamorphoses: Towards a Materialist Theory of Becoming, Cambridge: Polity Press, 2002.

Samuel L. Delany, "About Five Thousand One Hundred and Seventy Five Words", Extrapolation 10(2), 1969.(조애나 러스, 나현영 옮김, 『SF는 어떻게 여자들의 놀이터가 되었나』, 포도밭출판사, 2020.)

Sarah Lefanu, In the Chinks of the World Machine: Feminism and Science Fiction, Toronto: The Women's Press, 1988.

Teresa de Lauretis, Alice Doesn't: Feminism, Semiotics, Cinema, Bloomington: Indiana University Press, 1984.

〈논문〉

서승희, 「포스트휴먼 시대의 여성, 과학, 서사: 한국 여성 사이언스 픽션의 포스트휴먼 표상 분석」, 『현대문학이론연구』 제77집, 2019.

이지용, 「한국 SF의 장르적 특징과 의의 – 근대화에 대한 프로파간다부터 포스트휴먼 담론까지」, 『대중서사연구』 25권, 2019.
인아영, 「젠더로 SF하기」, 『자음과 모음』 42호, 2019.
정은경, 「SF와 젠더 유토피아」, 『자음과 모음』 42호, 2019.
김아영, 「그래서 누가 살아남았나? 옥타비아 버틀러와 듀나의 SF 공생체들」, 웹진 『세미나』 1호, 2019. http://www.zineseminar.com/wp/issue01/그래서-누가-살아남았나-옥타비아-버틀러와-듀나의-sf/

〈기사 및 인터넷 자료〉

구둘래, 「성난 여성들의 무기는 책」, 『한겨레』(2016. 3. 6.)
구둘래, 「2020년 'SF 원더'는 계속된다」, 『한겨레』(2020. 2. 3.)
최영주, 「'여성서사'는 늘 다르게 상상되고 끊임없이 변화한다」, 『노컷뉴스』(2019. 6. 20.)
이설, 「판타지 읽으며 자란 80년대생, 장르소설을 깨우다」, 『동아일보』(2019. 12. 25.)
http://ch.yes24.com/Article/View/39497 (접속일: 2020. 2. 20.)

출렁이는 시간[들]
제4물결 페미니즘과 한국의 동시대 페미니즘

제1판 1쇄 2021년 05월 21일

지은이 김은주/이소윤/김상애/김미현/김보영/허주영/강은교
펴낸이 연주희
펴낸곳 에디투스
등록번호 제2015-000055호(2015.06.23)
주소 경기도 성남시 분당구 황새울로351번길 10, 401호
전화 070-8777-4065
팩스 0303-3445-4065
이메일 editus@editus.co.kr
홈페이지 www.editus.co.kr

제작처 ㈜상지사피앤비

가격 15,000원

ISBN 979-11-91535-01-3